2014~2015
中国服装行业发展报告

2014~2015
China Garment Industry Development Report

中国服装协会　编著

中国纺织出版社

内 容 提 要

本书共分运行篇、专题报告篇、观点篇和附录篇四部分。运行篇包括2014年中国服装行业经济运行分析、2014年我国服装市场发展运行情况及未来趋势展望、2014年国际服装市场分析以及2014年中国缝制机械行业经济运行分析报告；专题报告篇汇集了中国服装行业资本市场、电子商务、品牌市场、人力资源等方面的分析和报告；观点篇是2015年中国服装论坛专家演讲整理摘编；附录篇则收录了2014年中国服装产业经济数据、重要奖项等内容，以备不同人士进行不同用途之查询。

本书旨在总结2014年中国服装行业发展状况、解析行业热点问题，力求全面总结梳理2014年中国服装行业发展特点并展望行业未来。本书在分析和预测的基础上提出观点和建议，以翔实的数据和一手资料，为服装企业和相关业界人士提供具有指导性和权威性的参考依据。

图书在版编目（CIP）数据

2014～2015中国服装行业发展报告/中国服装协会编著．--北京：中国纺织出版社，2015.9
ISBN 978-7-5180-2004-1

Ⅰ.①2… Ⅱ.①中… Ⅲ.①服装工业—经济发展—研究报告—中国—2014～2015 Ⅳ.①F426.86

中国版本图书馆CIP数据核字（2015）第223839号

责任编辑：宗 静 责任校对：余静雯
责任设计：何 建 责任印制：何 建

中国纺织出版社出版发行
地址：北京市朝阳区百子湾东里A407号楼 邮政编码：100124
销售电话：010—67004422 传真：010—87155801
http：//www.c-textilep.com
E-mail：faxing@c-textilep.com
中国纺织出版社天猫旗舰店
官方微博 http：//weibo.com/2119887771
北京华联印刷有限公司印刷 各地新华书店经销
2015年9月第1版第1次印刷
开本：889×1194 1/16 印张：11
字数：215千字 定价：128.00元

凡购本书，如有缺页、倒页、脱页，由本社图书营销中心调换

《2014~2015 中国服装行业发展报告》课题组

组长 陈大鹏

副组长 冯德虎 王 苗 王 耀 何 烨 江 辉 张新民 王 宇 张锡安 杨金纯 肖 领 陈国强

课题组成员（以姓氏笔画为序） 于 海 王 伟 马 英 尹静茹 卢 芳 刘 静 邓世霞 李立宝 李晓峰 李 强 余湘频 张 楠 吴吉灵 杨晓东 陈 戟 俞 乐 侯 亮 郭黛黛 郭 巍 曹立生

编辑（以姓氏笔画为序） 于 海 王 伟 尹静茹 卢 芳 刘 静 李立宝 李 强 余湘频 张 楠 闻力生 俞 乐 钟 康 郭 巍

前言 Foreword

2014 年，世界经济持续弱复苏，中国经济处于合理区间。但是，影响行业的不利因素客观依然存在，行业仍面临着较大的困难。

在“新常态”下，面对困难和压力，中国服装行业加快转型、努力应对，寻找新的增长动力和增长点，实现了一定的增长。

整体看来，全行业仍处于深度调整期，压力突出。在现阶段，旧有扩张模式已经不适应新环境，而新的增长点还需要探索，转型升级是中国服装行业在此期间的必由之路，需要通过持续的转型、升级、调整、创新，为行业平稳增长注入新的驱动力。

为了全面分析中国服装行业发展环境、探索行业发展方向，中国服装协会编辑出版了本报告，希望以翔实的数据、准确的分析、前瞻性的预测，向读者全面展示 2014 年中国服装行业的发展状况，并揭示未来一段时间内，中国服装行业的基本发展方向。

报告中难免存在不足与争议，欢迎广大读者批评指正。

2015 年 8 月

目录 Contents

第一部分　运行篇

2014 年服装行业经济运行分析

中国服装协会

2014 年，中国服装行业经济运行情况：总体运行平稳，增速持续放缓，转型调整加快，运行质量提升。

外销方面，世界经济持续弱复苏，中国服装出口先抑后平，全年较去年同比小幅增长，增速回落；内销方面，中国经济减速，需求有所减弱，服装内销增速放缓，但总体规模继续扩大；生产方面，由于内外销市场增长，我国服装产量保持弱增长，增速较去年有小幅回升；效益方面，行业积极调整，向创新、管理、效率要效益，运行质量提升，效益增长。

在 2014 年的“新常态”下，中国服装行业实现了一定的增长，取得了一定的成绩，它体现出行业和企业在新形势下，加快转型、努力应对的良好、积极一面，来之不易。

但是，影响行业的不利因素客观存在：国内外经济仍存在不确定性，内外销市场增长放缓成为常态，而生产要素成本刚性上涨压力也长期存在，行业仍面临着较大的困难。

面对困难和压力，行业适时做出调整，寻找新的增长动力和增长点。部分企业已经调整到位，而也有企业仍处于艰难的调整期，效益出现分化。与此同时，中小企业抗风险能力弱，依然普遍困难突出，压力巨大。

一、总体运行平稳

（一）外销方面

据海关统计，2014 年 1～12 月，我国累计完成服装及衣着附件出口 1878.16 亿美元，同比增长 5.38%。服装出口数量 326.90 亿件，同比增长 4.24%。服装出口平均单价 4.64 美元/件，同比增长 0.65%（表 1－1）。

表 1－1　2014 年 1～12 月我国服装出口情况

	数量（万件）	金额（万美元）	单价（美元/件）	数量同比（%）	金额同比（%）	单价同比（%）
服装及衣着附件	—	18781603	—	—	5.38	—
服装合计	3268992	15168947	4.64	4.24	4.89	0.65
针织服装及附件	—	9200160	—	—	-4.95	—
针织服装	2206912	7900635	3.58	-2.02	-6.27	-4.28
机织服装及附件	—	8144970	—	—	19.32	—
机织服装	1062080	7268312	6.84	20.23	20.5	0.15

（数据来源：中国海关）

其中，随着欧美经济持续复苏，服装需求有所恢复，而日本经济连续出现负增长，对于服装产品的市场需求也有所减弱。据中国海关统计，2014 年 1～12 月，我国对欧盟、美国、日本等传统市场出口服装金额总计为 1082.09 亿美元，同比增长 4.10%；出口数量为 176.52 亿件，同比增长

2.76%（表1－2、表1－3）。

表1－2 2014年1～12月我国对传统市场服装出口金额

地区	出口金额（亿美元）	金额同比（%）	占比（%）	占比增减（百分点）
欧盟	459.23	14.85	24.45	2.02
美国	336.15	8.02	17.90	0.44
日本	197.51	－10.81	10.52	－1.91
中国香港	89.20	－16.6	4.75	－1.25
合计	1082.09	4.10	57.61	－0.71

（数据来源：中国海关）

表1－3 2014年1～12月我国对传统市场服装出口数量

国别	出口数量（亿件）	数量同比（%）	占比（%）	占比增减（百分点）
欧盟	74.47	10.63	22.78	1.32
美国	57.92	4.01	17.72	－0.04
日本	28.67	－9.91	8.77	－1.38
中国香港	15.45	－8.79	4.73	－0.68
合计	176.52	2.76	54.00	－0.78

（数据来源：中国海关）

我国对东盟、俄罗斯、巴西、墨西哥等新兴市场仍保持较高增速，出口服装金额合计276.97亿美元，同比增长4.62%；出口数量48.53亿件，同比增长7.01%（表1－4、表1－5）。

表1－4 2014年1～12月我国对新兴市场服装出口金额

国别	出口金额（亿美元）	金额同比（%）	占比（%）	占比增减（%）
东盟	141.18	－1.67	7.52	－0.54
俄罗斯	100.09	7.87	5.33	0.12
巴西	20.39	16.48	1.09	0.10
墨西哥	15.31	41.08	0.82	0.21
合计	276.97	4.62	14.75	－0.11

（数据来源：中国海关）

表1－5 2014年1～12月我国对新兴市场服装出口数量

国别	出口数量（亿件）	数量同比（%）	占比（%）	占比增减（%）
东盟	31.91	2.51	9.76	－0.17
俄罗斯	8.07	8.78	2.47	0.10
巴西	4.97	15.35	1.52	0.15

续表

国别	出口数量（亿件）	数量同比（%）	占比（%）	占比增减（%）
墨西哥	3.59	43.34	1.10	0.30
合计	48.53	7.01	14.85	0.38

（数据来源：中国海关）

（二）内销方面

由于经济减速、购买力减弱，服装内销增速有所下降，但市场总体规模仍继续扩大。从整体来看，2014年，服装内销市场结构性分化趋势更趋明显：一是三四线及农村市场服装消费增速明显高于城镇市场；二是服装消费更多转移到网购市场；三是市场整体增速有所放缓，但新消费需求和消费点不断产生。

根据国家统计局数据显示，2014年1～12月，社会消费品零售总额262394亿元，同比增长12.0%，增速较2013年同期回落1.1个百分点。其中，限额以上企业（单位）消费品零售额133179亿元，同比增长9.3%，增速较2013年同期回落2.3个百分点。服装类商品零售额累计8936亿元，同比增长10.8%，增速较2013年同期回落0.7个百分点。其中：

1. 三四线及农村市场是服装内销市场规模扩大的有力支撑

根据中国纺织工业联合流通分会的统计，2014年1～12月，流通分会重点监测的43家单位成交额保持增长，总成交额为8782.30亿元，同比增长7.76%。

2. 一二线市场增长明显放缓，几近停滞

与三四线及农村市场形成鲜明对比的是一二线市场。根据中华全国信息中心的统计，2014年1～12月，全国百家重点大型零售企业服装类商品零售额

同比仅增长1%，增速较上年同期下降4个百分点。

3. 购买力继续向网络平台转移，网购市场保持高增长

中国电子商务研究中心的数据显示，从2008年以来，我国的服装网购飞速发展，2014年服装网购交易额6153亿元，较2013年的4349亿元增长了41.48%。同时，服装网购金额占服装内销总金额的比重不断扩大（表1－6）。

表1－6　近年来服装网购占服装内销市场比重

项目	2011年	2012年	2013年	2014年	
服装网购金额（亿元）	2035	2950	4349	6153	
服装网购金额占服装内销总额比重（%）	14.54	17.35	21.75	30.77	↑
重点大型零售企业服装零售额占服装内销总额比重（%）	11	12.13	10.48	约10	↓

（数据来源：中国服装协会、中华全国商业信息中心、中国电商研究中心、阿里巴巴）

（三）生产方面

2014年，全球经济弱复苏，需求有所恢复；我国经济减挡，需求增速有所减弱，但规模继续扩大。我国服装产量保持稳定，同比平稳增长。

2014年1～12月，服装行业规模以上企业累计完成服装产量299.21亿件，同比增长1.61%，较2013年同期提高0.34个百分点（表1－7）。

表1－7　2014年1～12月服装行业规模以上企业产量

名称	单位	企业户数	产量	同比±%
服装	万件	10916	2992060	1.61
1. 机织服装	万件	7554	1550700	0.46
其中：羽绒服	万件	478	34288	5.10
西服套装	万件	650	57292	-4.39
衬衫	万件	691	109972	-3.83
2. 针织服装	万件	4224	1441360	2.88

（数据来源：国家统计局）

（四）效益方面

根据国家统计局统计显示，2014年1～12月，服装行业规模以上企业15167家，累计实现主营业务收入20769.83亿元，同比增长8.02%；利润总额1247.28亿元，同比增长10.55%（表1－8）。

表1－8　2014年1～12月服装行业规模以上企业主要经济指标

指标名称	单位	2014年1～12月累计	上年同期累计	同比±（%）
企业单位数	户	15167	—	—
亏损企业数	户	1734	—	—
亏损面	%	11.43	—	—
亏损企业亏损金额	万元	515602	451683	14.15
资产合计	万元	122697081	110168131	11.37
主营业务收入	万元	207698285	192280796	8.02
利润总额	万元	12472753	11282812	10.55
出口交货值	万元	51677305	50157690	3.03
主营业务成本	万元	177469935	163443725	8.58

（数据来源：国家统计局）

从整体上来看，2014年，行业效益平稳增长，亏损面有所收窄。根据国家统计局统计，2014年以来，以上企业主营业务收入及利润总额同比增长稳定（表1－9）。

表1－9　2014年服装行业规模以上企业主要经济指标同比增长及亏损情况

	2013年	2014年			
		1季度	上半年	前三季度	1～12月
主营业务收入同比（%）	11.29	10.06	9.8	9.01	8.02
利润总额同比（%）	9.83	10.56	13.93	13.97	10.55
主营业务成本同比（%）	12.51	11.95	10.85	9.31	8.58
亏损面（%）	11.95	19.64	17.29	14.92	11.43

（数据来源：国家统计局）

上市公司的情况也体现出行业平稳运行的态势。例如，服装大省浙江省共有 19 家纺织服装上市公司，刚刚公布的 2014 年三季报显示，19 家上市公司今年前三季度共实现净利润总额 44.61 亿元，较去年同期的 34.17 亿元增长 30.55%。

二、增速持续放缓

需求疲弱、生产要素成本刚性上涨等影响行业的客观不利因素仍然存在，受其影响，行业增速持续放缓。

（一）出口方面

据海关统计，2014 年 1~12 月，我国服装出口金额同比增长 5.38%，较 2013 年同期回落 5.9 个百分点。出口数量同比增长 4.24%，较 2013 年同期回落 4.22 个百分点（图 1-1）。增速放缓的原因主要有以下几点：一是世界经济复苏缓慢，较疲弱的需求无法支撑我国服装出口的增速。二是我国服装出口的低成本比较优势不断削弱，外国采购商对服装产品的订单大量流向越南、孟加拉等东盟国家已成为趋势。

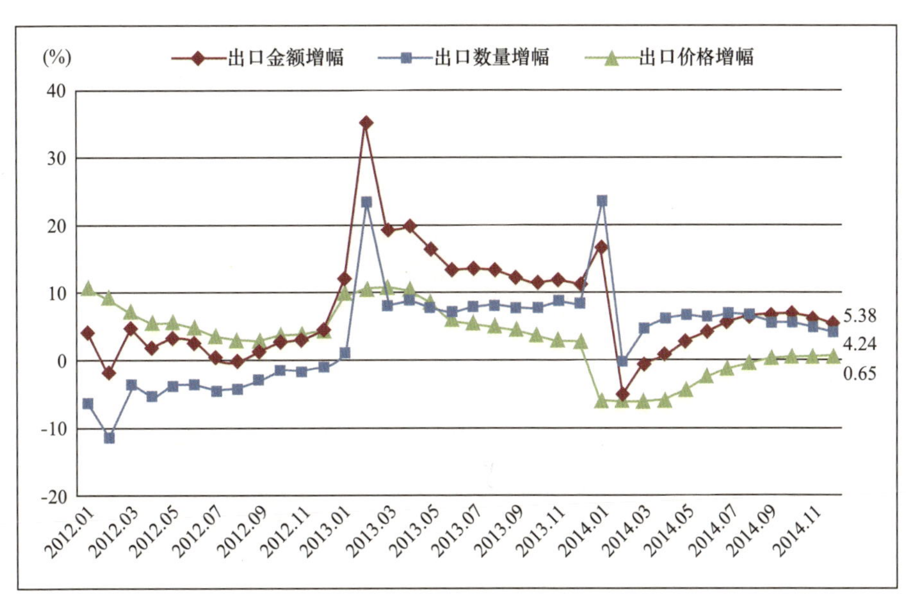

图 1-1　2012~2014 年服装出口累计增幅情况示意图

（数据来源：中国海关）

（二）内销方面

根据国家统计局数据显示，2014 年 1~12 月，社会消费品零售总额同比增长 12.0%，增速比上年同期回落 1.1 个百分点。其中，限额以上企业（单位）服装类商品零售额同比增长 10.8%，比去年同期增速回落 0.7 个百分点。

从近年限额以上企业销售情况可以看到，服装零售额增速逐年放缓（图 1-2）。

中华全国信息中心等机构的统计也显示，2014 年 1~12 月，各渠道服装销售增速均有所放缓（表 1-10）。

表 1-10　2014 年不同渠道服装类商品销售额增长同比情况

渠道	同比（%）	同比增减（百分点）
限额以上企业	10.8	-0.70
全国重点大型零售企业	1	-4.00
服装专业市场	7.76	-2.32
网络	41.48	-1.12

（数据来源：国家统计局、中华全国商务信息中心、中纺联流通分会、中国电商研究中心）

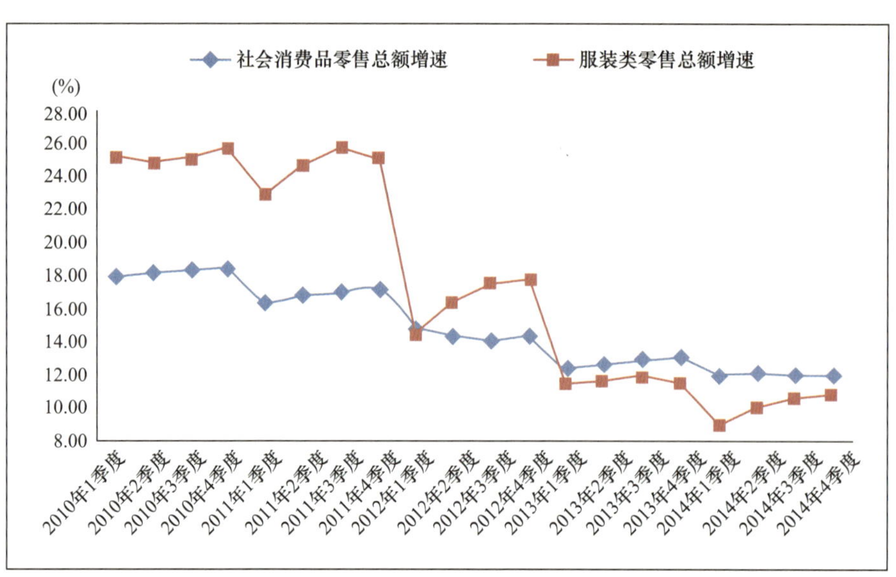

图 1－2　2010～2014 年社会消费品及服装类零售总额增速情况

（数据来源：国家统计局）

（三）生产方面

根据国家统计局统计，2014 年 1～12 月，服装行业规模以上企业累计完成服装产量同比增长 1.61%，较 2013 年同期提高 0.34 个百分点。但是，从长期趋势来看，我国服装行业产量增速呈下降趋势（图 1－3）。

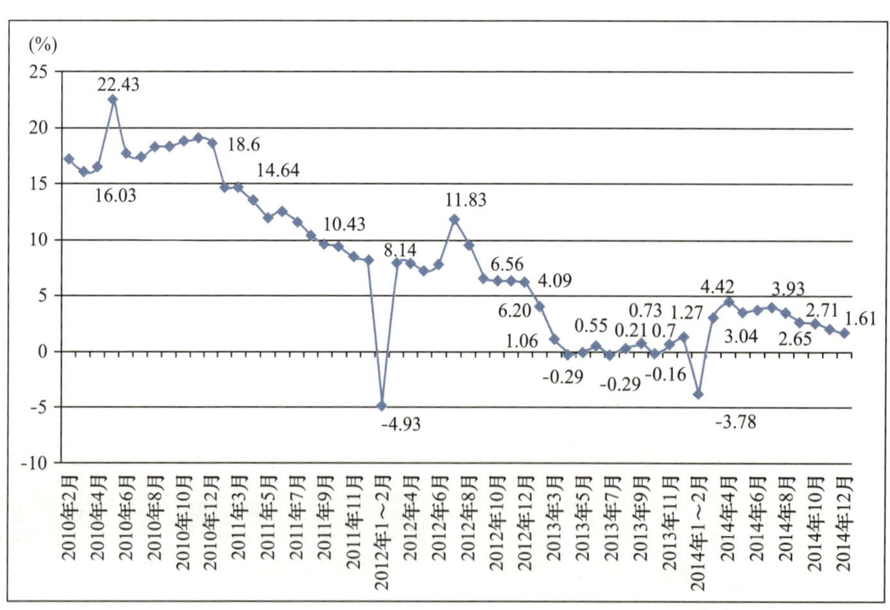

图 1－3　服装行业规模以上企业产量增幅情况示意图

（数据来源：国家统计局）

三、转型调整加速

近两年来，经济增长放缓，下行压力增大，加之成本不断上涨，行业困难突出。中国服装协会已提出：行业已经进入深度调整期。这在期间，企业从低水平、低成本扩张，向质量效益型增长的转型升级已经成为必然。而在现阶段，要实现转型升级，就必须适应新常态，加快渠道创新与产业融合，增强品牌生命和活力。

电子商务的迅速发展给消费者的消费习惯、消费方式和消费理念带来了较大的改变，为迎合消费者的需求，网销渠道是内销企业的转型调整的方向之一（表1－11）。

表1－11 部分服装类上市公司网络销售发展现状及战略

行业	公司	网销战略
休闲装	美邦服饰	O2O完成
	森马服装	O2O完成
	搜于特	向快时间与互联网转型，线上线下差异化，O2O尚在测试阶段
男装	七匹狼	O2O在探索阶段
	报喜鸟	O2O在探索阶段
	步森股份	做大电商销售规模，做好O2O规划布局
	红豆股份	连锁专卖、团购、电商同时发力
女装	朗姿股份	电商主要用于消化库存
户外用品	探路者	户外旅行综合平台，线上线下差异化

（**数据来源**：上市公司公开资料，中国服装协会整理）

出口企业的调整也在进行。作为传统劳动密集型产业，我国服装出口一直以低档低价产品为主。近年来，由于国内劳动力等生产要素成本不断提高，部分低端产品订单转移，外流到生产成本相对较低的东南亚等新兴经济体，产品出口单价持续提升。但同时，单价提升也是我国服装出口企业不断调整转型升级，提高出口产品档次和附加值的结果。

根据中国海关统计，2014年1～12月，我国服装出口单价4.63美元/件，同比增长0.65%（表1－12）。

表1－12 2014年1～12月我国服装出口单价情况

	单价（美元/件）	单价同比（%）
服装合计	4.64	0.65
（1）针织服装	3.58	－4.28
（2）机织服装	6.84	0.15

（**数据来源**：中国海关）

此外，还有越来越多的企业根据自身特点，开始围绕主业挖掘新的增长点，展开更为深入的转型升级。

上市公司海澜之家2014年年报称，公司营业收入123.38亿元，同比增长72.56%，净利润22.41亿元，同比增长73.23%。截至2014年末，公司共有门店3716家，其中“海澜之家”品牌新增门店16%。而通过公司提升产品性价比和品牌知名度带来的进店客流量的提升，以及推行品牌联励店和大店策略带来的连单率的上升，使公司单个门店平均销售为公司带来的收入较2013年增长29%。单店销售额增长是公司业绩增长的重要原因。

乔治白前三季度营业收入4.35亿元，同比增长2.29%，净利润0.5亿元，同比增长13.02%。以职业装定制为主营业务的乔治白，又找到了新的增长点。最近，公司正在各地招募具有广泛人脉资源的校服事业合伙人，拟以城市为单合伙运营校服事业，“再创一个校服领域领导品牌”。

青岛红领集团迎合消费者对个性化需求呈逐年快速增长的趋势，进行商业模式创新，将工业化服装C2M定制模式作为企业适应市场变化、提升企业竞争力的有效手段。建立柔性和快速响应机制，满足了市场的个性化需求和快速反应、迅速交货的要求。2013年，红领销售额达20亿元，2015年有望实现同比150%的增长。

四、运行质量提升

2014年在欧美等发达经济温和复苏的带动下，中国服装出口保持平稳，有回暖迹象，但复苏基础不稳定，外需市场无显著增长。国内经济经历深改元年，进入新常态，经济增长速度由高速转向中高速，但结构不断优化升级，发展更为稳定健康。伴随着购买力向网络平台和高性价比产品的转移，服装内销市场规模继续扩大。

更为重要的是，行业积极转型，企业更加注重对新增长点的探索和挖掘，努力提高盈利能力和运行质量。因此，在全球经济疲弱、中国经济进入新常态的背景下，行业整体效益依然获得平稳增长。

根据国家统计局统计，2014年1～12月，我国规模以上服装企业销售利润率为6.01%，比2013年同期微增0.14个百分点，表明企业盈利能力有所提高；成本费用利润率6.42%，较上年同期提高0.13个百分点，表明企业每单位经营消耗的获利能力较2013年有些许提高；三费比例8.09%，较上年同期下降0.13个百分点，表明企业经营管理能力有小幅度提升，结构调整正在显现成效；应收账款周转率12.25%，较上年同期提高0.10个百分点，表明企业账期缩短，回款加快，运营管理能力有所提升。

但值得注意的是，2014年1～12月，规模以上服装企业销售毛利率同比下降0.44个百分点，在企业产品售价提升、销售收入增长的情况下，销售毛利率的下降，表明企业盈利空间仍然受到成本上涨的挤压。从国家统计局对规模以上企业主要经济指标同比增长的统计中也可以看到，2014年，企业主营业务成本同比增长虽然逐季下降，但仍高于各个季度主营业务收的增幅。成本问题在一些正处于调整之中的企业表现得更为明显。浙江男装上市公司步森三季报披露营业利润同比大幅下降291.8%，公司表示，导致公司业绩滑坡的主要原因，除了终端销售疲软外，就是渠道成本的增加（表1－13）。

表1－13　2014年1～12月服装行业经济效益指标情况

盈利能力主要指标	本年累计	上年同期	同比增减（百分点）
销售毛利率（%）	14.55	15.00	－0.44
销售利润率（%）	6.01	5.87	0.14
成本费用利润率（%）	6.42	6.29	0.13
总资产贡献率（%）	16.98	17.23	－0.25
净资产收益率（%）	19.70	20.63	－0.93
三费比例（%）	8.09	8.23	－0.13
营运能力主要指标	本年累计	上年同期	同比增减（百分点）
产成品周转率（%）	18.87	19.28	－0.41
应收账款周转率（%）	12.25	12.15	0.10
流动资产周转率（%）	2.85	2.81	0.04
总资产周转率（%）	1.69	1.75	－0.05
两金占用比例（%）	36.18	35.52	0.66

（数据来源：国家统计局）

目前，中国服装产业仍处于深度调整阶段，旧有扩张模式已经不适应新环境，难以为继，而新的行业增长点或还需要探索，或未完全释放。在这期间，行业增长将进入到中高速增长的新常态，确实存在一定的困难。

在这种新形势下，更需要通过持续的转型、升级、调整、创新，为行业平稳增长注入新的驱动力。

2014年我国服装市场运行情况及未来发展趋势展望

中华全国商业信息中心

随着当前消费需求的重点已经开始由商品消费转向服务消费、品质消费、品牌消费、个性消费，服装类商品的消费需求也更加注重品质，注重性价比。在这种消费环境下，我国服装市场依旧处于磨砺期，2014年服装销售增速继续呈现放缓态势，品牌发展、渠道建设、模式创新等方面继续在变革的道路上探索。

一、城乡居民服务类消费支出占比增长明显，衣着类商品消费支出下降显著

近些年来，随着消费者生活水平的提高，如食品、衣着、家庭设备及用品等生活必需品和日常消费品等商品类消费支出占城乡居民家庭总体支出的比例开始呈现下降的态势，而诸如交通通信、文教娱乐、医疗保健等服务类商品消费支出占比则出现了较明显的增长。

根据国家统计局的数据，2013年，城镇居民人均现金消费支出中，食品、衣着、家庭设备及用品消费支出占比为52.3%，相比2000年低了4.6个百分点，相比1990年低了23.8个百分点；而交通通信、文教娱乐、医疗保健等消费支出在2013年的占比为34.1%，相比2000年提升了6.1个百分点，相比1990年提升了20.1个百分点。农村居民中，2013年，食品、衣着、家庭设备及用品消费支出占比为47.1%，相比2000年低了2.2个百分点，相比1990年低了14.4个百分点；而交通通信、文教娱乐、医疗保健等消费支出在2013年的占比为31.0%，相比2000年提升了2.4个百分点，相比1990年提升了15.3个百分点。

由此可以看出，当前我国城乡居民消费支出重心由商品向服务转变的趋势十分明显。

作为商品消费支出的代表，近年来衣着类商品消费支出占比呈现明显下滑。1990年，我国城镇居民人均现金消费支出中，衣着类消费支出所占比重为13.4%，2013年则降至10.6%，下降了2.8个百分点；同样，1990年在农村居民人均现金消费支出中，衣着类消费支出所占比重为11.7%，2013年则降至7.2%，下降了4.5个百分点（图1-4、图1-5）。

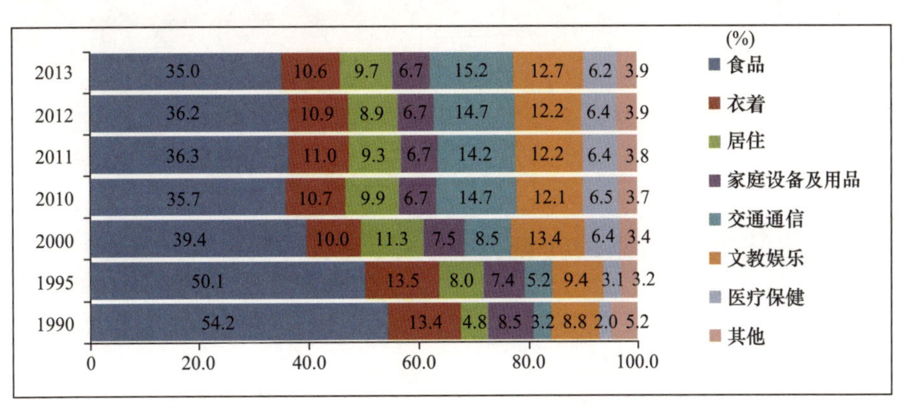

图1-4 1990~2013年城镇居民人均现金消费支出构成

（数据来源：国家统计局）

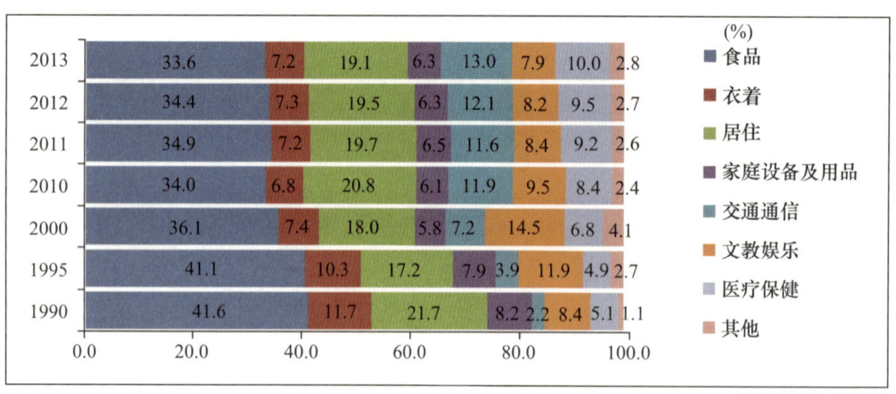

图 1-5 1990~2013 年农村居民人均现金消费支出构成

（数据来源：国家统计局）

二、服装类居民消费价格连续多年上涨，消费需求开始由量向质转变提升

从 2011 年开始，我国居民服装类消费价格持续呈现上涨的态势，到 2014 年，涨幅连续 4 年保持 2%~3% 的温和增长，其中 2014 年上涨 2.6%。

与 2010 年之前我国居民服装类消费价格连续多年的负增长相比，2011 年以来连续多年的温和上涨虽然有企业生产成本上升、运营费用增长的因素，但从消费的角度看，在服装商品供给大幅增加，品牌企业库存居高不下的情况下，消费价格依旧连续多年上涨。这说明当前城乡居民服装消费需求开始由量逐渐向质转变，消费者的消费观念也在改变，心理消费价位不断提升，愿意花更多的钱去购买高品质的商品，也就是更加注重性价比高的商品（图 1-6）。

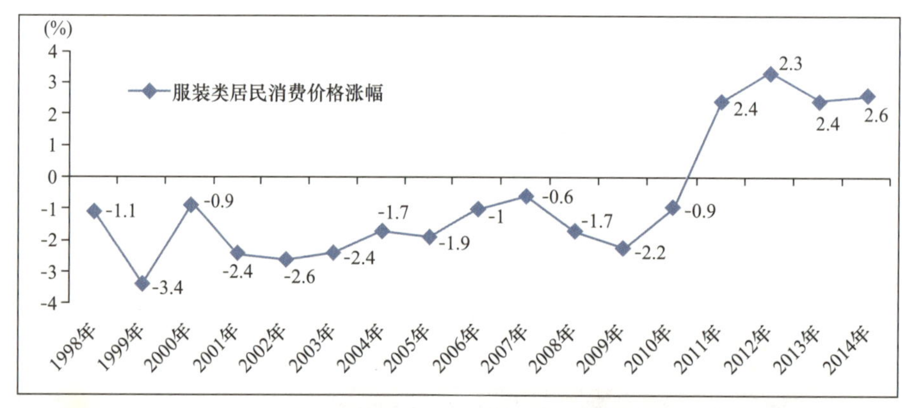

图 1-6 1998~2014 年我国服装类居民消费价格同比上涨

（数据来源：国家统计局）

三、大型零售企业服装销售增速放缓幅度收窄

（一）大型零售企业服装销售增速放缓幅度收窄

根据国家统计局数据，2014 年限额以上企业服装类商品零售额同比增长 10.8%，增速较 2011 年、2012 年和 2013 年分别低了 14.3、6.9 和 0.7 个百分点，连续四年呈现放缓的态势，是 2003 年以来的最低（图 1-7）。

另据统计，2014 年全国重点大型零售企业服装类商品零售额同比增长 3.5%，较上年下滑 1.7

个百分点，增速连续两年低于10%（图1－8）。

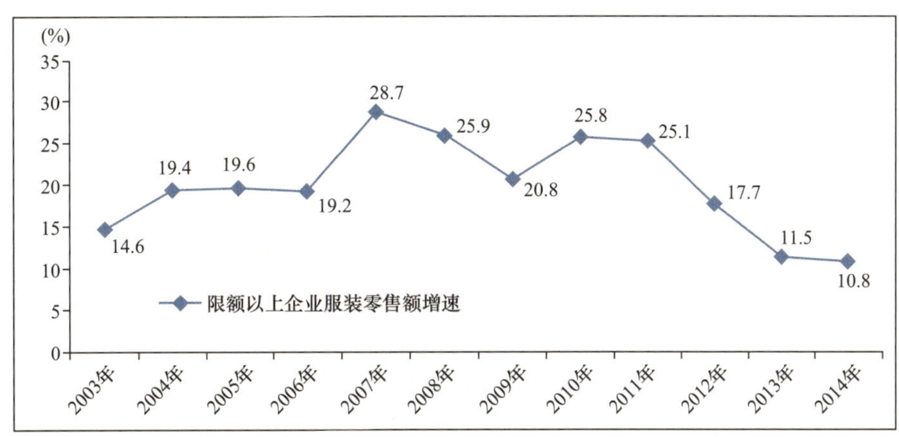

图1－7　2003～2014年限额以上企业服装类商品零售额增速

（**数据来源：**国家统计局）

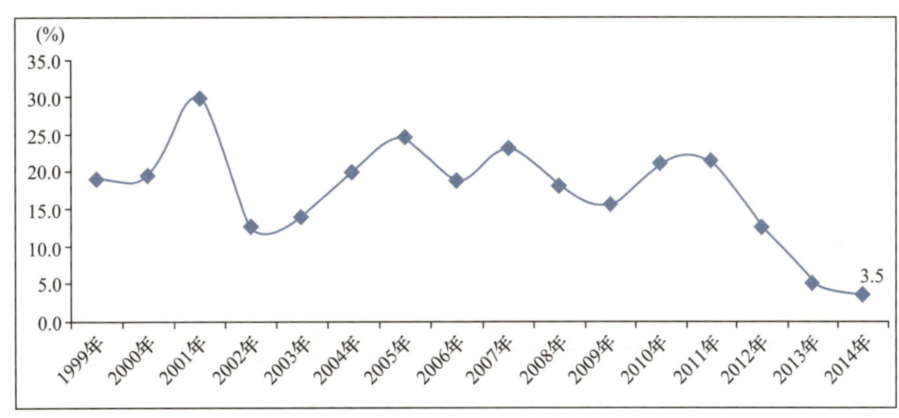

图1－8　1999～2014年全国重点大型零售企业服装类商品零售额增速

（**数据来源：**中华全国商业信息中心）

从增速幅度上看，无论是限额以上企业还是全国重点大型零售企业，均呈现收窄的态势。一方面，互联网等外部冲击已经趋于常态化、稳定化；另一方面，大型零售企业服装商品品质相对较好。加之近两年服装价格涨幅显著回落，涨幅较低，在一定程度上满足了当前更加追求性价比的消费需求。

（二）单价继续小幅上涨，零售量首次同比下降

据统计，2014年，全国重点大型零售企业服装类商品销售单价同比上涨4.3%，涨幅虽然相比2013年加快1.4个百分点，但相比之前几年，依旧处于相对较低水平（图1－9）。

虽然连续两年增速涨幅较低，但由于2006～2011年价格涨幅较高，导致1998年以来累计涨幅过高，已经达到166.7%，过高的服装价格还是在很大程度上抑制了消费者的消费需求（图1－10）。

2014年，全国重点大型零售企业各类服装零售量同比下降0.8%，增速较2013年低3个百分点，零售量首次出现同比负增长（图1－11）。

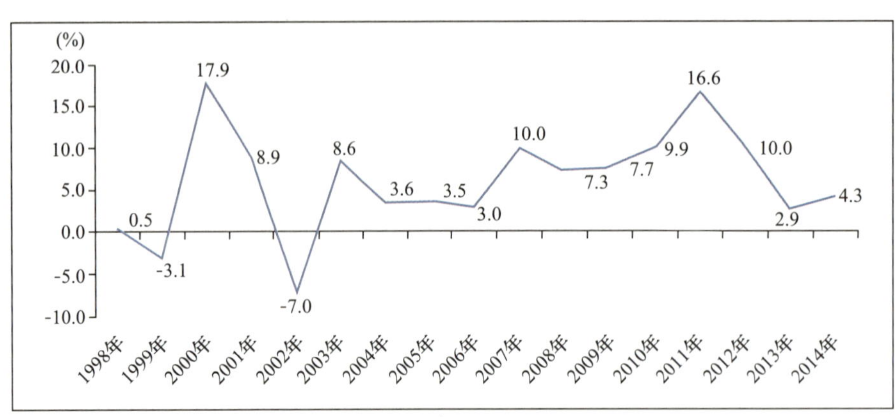

图 1－9　1998～2014 年全国重点大型零售企业服装类商品销售单价涨幅

（**数据来源**：中华全国商业信息中心）

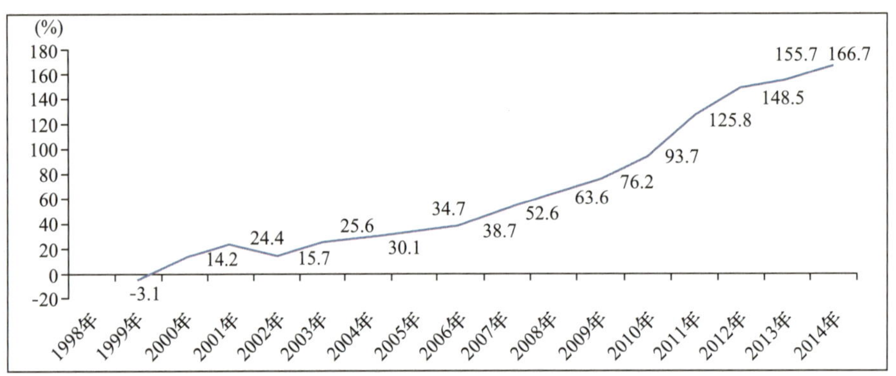

图 1－10　1998 年以来全国重点大型零售企业服装类商品销售单价累计涨幅

（**数据来源**：中华全国商业信息中心）

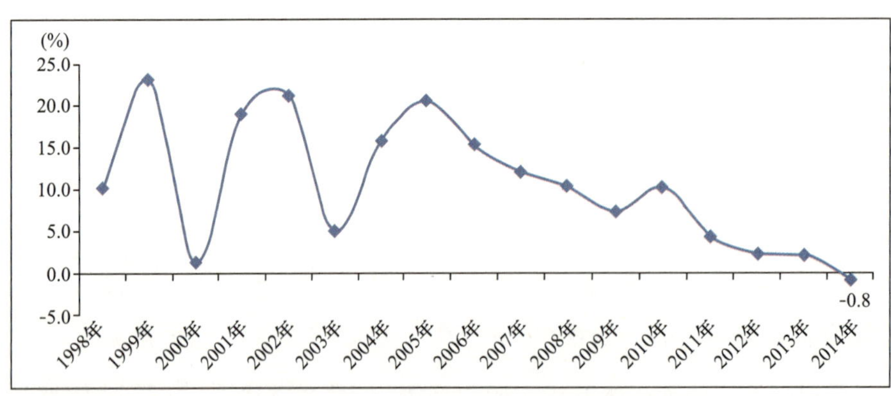

图 1－11　1998～2014 年全国重点大型零售企业各类服装零售量同比增速

（**数据来源**：中华全国商业信息中心）

12 类服装商品中，只有童装和运动服销量同比保持增长。其余 10 类商品销量同比均为下降（图 1－12）。

各类服装零售量首次出现负增长，导致其对 2014 年大型零售企业服装零售额的增长由之前的正贡献变成了负贡献。

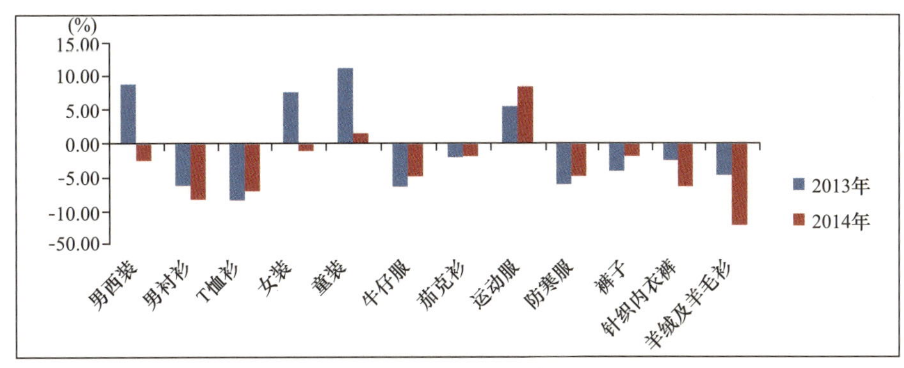

图1－12　2013～2014年全国重点大型零售企业各类服装销量同比增速对比

（数据来源：中华全国商业信息中心）

2013年之前，虽然很多年份全国重点大型零售企业服装销售增长主要依靠价格上涨带动，但销量增长或多或少的是在拉动零售额增长。在2014年，销量同比下降0.8%，这直接导致其下拉了22.6%的零售额增长速度（图1－13）。

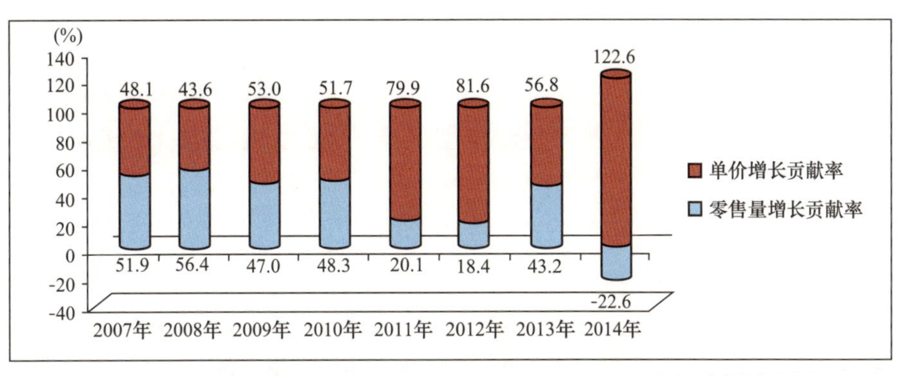

图1－13　2007～2014年全国重点大型零售企业服装零售额增长量价贡献对比

（数据来源：中华全国商业信息中心）

（三）主要服装商品销售运行情况

1. 男装：价减量升到价升量减，零售额增速明显回升

据统计，2014年，全国重点大型零售企业男装商品零售额同比3.7%，增速较2013年回升了3.5个百分点，在经历2009～2013年连续5年放缓后首次呈现回升，并且近三年来首次超过服装类商品整体零售额增速，高出0.2个百分点（图1－14）。

与2013年的价减量升不同，2014年全国重点大型零售企业男装单价同比上涨8.8%，而零售量则同比下降4.6%，呈现明显的价升量减态势（图1－15）。

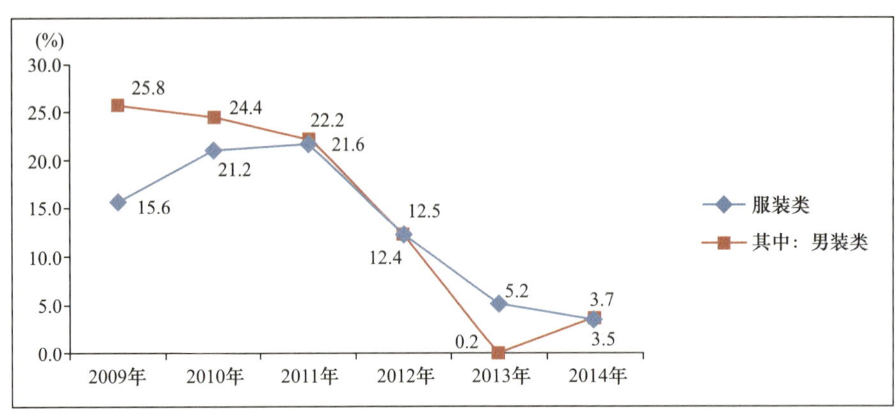

图 1－14　2009～2014 年全国重点大型零售企业服装类商品零售额增速

（数据来源：中华全国商业信息中心）

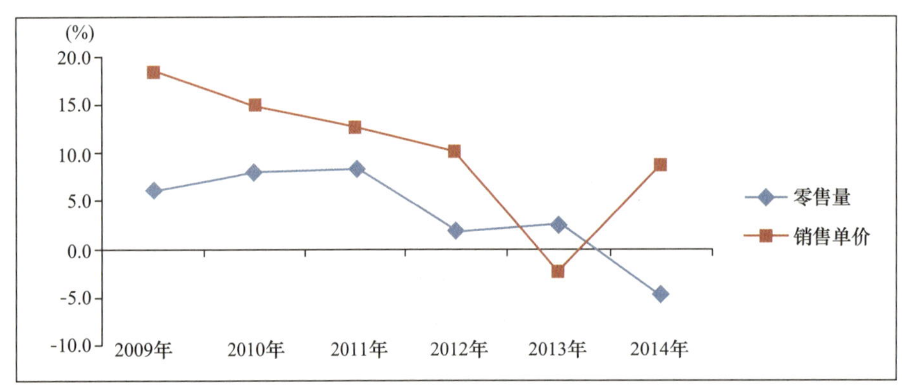

图 1－15　2009～2014 年全国重点大型零售企业男装商品零售量和销售单价增速

（数据来源：中华全国商业信息中心）

从价减量升到价升量减，再对比 2013 年和 2014 年大型零售企业男装类商品零售额的增速，可以看出，消费者对大型零售企业男装商品的品质需求在提升，心理价位也在提高。

由此可以发现，对于传统零售企业来讲，在消费者更加注重品质和性价比的情况，与其大幅打折，不如提供高品质高性价比的商品。

2. 女装：销售增速四年来首次回升，价升量减态势明显

与整体服装销售增速相比，2014 年女装销售增速继续处于相对较高的水平，但与往年与整体服装销售增速走势一致所不同的是，2014 年全国重点大型零售企业女装商品零售额增速在整体服装销售增速继续放缓的环境下，呈现了小幅的回升。全年零售额同比增长 6.2%，增速较 2013 年小幅回升 0.2 个百分点，是近四年来首次增速呈现回升（图 1－16）。

另外，与 2013 年全国重点大型零售企业女装销售呈现的价减量升态势完全相反，2014 年呈现出明显的价升量减，单价同比增长 7.4%，而销量则同比下降了 1.1%。这一方面说明当前在互联网销售出现后，传统大型零售企业打折促销带动销售增长的效果大幅减弱；另外，在品质消费需求不断提升的环境下，提供高品质商品对销售的带动作用要大于打折促销（图 1－17）。

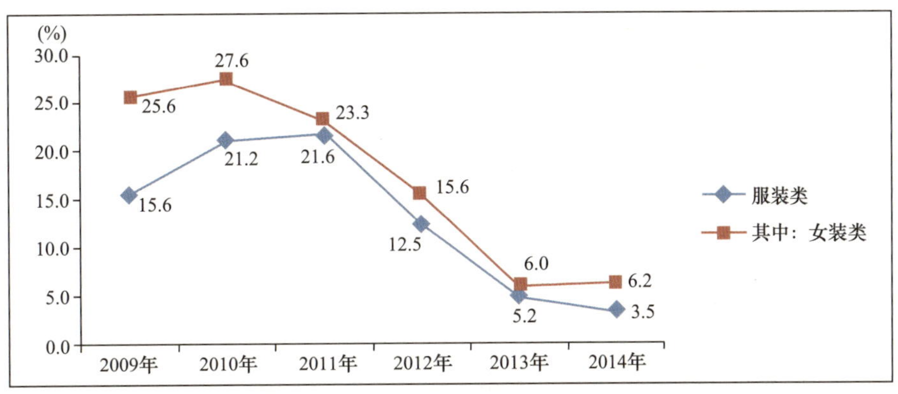

图 1－16　2009～2014 年全国重点大型零售企业女装零售额增速与整体水平对比

（数据来源：中华全国商业信息中心）

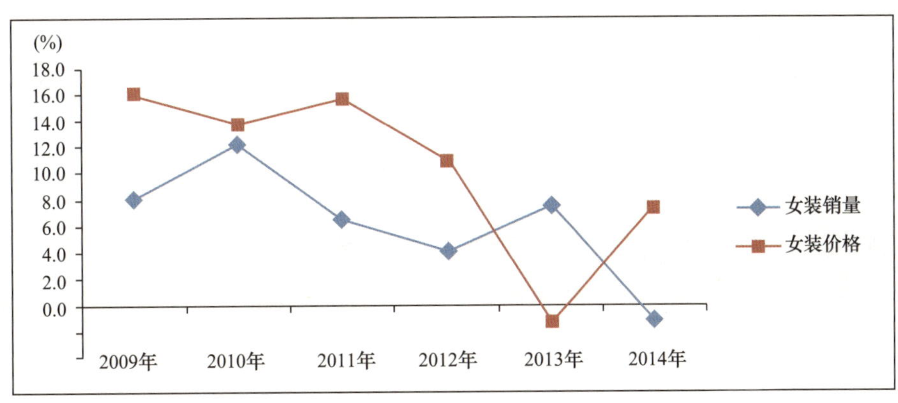

图 1－17　2009～2014 年全国重点大型零售企业女装销售单价增速与销量增速对比

（数据来源：中华全国商业信息中心）

3. 童装：零售额继续保持相对较快的增长，量价增长趋势出现反转

作为近两年来服装市场中销售增长的亮点商品，2014 年全国重点大型零售企业童装类商品零售额同比增长 8.9%，虽然相比 2013 年放缓了 3.8 个百分点，但依旧高于男装、女装和整体服装类增速（图 1－18）。

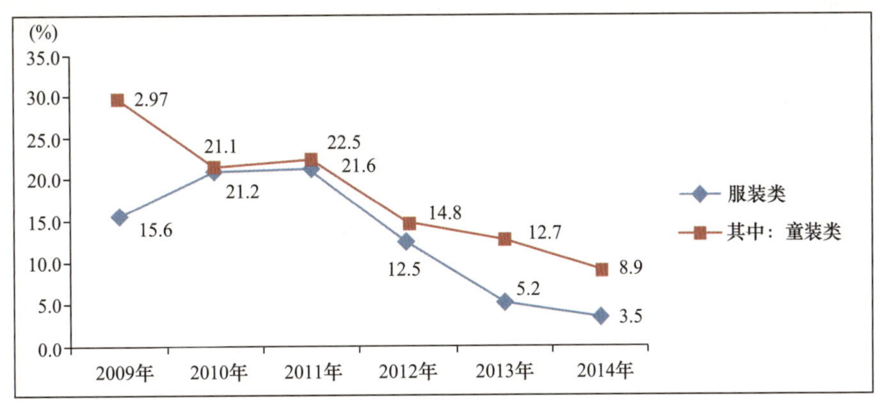

图 1－18　2009～2014 年童装零售额同比增速与整体水平对比

（数据来源：中华全国商业信息中心）

2014 年，全国重点大型零售企业童装类商品零售量和单价的增长趋势相比 2012 年和 2013 年出现了较大的变化，2012 年和 2013 年童装类商品零售量和单价一直保持着单价增速向下，零售量增速向上的趋势，但在 2014 年则是单价增速向上，同比增长 7.3%，较上年提升 5.9 个百分点，而零售量增速转头向下，同比增长为 1.5%，较 2013 年大幅放缓 9.7 个百分点（图 1－19）。

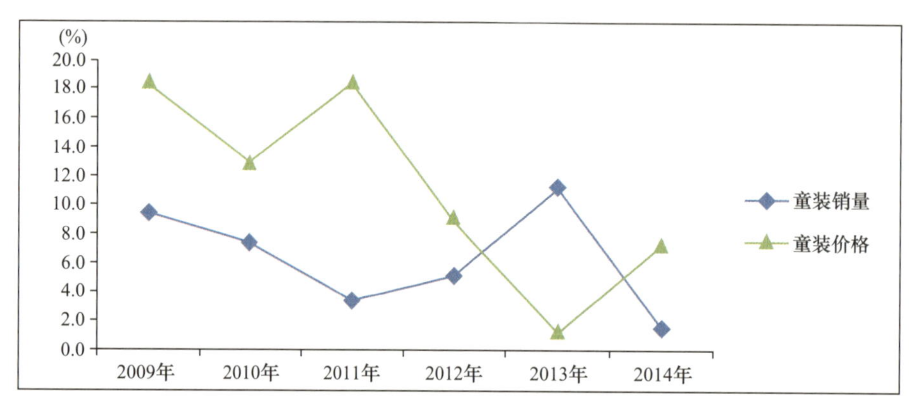

图 1－19　2009～2014 年童装零售量同比增速与整体水平对比

（**数据来源**：中华全国商业信息中心）

量价增长趋势的反转反映出随着当前销售渠道的增多，一些品质一般、价格优势不明显的商品在大型零售企业中逐渐丧失了竞争力，而高品质高价格的商品渐渐占据上风，在一定程度上带动单价提升的同时，也流失了部分低价消费群体。

4. 运动服：销量增速继续提升，时尚和功能性成为消费需求的核心

2014 年，全国重点大型零售企业运动服销量同比增长 8.3%，虽然增速水平不是很高，但明显高于其他服装品类销量增速，且延续了 2013 年以来加速增长的态势，增速相比 2012 年和 2013 年分别提升了 2.7 个和 3.6 个百分点（图 1－20）。

近两年，全国重点大型零售企业运动服销售呈现明显回升，主要是由于当前登山、旅游、探险、滑雪、跑步等运动给了消费者各种体验的同时，也为消费者提供了健康的生活方式，因此，消费者在为体验健康生活方式的同时，必然会增加对相关服

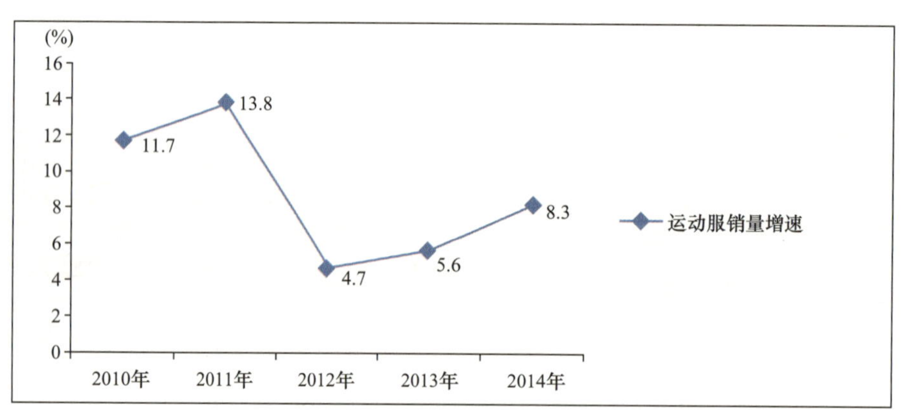

图 1－20　2010～2014 年全国重点大型零售企业运动服销量增速

（**数据来源**：中华全国商业信息中心）

装产品的需求，尤其青睐时尚度高、功能性强的商品。

例如，迪卡侬等体育用品零售店在我国呈现快速发展的态势，从2003年进入中国以来，十年时间，门店数量已经达到79家，并且预计在2015年达到150家，其主要特点是商品品类齐全，功能性突出，且价格较低。

5. 羽绒服：量价齐跌，销售同比继续负增长

2014年，全国重点大型零售企业羽绒服零售量同比下降4.8%，自2008年以来，连续7年同比呈现负增长的态势。

在经历连续7年销量同比负增长的同时，2014年，全国重点大型零售企业羽绒服销售单价也同比下降了8.8%，市场呈现出量价齐跌的态势（图1－21）。

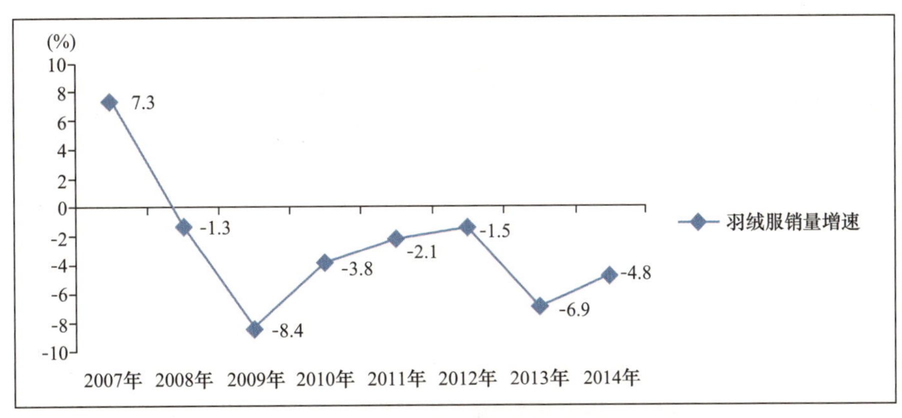

图1－21　2007～2014年全国重点大型零售企业羽绒服销量同比增速

（数据来源：中华全国商业信息中心）

2013年之前，销量的同比负增长可以归咎于价格过高、涨幅过快，但在2014年，价格同比下降的基础上依旧没有实现零售量的增长，由此可见，2014年大型零售企业羽绒服销售的确面临了较大的问题（图1－22）。

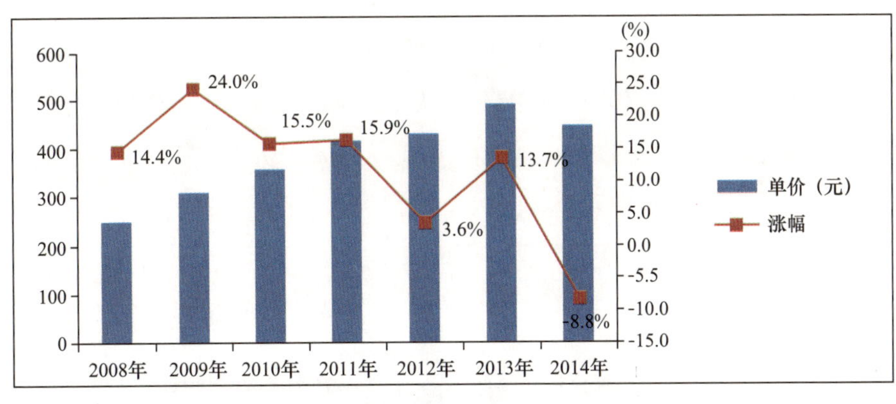

图1－22　2008～2014年全国重点大型零售企业羽绒服销售单价及同比涨幅

（数据来源：中华全国商业信息中心）

一方面，气温较往年高在一定程度上的确影响了消费需求；更为重要的是，电子商务、快时尚品牌以及户外服装、时装品牌等以其低价格、高时尚度、高性价比极大地分流了大型零售企业羽绒服消费群体。

四、线上渠道销售继续快速增长，但增速减缓

2000～2010年，我国城镇居民人均衣着类消费支出增长速度达到188.6%，衣着类商品零售价格则是下降14.4%，由此可以推算得出2000～2010年，我国城镇居民衣着类消费支出实际增长了237.1%，也就是服装实际消费量的增速达到了237.1%，而在此期间，中华全国商业信息中心统计的全国重点大型零售企业各类服装零售量增长了256.7%。对比可以看出，2000～2010年，我国城镇居民的衣着消费更多的还是来自于大型零售企业。而到了2010～2013年期间，我国城镇居民衣着类消费支出增长了31.7%，扣除7.7%的价格增长，实际增长22.3%。也就是说服装实际消费量增长了22.3%，但在此期间，全国重点大型零售企业各类服装零售量仅增长了9.2%，明显处于落后水平（图1－23）。

时间段	城镇居民衣着类消费支出增速	衣着类零售价格涨幅	城镇居民衣着类消费支出实际增速	大型零售企业服装销量增速
2000～2010年	188.6%	－14.4%	237.1%	256.7%
2010～2013年	31.7%	7.7%	22.3%	9.2%

图1－23　不同时间段我国城镇居民衣着消费支出与大型零售企业服装销量增速对比

（数据来源：国家统计局　中华全国商业信息中心）

分析对比2010年以来，我国城镇居民衣着类实物量增长速度和大型零售企业各类服装零售量增速，并结合近些年来零售市场的发展现状发现，两者增速之间相差的10多个百分点多是转移到了互联网等渠道。

一方面，从近年来我国城镇和乡村居民人均现金消费支出中交通通信占比的增多可以看出，当前互联网对于城乡居民家庭的重要性在提升，特别是在互联网购物方面，其便捷低价，特别是低价的因素，使得原本在大型零售企业购买转移到互联网上后，虽然购买量没有减少，但由于价格较低，使得实际支出金额相对减少，这也是近年来城乡居民消费支出中衣着消费占比下降的原因之一。

另一方面，服装网购的快速增长也有力地证明了这一现象。根据中国电子商务研究中心的数据，2014年，我国服装网购市场交易规模预计达6153亿元，同比增长41.5%，虽然继续呈现放缓态势，相比2013年低了1.1个百分点，但依旧大幅高于大型零售企业服装类商品零售额增速。另根据易观智库的数据，2014年全年中国B2C市场服装交易规模3943亿元人民币，相比2013年增长52.7%。从近三年增速看，也呈现出逐年放缓的态势，但同样是大幅高于大型零售企业服装类商品零售额增速（图1－24、图1－25）。

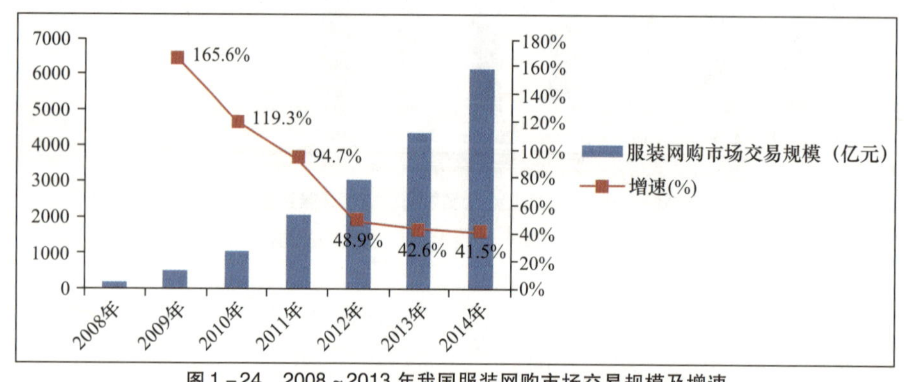

图1－24　2008～2013年我国服装网购市场交易规模及增速

（数据来源：中国电子商务研究中心）

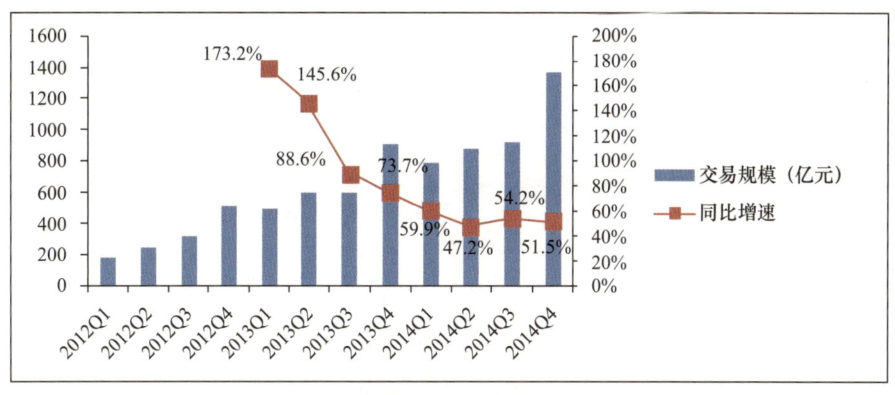

图 1－25　2011～2014 年中国 B2C 市场服装品类交易规模及增速

（数据来源：易观智库）

五、快时尚品牌继续扩张，线上线下同时发力

2014 年，各大快时尚品牌在华继续保持扩张态势。据联商网统计：截至 2014 年 12 月 31 日，优衣库（UNIQLO）新开店 86 家，门店总数达到 343 家；H&M 开店 60 家，门店总数达到 236 家；ZARA 新开店 12 家，门店总数 149 家；无印良品（MUJI）新开店 28 家，门店总数 128 家；GAP 新开店 23 家，门店总数 94 家；C&A 新开店 9 家，门店 64 家；U&R 新开店 26 家，门店 55 家。MANGO、New Look、Forever21 的门店总数分别为 40 家、19 家、8 家。

快时尚品牌在华的持续快速扩张与当前我国商业地产快速发展紧密相连，2014 年，全球最大的商业地产服务公司 CBRE 分析调查了全球 180 个城市购物中心建设状况，报告显示，目前中国购物中心的建设规模为全球之最。在所分析调查的 180 个城市中，有半数的在建购物中心在中国。另外，在当前大型零售企业服装销售增长乏力的环境下，走平价路线的快时尚品牌则颇受大众青睐，成为实体零售店吸引客流的筹码，也由此带动了快时尚品牌的持续扩张（图 1－26）。

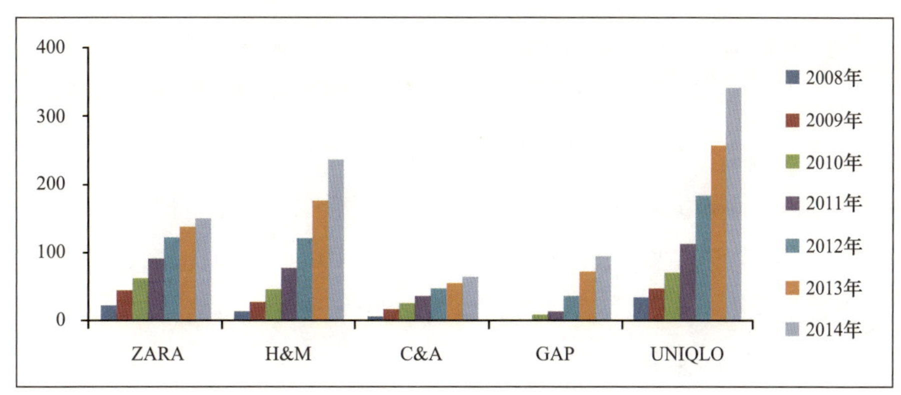

图 1－26　2008～2014 年主要快时尚品牌企业在华门店数量

（数据来源：联商网）

2014 年，快时尚品牌的发展延续了 2013 年的特点和趋势：一方面，渠道下沉，向二三线城市扩

张。在过去两年中，快时尚品牌在非一线城市的新增门店数量或者总门店数已经远远超过了北上广深。例如，截至 2014 年，北京、上海、广东三省市 UNIQLO 的门店数为 163 家，H&M 的门店数为 79 家，ZARA 的门店数为 52 家，GAP 的门店数为 37 家，均不到全国总门店数的一半。另一方面，积极拓展线上销售市场的同时，开始全渠道的营销模式。2014 年，各大快时尚品牌也纷纷开始抢占线上市场，发力 O2O，建立全渠道营销模式。2014 年，ZARA、C&A 在天猫上线，GAP 把网店开进了京东，而 UNIQLO 官网和其手机 APP 上则首推虚拟试衣功能。而此前，H&M 等品牌或入驻其他购物网站，或坚持主打自有官网购物。相比沦为电商“试衣间”的担心，快时尚品牌更希望找到线上线下盈利的平衡点。

六、品牌集中度水平继续下降，性价比高的品牌增长较快

（一）需求小众化态势明显，品牌集中度水平继续下滑

随着社会的发展，科技的进步，消费观念的升级，商品供给的极大丰富，特别是互联网的快速发展，“80 后”、“90 后”消费主体的崛起，服装消费的需求开始转向享受，功能性转向时尚性、个性，受此影响，传统的商品供给方式明显滞后于当前的消费需求，消费需求碎片化、个性化引导下的服装消费从传统的大众需求向小众需求转变（图 1－27）。

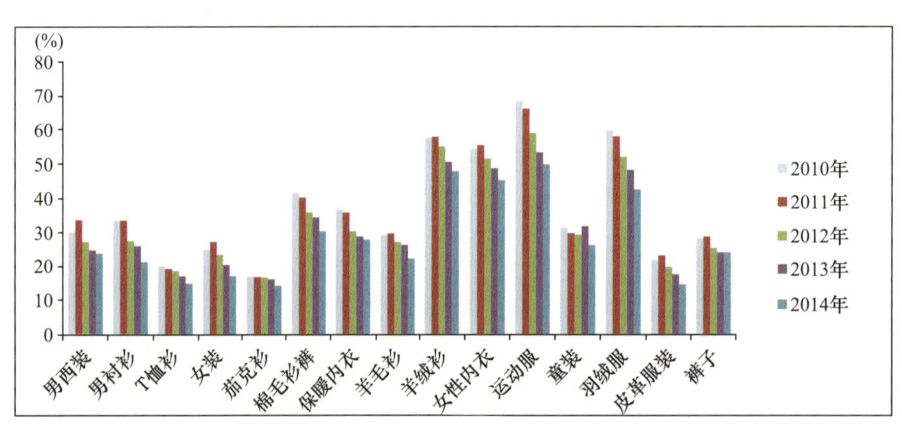

图 1－27　2010～2014 年全国重点大型零售企业服装商品销售前十位品牌市场份额合计

（数据来源：中华全国商业信息中心）

消费需求碎片化，小众化，进一步加剧了服装市场品牌的竞争激烈程度，品牌集中度水平近些年来持续下滑。据统计，2010 年以来，全国重点大型零售企业主要服装商品的集中度水平呈现持续下滑态势。2014 年，全国重点大型零售企业统计销售的 15 类服装商品中，前十位品牌市场综合占有率合计相比 2010 年全部呈现下降，其中降幅较大的有运动服、羽绒服、棉毛衫裤、男衬衫等，降幅均在 10 个百分点以上（图 1－28）。

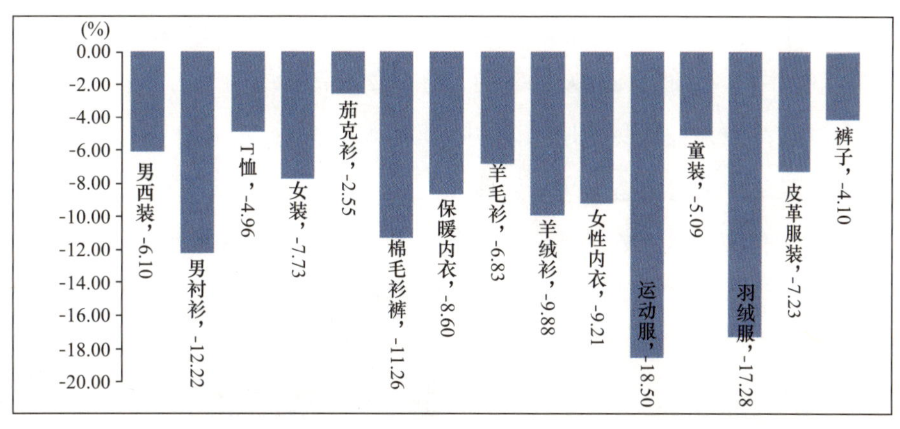

图 1－28　2014 年全国重点大型零售企业服装商品销售前十位品牌市场份额合计相比 2010 年变化

（数据来源：中华全国商业信息中心）

（二）传统领先品牌市场份额下降及品牌断层现象明显

近些年来，服装品牌发展呈现出一个显著的特征，即传统领先品牌的市场份额明显下降。

据统计，2010 年以来，全国重点大型零售企业男西装、男衬衫市场的雅戈尔、女装市场的 ONLY、VERO MODA，羽绒服市场的波司登、男裤市场的九牧王等行业领先品牌的市场综合占有率均呈现显著下滑态势（图 1－29）。

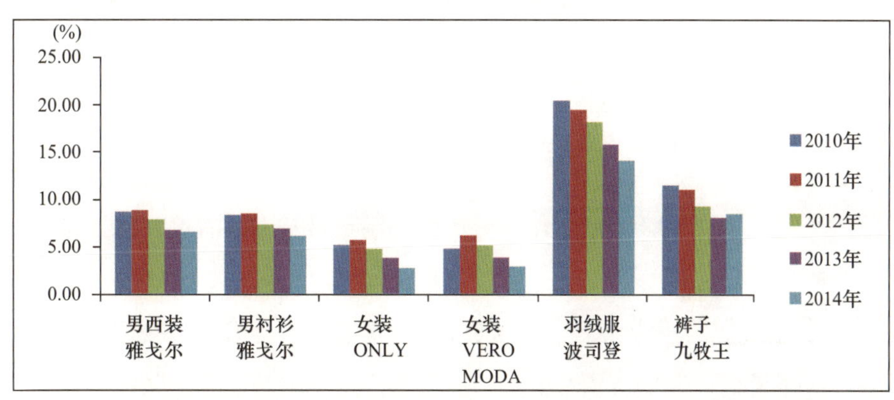

图 1－29　2010～2014 年全国重点大型零售企业主要服装商品领先品牌市场综合占有率变化

（数据来源：中华全国商业信息中心）

传统的行业领先品牌近年来市场份额显著下滑。一方面，电商和国际快时尚品牌的快速发展，全面冲击了传统大众品牌，价格、渠道、商品等方面的优势正在逐渐丧失；另一方面，“80 后”、“90 后”成为当前市场的主体后，其区别于上一代人的独特、个性化需求和消费理念使得传统的大众品牌不再受青睐，传统的大众品牌没有及时采取措施应对消费结构的变化，导致出现了品牌断层，市场份额流失，甚至出现了关店潮。

目前服装行业正在经历深度调整，传统大众品牌出现的品牌断层和关店潮仅仅是行业洗牌的开始，过去简单粗放的增长模式已经落后，如果不做调整和改变，不排除当前市场中处于领先位置的传统大众品牌从市场消失的可能性。

（三）兼具品质与价格优势的轻奢品牌快速增长

从当前的服装消费需求看，随着消费者的不断成长以及商品信息透明度的提高，追求好的设计和高品质商品的消费者越来越多。

轻奢品牌商品价位适中，品质较高，设计时尚流行，也就是说性价比较高，并且重要的是能让更多的人消费得起，并且满足了消费者追求高品质商品的消费需求，受到消费者的青睐。数据显示，截至2014年12月27日，Coach在中国地区的销售额增长了13%。Michael Kors和Tory Burch的发展也出现了不错的势头，2014年，两个品牌都加速在中国市场的布局。Kate Spade在截至2014年10月4日的三季度，同店销售增15.2%（表1－14）。

表1－14　2013～2014年主要轻奢品牌在全国重点大型零售企业销售商品中渗透的范围

品牌	2013年	2014年
Coach	男西装、香水、各式皮包、手表	男西装、香水、各式皮包、手表、女装
DKNY	手表、女装、女性内衣	手表、女装、女裤
Emporio Armani	手表、男西装、男衬衫、T恤、牛仔服、皮革服装、夹克衫、裤子、各式皮包	手表、T恤、女装、皮革服装、夹克衫、裤子、户外服装、各式皮包
MCM	各式皮包	各式皮包
Michael Kors	各式皮包	各式皮包
Moschino		女裤、女皮鞋

（数据来源：中华全国商业信息中心）

从目前国内消费轻奢品牌商品看，多集中在手表、皮包等配饰类商品以及部分服装商品上，根据中华全国商业信息中心的统计，2014年，主要轻奢品牌在全国重点大型零售企业销售商品的渗透范围明显扩大。例如，COACH在2013年销售较好的品类有男西装、香水、各式皮包和手表；而2014年，除了上述四个品类外，在女装市场也有突出表现。再如Moschino，其2014年的销售表现明显好于2013年，特别是在女裤和女皮鞋市场。

另外，例如MCM、Michael Kors在2014年全国重点大型零售企业各式皮包销售中的市场份额和排名相比2013年均有明显提升，2014年COACH在男西装销售中的市场份额和排名也明显高于2013年（表1－15）。

表1－15　2013～2014年全国重点大型零售企业部分轻奢品牌的销售表现

品牌	品类	2013年		2014年	
		排名	市场综合占有率%	排名	市场综合占有率%
MCM	各式皮包	79	0.22	67	0.31
Michael Kors	各式皮包	144	0.11	125	0.12
Coach	男西装	136	0.14	65	0.27

（数据来源：中华全国商业信息中心）

七、未来服装市场的发展趋势预测

（一）消费者将更加注重服装的品质

新中国成立以来至今，我国服装消费大致可以分为三个阶段：第一阶段是20世纪80年代之前，由于经济发展落后，物质缺乏，居民服装消费的目的是满足最基本的需求，也就是有衣服穿；第二阶段是80年代至2010年前后，我国服装产量不断增长，消费者不再为缺衣服穿而困扰，反而是伴随着收入水平的增长以及互联网零售的快速发展，刺激了消费者购买更多的服装，服装消费的目的是占有；第三阶段是2010年以后，相比较上一代人，“80后”、“90后”消费群体没有经历过缺吃少穿，其从出生开始就面对一个物质供给丰富的社会，加之多是独生子女，更是使其集万千宠爱于一身，其最初、最原始的服装消费意识就是选择好的衣服，因此，其对服装的品质，如材质、时尚度、个性化等方面更为关注。

根据美国棉花公司与美国国际棉花协会对中国消费者服装消费的调查显示，中国消费者对服饰品质的要求日益提高，92%的消费者在选购服饰时的首要考虑因素是品质，83%的消费者期望新购买的服饰更具耐穿性，更有91%的消费者表示，他们愿意为更好品质的服装支付更高的价格。因此，随着“80后”、“90后”消费群体的快速崛起，我国服装消费需求由量向质提升的趋势将越发明显。

（二）个性化、定制化将成为服装的发展趋势

“80后”、“90后”消费者成为消费主体后，未来服装的个性化消费将迎来一个新的契机，个性化和定制化将成为服装消费趋势。

服装消费的个性化发展趋势对传统的服装生产流程和理念将产生巨大的影响，消费者将参与到服装商品的生产过程，由生产决定需求的传统生产方式将转变为由消费需求决定生产，特别是随着互联网等创新技术的快速发展和应用，未来服装市场将会实现产销合一，消费需求直接传输到生产端，同时生产产品直接运送到消费者手中。一方面满足了消费者的个性化需求；另一方面，也将会提高生产企业的效率，使得生产企业生产的目的性更强，有助于企业减少库存，压缩流通中间环节。

（三）线上和线下渠道融合发展将进入新阶段

从目前的服装零售市场看，随着服装品牌企业和传统零售渠道通过不同方式纷纷触网，例如利用互联网为工具和平台，进行商品展示、商品优惠信息推送以及开展网上销售等线上线下渠道的初步融合已经基本实现。

线上线下渠道的初步融合是简单的渠道全面占领，但随着线上渠道发展逐渐常态化，其销售也呈现出减速态势，同时线上线下渠道初步融合后呈现出的渠道运营成本加大，渠道优势难以得到有效发挥，同一品牌相同商品在不同渠道的冲突竞争等问题越来越突出。例如，线上渠道运营成本增加，品牌企业盈利空间下降，传统渠道触网转型后，使得其实体店体验的优势更加难以得到施展，高品质服装商品价值难以实现，等等。

因此，从未来的发展看，线上线下渠道融合发展将进一步深入，步入新的阶段——渠道的精细化和专业化发展。

首先，科技的进步为线上线下渠道进一步融合发展提供了基础。目前手机已经成为当前消费者的生活必需品，以手机为核心的信息技术，如移动APP、移动支付、定位信息、大数据分析等。一方面，极大地释放了消费者，消费者变得更加自由，不再被束缚在实体店里或者电脑前，已经可以随时随地、无空间和时间限制的购物。另一方面，信息已经不存在不对称的情况，无论是消费者了解商品信息还是商家了解消费特点，都不再是问题。

其次，消费需求的碎片化、细分化态势明显。例如，价格敏感的消费者，注重品质的消费者，老年人、年轻人等的差异，使得市场更加需要精细化的渠道、专业化的渠道。因此，为了让商品的价值最大化，就必须利用不同渠道的优势，销售与渠道优势相匹配的商品，最大限度地满足不同消费群体的消费需求。

例如，互联网渠道的优势是客流量大，成交价格相对较低；而传统实体零售渠道则能够实实在在的接触商品，体验的优势明显。因此，在互联网渠道适合出售标准化程度较高的服装商品，利用价格优势满足对价格敏感的消费者；而性价比较高、科技含量较高、功能性突出的服装商品则适合放到线下渠道，利用商品的品质和体验吸引愿意为高品质商品埋单的消费者。

线上线下渠道在经过初步融合后再次专业化和精细化将线上线下渠道融合发展的新阶段，通过不同渠道，商品在品质、价格等方面体现出来的势能差有效地将消费者引流到合适的销售渠道。

（四）科技含量高的功能性服装将呈现快速增长态势

消费需求的最根本目的是购买商品，提供满足

消费需求的服装是未来永久不变的趋势。

目前，在服装市场以创新技术为核心的各种可穿戴设备，科技含量较高的功能性服装等已经在市场中出现，并得到了消费者的认可。

一方面是各种智能设备和服装商品相结合。最具代表性的是 NIKE 的 Nike + FuelBandSE，其将使用者的运动数据通过无线数据传输发送到用户的移动设备中，并通过展示功能在社交网络平台上实现分享，除此以外，防止儿童走失的儿童定位鞋，带有计步功能的计步鞋等已经出现在市场中。

另一方面是科技含量较高的服装和智能服装。在户外运动服装领域，防水防风透气的面料，高科技的保暖里料，高水平的密封工艺，以及防静电、速干等技术均已经应用到了服装商品上，这也是近些年来户外服装市场快速增长的重要原因之一。除此以外，例如内置了 LED 闪灯，支持智能手机连接，如果手机收到信息 LED 便会闪烁提醒用户的 Glofaster 夹克，内置自动供暖系统的 ThermoMan 等智能服装也已经出现。

因此，从未来的市场看，科技含量高的功能性服装商品将呈现快速增长态势，成为未来服装的发展趋势之一，首先，科技含量高的功能性服装能满足消费者对服装高品质和性价比的要求；其次，科技含量高的功能性服装更能彰显消费者的个性。同时，提升科技水平也是满足各种定制化需求的基础。

（五）生活方式主导的创新商业模式将不断出现

当前我国服装行业正在经历深度调整，传统商业模式在互联网等冲击下已经丧失了竞争力，大而全、千店一面的商业模式和以渠道、价格和广告为主的传统营销方式已不能满足当前消费者的口味，正在逐渐失效。

首先，互联网大大缩小了消费者的生活半径，消除了时间和空间上的差距，使得渠道更加扁平化，进而导致实体渠道建设在营销中的重要性在不断降低；其次，当前消费者的生活方式发生了极大的改变，其注意力已经从传统的电视、报纸和杂志转向了手机，口碑、评价这种社区传播对于消费的影响明显提升，并逐渐代替传统的广告；第三，就是托夫勒在《未来的冲击》中所提到的，“未来的经济是一种体验经济，未来的生产者将是制造体验的人，消费者不再仅仅是购买商品，更需要的是在消费过程中的体验，能够通过感官触动，联想、思考，获得满足感、愉悦感，成就感和知识，通过互动体验留下深刻的印象。”

消费者生活方式变了，从传统的商品化生活方式向休闲娱乐等服务化、网络化等转变的趋势更加明显，对于服装品牌企业和零售商来讲，传统的商品为主导的商业模式也将向未来生活方式主导的商业模式转变。一方面，生活方式业态占比必然会提高，以生活方式为核心的各种服务和体验将显得更加重要。另一方面，利用生活方式进行跨界营销将越来越普遍。

例如，美国的 Anthropology、Urban outfitters 等品牌的店铺创新均是针对目标消费群体，为其创造出一种符合其生活方式的购物环境，店内的商品也从服装单一品类扩大到符合这一生活方式消费群体所需要的所有商品，包括家具、电器等。另外，在商品陈列、装修风格、购物场景等方面也均彰显和突出生活方式的特征。

从 Anthropology、Urban outfitters 等品牌的店铺创新可以看出以生活方式主导的模式创新更能凸显消费者为中心，店内购物环境和商品更够给予消费者更为深刻的购物体验，因此受到了消费者的欢迎，销售业绩呈现出较好的表现。

2014年国际服装市场分析

中国纺织品进出口商会

一、2014年中国服装进出口贸易概况

（一）中国服装出口概述

2014年中国的GDP增速放缓至7.4%，创24年来最低增速，中国经济迎来了“新常态”。服装出口行业也面临着“新常态”下的挑战。从外部形势看，国际市场长期处于缓慢复苏周期，发达经济体需求增长平缓，新兴经济体深入参与国际产业布局调整，服装生产能力快速提高，我国纺织服装业成本优势明显下降，国际竞争压力日渐凸显。从国内形势看，服装业人力资源结构性短缺成为常态，资源环境的约束力不断增强，生态环保成为行业面临的紧迫任务。面对“新常态”的压力，出口增速较去年下降6个百分点，出口额1863亿美元，同比增长5.2%。

1. 总体情况

1.1 各月度出口额增减幅度波动较大，2月份为出口低谷

从各月度出口情况看，出口额整体呈现波浪形变化。受春节假期因素影响，2月份为出口低谷，随后逐步增长，至七八月份达到出口高峰。出口额同比增减幅度波动较大，一季度变化波动最大，二三季度平稳增长，四季度出现回落（图1－30）。

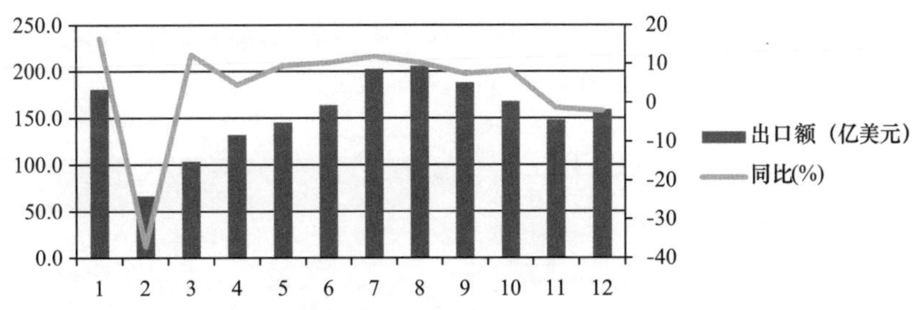

图1－30 2014年各月度出口额增减幅度变化

1.2 机织服装、化纤服装出口增长较快

机织服装出口总额为776.6亿美元，增长20.3%，与去年增幅相比有较大提升。针织服装出口总额为817.3亿美元，下降6%，但占比仍接近50%。毛皮、皮革服装出口总额为33.4亿美元，增长23.1%。塑料及硫化橡胶服装出口总额30.5亿美元，增长1.2%（图1－31）。

从服装材质来看，化纤制服装出口总额为732.3亿美元，占比超四成，且增长较快，增幅为15%。棉制服装出口总额为656.3亿美元，下降4%，市场份额也较去年有所下降。丝制服装出口总额10.3亿美元，下降21.6%。毛制服装出口总额41.7亿美元，增长2.3%（图1－32）。

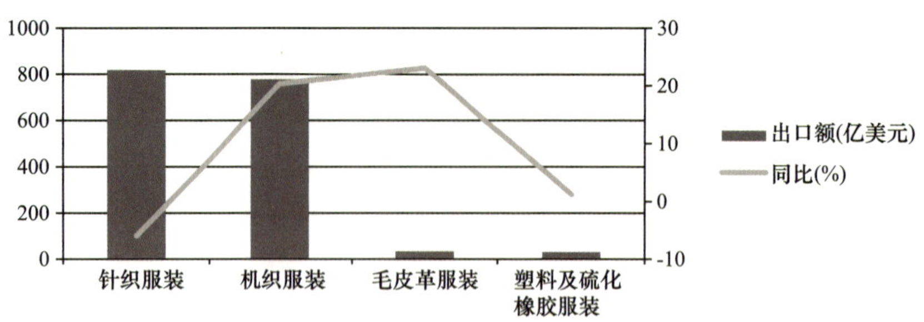

图 1－31　不同原料服装出口额增减幅度变化

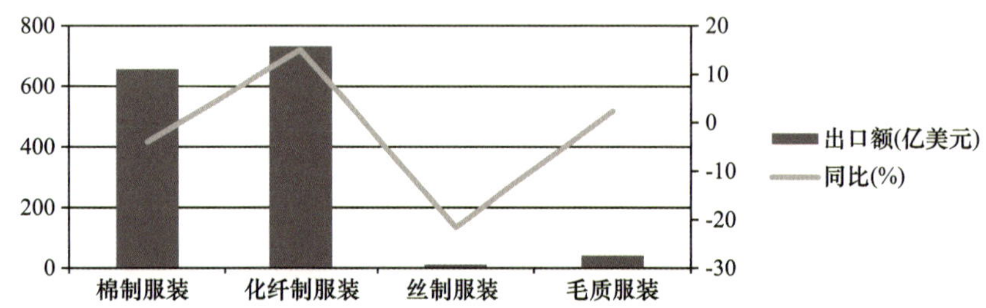

图 1－32　不同材质服装出口额增减幅度变化

1.3　民营企业主导地位进一步加强

2014 年全国共有服装出口企业 50406 家，增长 2.7%。除民营企业增长 4.8% 外，其他企业数量均有所下降，国有及参股企业、三资企业分别下降 2.4% 和 4.7%。个体工商户的数量出现了 20% 的增长，但其占比依然非常小，仅有 0.5%，对总体状况几乎不构成影响。

从出口金额看，民营企业对总体出口实现增长所做贡献最为突出，出口额提高至 1211 亿美元，增长 11%，所占份额从上年的 61.6% 提升至 65%，同时其出口量也实现了 8.6% 的增长，主导地位进一步强化。三资企业和国有及参股企业出口额都出现下降，降幅分别为 3.4% 和 5.8%，所占份额进一步跌落至 22.1% 和 12.6%。

2. 对欧美出口增速明显，日本市场所占份额继续下降

2014 年我对欧美日三大市场出口合计份额较去年有小幅上升，从上年的 52.5% 升至 53.2%。其中，对欧盟和美国出口份额有明显增长，对日本则持续下降。

欧美经济复苏，对 2014 年出口形势有明显影响，出口额增速分别为 14.8% 和 8%，均高于全球平均增速。受日本采购重心转移和消费税提高的影响，从 2 月份开始，对日本出口连续出现负增长，全年出口下降超过 10%（表 1－16）。

表 1－16　2014 年服装及衣着附件出口主要市场统计

国别	出口额（亿美元）	同比（%）	份额（%）
全球	1863.1	5.2	—
欧盟	458.6	14.8	24.6
美国	334.5	8	18
日本	197.1	－10.9	10.6

（数据来源：中国海关）

2.1　对欧盟出口增长最快

2014 年欧盟经济稳固复苏。截至三季度末，欧盟的 GDP 上升了 1.3%，伴随经济回暖，消费需求相应提升。2014 年对欧盟出口增幅是全球平均增幅的 2.8 倍，所占份额比去年增加两个百分点。所有欧盟国家中，除芬兰有小幅下降之外，对其他国家出口均有所增长，其中对英国、荷兰出口增幅

超过25%。

从商品结构看，针织、机织服装出口所占份额接近，均超过40%，机织服装的出口金额和数量增幅均高于针织服装。两大类服装的出口金额增幅分别为23.5%和8.6%，数量增幅分别为15.77%和8.44%。按服装材质看，化纤制服装出口表现良好，出口额增幅高达28%，远高于棉制服装2.8%的增幅，且出口数量和金额所占份额也均高于棉制服装。

2.2 对美国出口小幅提高

2014年，美国经济持续复苏，据美国商务部数据显示，2014年美国GDP增长2.4%，伴随着美元升值和油价下跌，美国消费支出逐步增长。与此相应，我国对美国出口增幅比上年提高1.3个百分点，份额与上年基本持平。从商品结构看，其中针织服装和机织服装出口额所占份额接近，分别为42.7%和40.5%。

从服装材质看，棉制服装出口数量下降7.1%，出口金额下降3.9%。化纤制服装出口金额所占份额已经超过棉制服装，且出口金额和数量均有20%以上的增长。

2.3 对日出口全面下滑

日本经济在2014年并未出现好转，与此同时，人民币对日元升值和订单转移使日本成为我国服装出口唯一出现下降的传统市场。2014年，我对日本出口金额和数量双双下降，金额下降10.9%，数量下降4.6%，金额所占份额为10.6%，比去年下降了2个百分点。

从出口商品结构看，针织、机织两大类服装出口所占份额分别为45.1%和42.9%。2014年，针织服装出口数量和金额分别下滑10.2%和10.3%，价格与上年基本持平；机织服装出口数量和金额分别下滑8.7%和12.7%，价格下降4.3%。从商品质地看，棉制和化纤制服装是主要产品，占对日服装出口总额的29.4%和43.3%，出口金额分别下跌了15%和9.9%。

3. 前五大出口省市广东排名第一，增幅最大

3.1 东部省区依然是出口主力，中部地区快速增长

东部省区作为出口主力，2014年出口金额合计占服装出口总额的八成以上，增幅为4.2%，低于全国平均增幅。西部省区增速放缓，出口金额增幅为2.7%，份额微降至10.4%，其中广西壮族自治区下降明显，降幅为30.9%。中部省区出口额增长最快，增幅为19.2%，所占份额上涨至8.8%，仅山西和吉林出口呈现较明显的下降态势。

3.2 前五大出口省市排名与去年一致

前五大省市出口额均保持增长，其中广东保持第一位，且增速最快，增幅超过全国平均增幅。粤、浙、苏、闽、沪等五大省市合计出口额份额与去年基本持平，为67.9%（表1－17）。

表1－17 2014年服装及衣着附件出口主要省市统计

省市	出口额（亿美元）	同比（%）	份额（%）
合计	1863.1	5.2	100
广东	363.5	9.8	19.5
浙江	332.8	4.3	17.9
江苏	255.4	3.4	13.7
福建	170.4	3.4	9.2
上海	141.9	0.9	7.6

（数据来源：中国海关）

3.3 广东企业表现突出

从各企业出口规模看，广东企业表现突出。在全国出口额排名前20位的企业中有7个是广东企业；其次是江苏，有3家企业位列其中；浙江有2家企业入围，上海有1家企业入围。另外，山东虽然退至出口省市排名第6位，但在前20家企业中依然包含了2家山东企业，可见其实力依然不可小觑。

2014年在全球经济缓慢复苏的背景下，中国

出口贸易面临一系列新的挑战。服装作为劳动密集型产业，出口所受影响更为明显，在国家政策支持下，2014 年出口额依然保持稳定增长。2015 年，服装出口将面临更为复杂的局面，挑战与机遇并存。主要市场经济并未企稳，继美国后，欧洲也开启了 QE 模式，日本经济短期内难有起色，新兴市场存在更多不确定性。与此同时，我们也看到了机遇和希望。国家从政策层面给予企业更多的扶持，大部分服装企业实现了全额退税，棉花试点工作开始开展。企业自身经过多年的磨炼也越发抗压，在集群化发展、自主品牌建设、“走出去”等方面取得佳绩。面对机遇和挑战，只有把握好行业新常态的外部形势和内在需求，才能获得最大的发展空间。

（二）中国服装进口概述

2014 年，国内经济稳步回升，居民收入保持较快增长，城乡居民衣着消费能力加强，国内服装需求量不断扩大，服装进口实现较快增长。全年进口额 61.6 亿美元，同比增长 15.8%，与上年 17.7% 的增幅相比有小幅提升。进口价格 9.1 美元，下降 20.9%，但进口数量有较大增长，同比增长 46.4%。进口额除 11 月份同比下降 3.4% 外，其余月份进口量均呈现增长趋势（图 1 –33）。

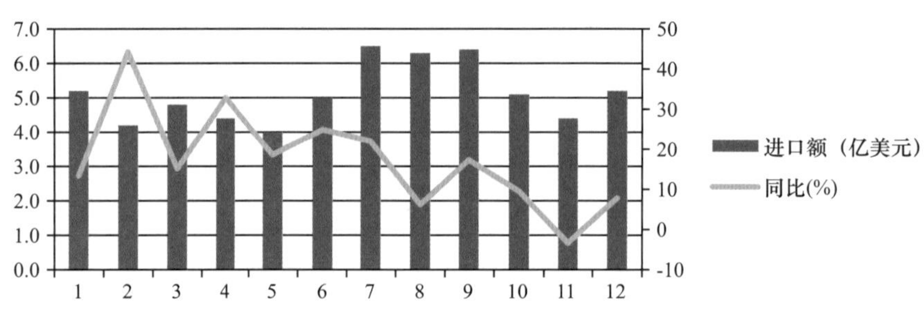

图 1 –33　2014 年国内服装进口概述

1. 各大类服装产品进口均出现量增价减的趋势

1.1　机织服装是进口主要商品，针织服装增长较快

针织服装与机织服装进口数量占比基本持平。两大类服装进口均呈现量增价减的趋势，以机织服装表现最明显，数量增长 96%，单价下跌 41.6%，针织服装数量增长 37.9%，单价下跌 8.6%。

从进口金额看，机织服装的领军地位依旧，份额保持在一半以上。针织服装所占份额为 31.8%，仅次于机织服装，但增长较快，增幅26%，高于机织服装 11.4 个百分点。

1.2　化纤制服装量增价减

棉制服装进口呈上升态势，进口数量所占份额最大，为40%，与去年相比下降6 个百分点，进口额增长 20.3%，所占份额为 39.2%。化纤制服装进口数量大增 118.5%，金额增长 21.6%，单价下跌44.3%，进口额所占份额为 33.3%。毛制、丝制和其他材质服装进口额所占份额较小，合计为25.6%。其中，毛制服装份额略高，为 11.2%，进口量同比下降 7.3%，是唯一进口数量下降的商品。

1.3　帽类商品的需求量上升

帽类商品进口有较大增长，数量和金额增幅分别为 21% 和 15.6%。衣着附件进口数量下降 4.5%，金额微增 0.8%。其中，领带和领结进口下降最明显，数量下降 34%，金额下降 22.8%；手帕增长较快，数量增长 63.4%，金额增长 24.6%。

2. 从欧盟进口量增价减

2.1 从欧盟进口量增价减

受到欧元贬值的影响，2014 年我从欧盟进口单价大幅下降 34.4%，进口数量大增 65.7%，进口总额增长接近10%。其中，意大利是我国服装进口的第一大单一市场国家，进口额达 11 亿美元，增长 9.8%，份额 17.9%。另外，从法国进口额虽然所占比重不大，仅有 2.4%，但在整个欧盟进口价格大降的情况下，从法国进口价格却接近 300 美元，同比提高了 7.4%。

从商品分类来看，机织服装是最主要的进口商品，进口数量和金额占比都超过半数。在所有商品品类中，机织服装的单价下降最明显，下降 59.7%，数量增长也最明显，增长 174.1%，其中，化纤制机织服装增长最快，增长 361.7%。针织服装数量和金额占比均不超过 30%，增速都超过 10%，是第二大进口产品。

从服装材质看，各大类服装进口额均有10%左右的增长。棉制服装依然是进口第一大商品，进口额占比超过 30%。毛制服装进口额仅次于棉制服装，占比 25%。化纤制服装量增价减，占比 18.4%。

2.2 从亚洲进口数量所占比重在90%以上，从韩国、日本进口额持续性下降

无论是进口数量还是进口金额，亚洲一直是我国最大的进口市场。2014 年，我国从亚洲进口 40.4 亿美元，占比 65.5%，进口数量所占比重更高达 92%。进口金额和数量较去年都有较大增长。

亚洲地区进口额排名前三位的国家分别是朝鲜、越南和孟加拉国，分别占比 12.1%、9.1% 和 5.5%，与上年相比都有所增长。此外，从印度尼西亚、柬埔寨、印度等国家进口额也有较快增长，分别增长 21.9%、14.5%、14.8%。从韩国、日本的进口额同比下降，降幅分别为 4.1%、3.2%。值得注意的是，我国从韩国和日本进口额近三年连续下降，市场排名也由 2011 年的第 4 和第 8 下降到第 9 和第 15。

3. 95%以上的服装进口集中在东部省市

东部省市是服装进口的主力军，95% 的服装进口均来自东部省市。中、西部省市虽然所占份额小，但进口活跃，部分省市进口额增幅在 300% 以上，明显高于同期我国进口平均增速。

从各省市进口金额看，前五大省市是上海、广东、北京、江苏和辽宁，其中，上海稳居榜首，龙头地位稳固，进口额 34.7 亿美元，增长 17%，高于总体增长幅度，进口金额份额持续攀升，增长 0.5 个百分点，保持稳定的优势地位。辽宁是前五大省市中唯一进口额下降的，降幅为 9.3%（图 1－34）。

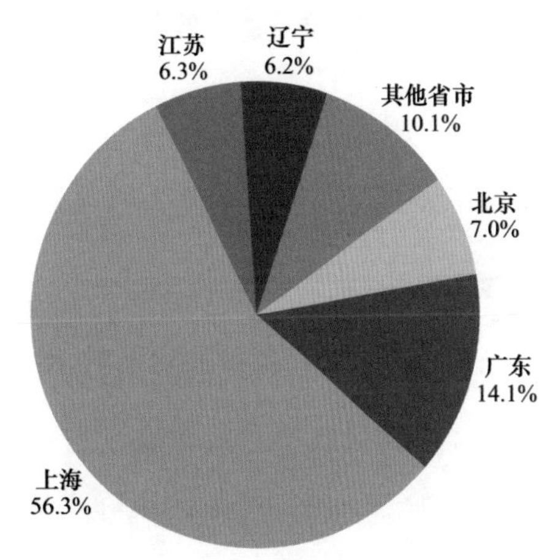

图 1－34　2014 年全国各省市进口额份额统计

4. 三资企业地位继续提升，快时尚品牌优势明显

2014 年，三资企业地位继续提升，进口额及进口数量占比均在半数以上，进口额达到 35 亿美元，增长 13.3%。其中，外商独资企业进口额占三资企业进口总额的 95.9%。民营企业进口额 20.3 亿美元，增长 16.5%，占比 32.9%。国有及国有参股企业进口额同比增长 29.7%，占比 10.3%。

全国所有进口企业排名中，爱特思亚太企业管

理有限公司（Inditex）以2.8亿美元的进口额居榜首，同比增长216%。海恩斯莫里斯（上海）商业有限公司（H&M）、北京天诚运通国际物流有限公司（Inditex在华物流服务商）、迅销商贸有限公司（UNIQLO）、日通国际物流（深圳）有限公司（UNIQLO在华物流服务商）分别居第二至第五位。排名前五位的公司全部都是快时尚品牌公司，相比之下，奢侈品牌公司进口服装虽也保持增长，但增势明显趋缓。

二、2014年美国服装进口概况

2014年，美国服装进口小幅增长，从中国进口逐步进入低速增长通道，中国占美国服装进口市场份额总体呈缓慢下降趋势。

（一）美国从中国进口服装进入低速增长通道

2014年，美国从全球进口服装902.8亿美元，增长2.5%，增幅比上年度收窄1个百分点。其中，美国从中国进口服装342亿美元，微增0.35%，占美国服装进口市场份额为37.9%，比上年度下降0.8个百分点。近年来，中国占美国服装进口市场份额总体呈缓慢下降趋势，从2010年的40.6%，下降至2013年的37.9%，年均约下降0.9个百分点（表1－18）。

表1－18　2009～2014年美国服装从全球和从中国进口统计

年度	从全球进口		从中国进口		
	进口额（亿美元）	同比（%）	进口额（亿美元）	同比（%）	占比（%）
2009年	694.82	－12.13	271.08	－0.55	39.01
2010年	786.88	13.25	319.85	17.99	40.65
2011年	857.35	8.95	336.96	5.35	39.30
2012年	850.74	－0.77	333.82	－0.93	39.24
2013年	880.88	3.54	340.76	2.08	38.68
2014年	902.79	2.49	341.95	0.35	37.88

（数据来源：美国商务部统计局）

（二）美国从越南进口持续快速增长

越南是美国第二大单一进口来源国家，2014年，美国从越南进口服装92.4亿美元，增长14.1%，占美国服装进口市场份额的10.4%，比上年度提高1个百分点。近三年来，美国从越南进口服装增速均在10%以上，越南占美国市场份额每年递增约1个百分点。另外，美国从泰国、缅甸、马来西亚和印度等国家进口服装增速均高于我国，2014年四个国家进口增幅分别为6.5%、3.5%、2.4%和6.4%（表1－19）。

表1－19　2014年美国服装进口国别统计

排名	国别	金额（亿美元）	同比（%）	份额（%）
	全球	902.8	2.5	100
1	中国	341.9	0.4	37.9
2	越南	94.2	14.1	10.4
3	意大利	50.3	－2.9	5.6
4	印度尼西亚	48.4	－2.2	5.4
5	孟加拉国	39.7	1.3	4.4
6	泰国	36.3	6.5	4.0
7	缅甸	26.8	3.5	3.0
8	柬埔寨	25.0	－2.9	2.8
9	马来西亚	19.0	2.4	2.1
10	印度	18.6	6.4	2.1

（数据来源：美国商务部统计局）

（三）跨太平洋伙伴关系协议（TPP）现状

TPP是由美国主导的多边自由贸易协定，包括各参与国家之间的一揽子自由贸易协定，涉及农业、环境、知识产权和贸易壁垒等多个方面。该协议包括了美国和日本在内的12个国家，覆盖了全球40%的经济规模，中国不在其中。2015年2月初在纽约进行谈判，夏季之前可能会召开部长级会议。关于纺织服装行业尚未解决的问题包括：服饰原产地规则问题、市场准入问题和贸易执行规则问题等。而美国和部分参与国本身政治制度的种种限制，如透明度、货币操纵限制和选举，也使谈判进程缓慢而艰难。

特别值得注意的是，美国贸易促进授权法案（TPA），TPA是由美国国会通过、赋予行政部门对外谈判签署协议的特别授权，规定在一定期限内，国会对行政部门签署的对外协定只能包括审查、表决、是否接受，不能修改条文。然而没有TPA，TPP就无法达成，因为行政部门对外洽签的任何贸易协定将无法进入国会审议通过。为此，美国国会两党已结成统一战线，力促TPA在今年夏季之前通过，从而助推TPP顺利进行。

（四）TPP对纺织服装行业的影响[1]

1. 2014年的采购趋势

根据美国纺织品服装办公室数据显示2014年，美国纺织服装产品（多种纤维协定下，下同）进口量同比增长5%。其中，服装同比增长3.3%，面料同比增长10.2%，制成品同比增长4.8%，纱线同比增长4.1%。美国服装进口总量达256亿平方米，创历史新高。

2. 中国仍然是主要供应国

2014年美国在中国采购的纺织服装产品同数量比增长5.4%。中国仍然是美国最大的纺织服装产品供应国。从中国采购的服装占美国市场份额的42%，面料占36.4%，纱线占20.5%，制成品占67%。

3. 美国进口免税纺织品服装比例偏低

2014年美国进口服装817.8亿美元，其中，从其他参与TPP谈判的11国进口服装147.4亿美元，占比18.1%。数据显示，尽管从中国进口面临较高关税，但美国企业并未充分利用自由贸易协定或其他优惠计划从相关国家进口。截至2014年11月，美国仅有19%的服饰进口属于免税产品，具体分布情况如图1-35所示。但与2013年16%的份额相比，已呈现逐步上升的趋势。

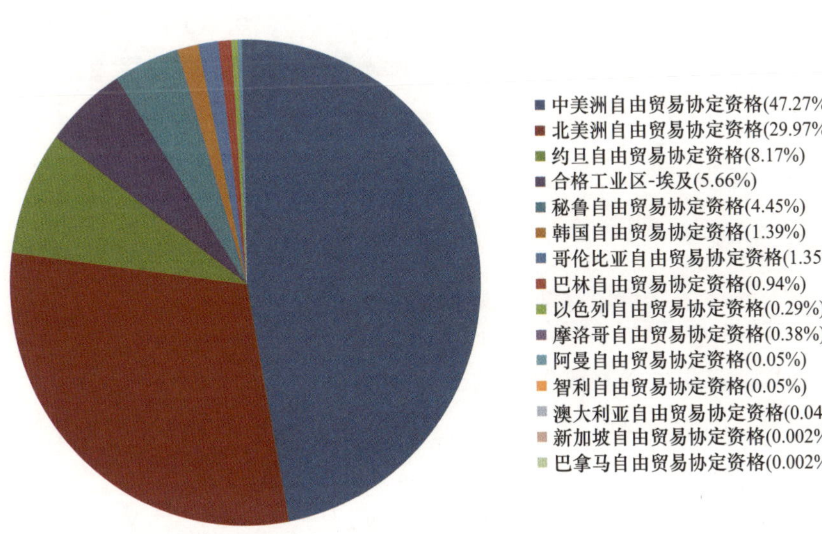

图1－35　美国服饰优惠贸易示意图（截至2014年11月）

[1] 资料来源：美国时尚行业协会。

（五）美国纺织服装行业动向

87%的美国企业认为，成本上升是未来两年最主要的挑战。78%的美国企业将从6～20个或更多国家进行采购，用多元化的采购降低风险。59%的企业希望整体上增加从亚洲的采购，其中包括中国。

美国81%的企业认为，跨太平洋伙伴关系协议（TPP）将产生积极的影响。73%的企业认为，贸易促进授权法案（TPA）将产生积极的影响。89%的企业支持美国降低纺织品和服装的进口关税税率。85%的企业支持在以后的贸易协定中废除从纱认定的原产地规则（Yarn Forward）。85%的企业支持将劳工标准列入以后美国签署的贸易协定中。

三、2014年欧盟服装进口概况

欧盟是全球纺织品服装最大的进口和消费市场，同时也是第二大出口供应地。2014年欧盟经济处于缓慢复苏的阶段，且复苏基础逐步稳固。虽然渡过了债务危机的最危险阶段，但受到投资不足和出口不旺等因素影响，仍深陷经济低增长的泥潭。

（一）当前欧盟经济低速增长

2014年一季度，欧元区GDP环比仅增长0.2%；二季度为零增长；三季度略有改善，却也只有0.2%。作为欧元区核心经济体，德国经济出现低迷现象，第二大经济体法国经济停滞，第三大经济体意大利经济有所衰退。据国际货币基金组织预测，欧元区2014年经济增长速度或为0.8%，处于较低增长水平。

（二）欧盟纺织品服装增长较快

虽然欧盟经济只保持了较低的增长水平，但受到上年进口基数过低等因素影响，2014年欧盟从全球进口纺织品服装实现较快速增长。据欧盟海关统计，2014年欧盟从盟外进口纺织品服装1360.36亿美元，增长7.13%。其中，从中国进口510.69亿美元，增长7.14%，低于欧盟从盟外进口的平均增速。但中国依然是欧盟纺织服装第一大供应国，占有欧盟进口市场的37.54%的份额，比上年度下降了0.56个百分点。土耳其和孟加拉国紧随中国之后，位居第二、第三大供应国，所占份额分别为13.34%和11.14%，与上年度相比，土耳其下降了0.37个百分点，孟加拉国则继续上升了0.39个百分点。

（三）欧盟成为中国增长最快的传统市场

伴随着欧盟经济的回暖，消费需求相应提升。据中国海关数据显示，2014年，我国对欧盟出口达到586.6亿美元，增长13.6%，比上年度的8.72%提升了5.88个百分点，明显高于我国对全球纺织品服装出口的平均增速水平，位居传统市场增幅第一。其中，我对欧盟纺织品出口增长9.3%，服装出口增长14.8%。主要出口商品为针、机织服装，出口量近80亿件（套），增长11.1%，出口平均单价为5美元/件（套），增长14.4%。

（四）主要进口来源地分布情况

在欧盟服装盟外进口来源地中，中国依然占有最大的份额，2014年欧盟从中国进口服装402.56亿美元，增长8.76%，与2013年的5.84%相比，增幅略有回升。

南亚7国，因为劳动力价格低廉及欧盟普惠制关税优惠措施等的影响，所占欧盟进口市场的份额稳步上升。其中，孟加拉国、印度、巴基斯坦和斯里兰卡为主要进口来源国，依次位列第二、第四、第八和第十，输欧服装增长较快，增幅均为两位数。

地中海沿岸国家共22个，因为地缘优势，一直以来都是欧盟服装重要的进口来源地，在2005年纺织品协议一体化之前，地中海沿岸国家能占到欧盟服装进口比重的三成，即使这几年受东亚南亚国家的冲击，土耳其、摩洛哥和突尼斯仍为主要进口国，依次为欧盟服装第三、第六和第九大进口来源国。2014年上述三国输欧服装均保持稳定增长，但增幅偏低。

东盟国家基数小，但是增势很明显。尤其是越南和柬埔寨在2014年继续保持快速增长，增幅分别为22.1%和25.9%。此外，印度尼西亚、马来西亚和泰国也都保持稳定增长。缅甸因从2013年7月起开始享受欧盟新普惠制的免关税待遇，2014年增幅更是高达78%（表1－20）。

表1－20 2014年欧盟服装进口国别统计

排名	国别	金额（亿美元）	同比（%）	份额（%）
	全球	1039.94	8.76	100
1	中国	402.56	5.84	38.71
2	孟加拉国	146.93	13.22	14.13
3	土耳其	124.25	5.03	11.95
4	印度	69.12	12.14	6.65
5	越南	30.98	22.05	2.98
6	摩洛哥	30.86	10.07	2.97
7	柬埔寨	29.52	25.85	2.84
8	巴基斯坦	28.70	26.82	2.76
9	突尼斯	28.07	1.64	2.7
10	斯里兰卡	20.36	12.94	1.96

（数据来源：欧盟统计局）

（五）欧盟纺织服装业概况及未来形势走向

1. 欧盟纺织服装业概况

纺织服装业一直以来在欧洲许多国家和地区的制造业中都扮演着重要角色。目前，该行业处在一个传统加工与创新制造的交叉点，一个复杂而强大的互通价值链体系正在建立，包括时尚与设计，原材料、家纺、产业用纺织品的研发与制造，物流、分销和零售模式的创新等内容。欧洲在这一产业链中依然保持领先地位。

虽然2008～2009年的金融危机使欧洲的纺织服装业受到重创，但是2011年欧洲纺织服装产业的营业额却达到了1714亿欧元，拥有18.7万的贸易商和180万的产业工人。欧洲各国的纺织服装出口总额达到387亿欧元，占全球的22.6%。一些规模较小的企业主要关注欧洲市场，而大型跨国集团则将市场开拓方向与利润增长点放在了欧盟外部市场。据统计，2011年欧盟纺织服装产品的消费额超过4700亿欧元，2012年略有下降，降幅为2.5%。但2012～2013年欧盟28国的服装消费占比仍超过全球总量的60%。据估算，到2018年欧盟将继续保持全球服装第一大消费市场的地位，但中国服装消费增长后劲十足，将在未来三年有明显增长。目前，欧盟，服装在中国市场的销售呈两位数增长，中国已成为欧洲服装第七大出口市场。

在纺织品出口方面，欧洲的优势产品包括地毯、家用纺织品和产业用纺织品。产业用纺织品在纺织品出口的比例逐年上升，其中，德国占市场份额的25%，而北欧国家正逐渐扩大产业用纺织品的出口，出口额已超过欧盟总额的50%（图1－36）。

2. 未来模式

欧洲纺织服装未来的产业模式将逐步向研发创新、网络消费、供应链整合等方向发展。服装的消费群体年轻化，喜欢新鲜事物，更能接受网络和移动终端消费。产业用纺织品将不断开拓创新，不断研发新的高性能产品。

产业用纺织品：欧盟作为世界市场的领导者之一，占据了世界20%～33%的产业用纺织品市场，并将进一步从新兴市场和传统市场的巨大增长潜力中获益。

家用纺织品：欧洲将发挥其时尚、设计、研发优势，在传统市场中继续保持主导地位，并在新兴

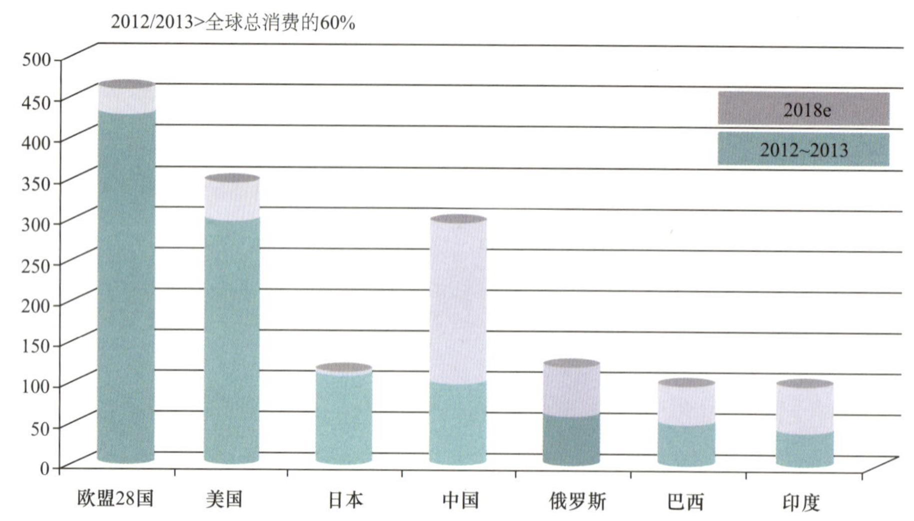

纺织品与服装供应商前10=84%

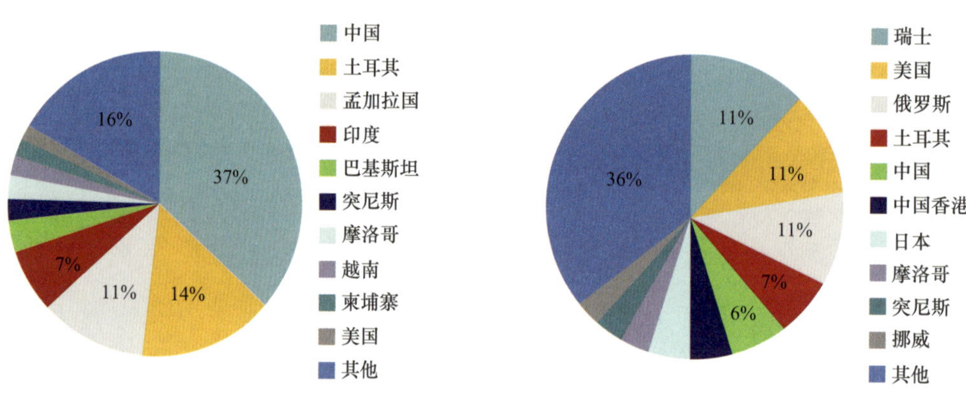

图1－36　欧盟纺织服装业概况

市场中逐步增强影响力。

服装：欧洲将继续引领设计和时尚，致力于满足消费者在质量和外观上的高需求，对于欧洲的企业来说，新兴市场如中国和俄罗斯是最具发展潜力的市场。

四、2014年日本服装进口概况

2014年，日本服装进口连续两年呈现负增长，市场格局变化较大，日本对中国市场的依赖程度明显减弱，中国占日本服装进口市场份额近年来持续下降，订单向东南亚地区转移明显。

（一）日本服装进口持续负增长，降幅为7.4%

2014年，日本服装进口持续负增长，进口额311.7亿美元，同比下降7.4%，降幅比上年度提高6.3个百分点。进口下降主要有两个方面的原因：一是2014年日元持续贬值，统计数据按美元折算后明显缩减；二是市场临近饱和，对于我国的生产规模而言，很难有大的拓展。

（二）中国占日本进口市场份额近年来持续下降

2010年以来，我国占日本服装市场份额明显下降。2014年，日本从中国进口服装220.3亿美元，下降12.3%，降幅较上年度扩大了8个百分点，所占市场份额逐年下降，从2010年的82.2%，降至2014年的70.7%，共下降了近12个百分点（表1－21）。

表1－21 2009～2014年日本服装从全球和从中国进口统计

年度	从全球进口		从中国进口		
	进口额（亿美元）	同比（%）	进口额（亿美元）	同比（%）	占比（%）
2009年	255.39	－1.41	211.64	－1.30	82.87
2010年	270.01	5.72	221.90	4.85	82.18
2011年	330.68	22.47	264.04	18.99	79.85
2012年	340.05	2.84	262.37	－0.63	77.15
2013年	336.54	－1.03	251.23	－4.24	74.65
2014年	311.70	－7.38	220.30	－12.31	70.68

（数据来源：日本海关）

（三）日本从东南亚等国家进口增长较快

2014年，日本服装订单向东南亚地区转移明显，主要转向越南、印度尼西亚、孟加拉国、缅甸、柬埔寨等国家，五国合计占日本服装进口市场份额的11.3%，比上年度提高2个百分点。

越南是日本服装进口来源第二大国家，2014年进口额为27.1亿美元，增长11%，所占市场份额为8.7%，比上年度提高1.5个百分点。近年来，日本从越南进口服装快速增长，增速始终高于我国，所占市场份额逐年提高。

印度尼西亚列日本服装进口来源排名第四位，2014年进口增速略有放缓，主要缘于上年度基数较高，2013年增长近30%。2014年日本从印度尼西亚进口服装8.8亿美元，增长3.6%，所占市场份额为2.8%，比上年度提高0.3个百分点。

孟加拉国、缅甸和柬埔寨，2014年日本从三国进口服装增长较快，进口额分别为6.5亿美元、5.6亿美元和4.7亿美元，增幅分别为14.3%、17.4%和60.4%，所占市场份额分别为2.1%、1.8%和1.5%。值得关注的是，日本从柬埔寨进口已连续两年增幅在50%以上（表1－22）。

表1－22 2014年日本服装进口国别统计

排名	国别	金额（亿美元）	同比（%）	份额（%）
	全球	311.70	－7.4	100
1	中国	220.30	－12.3	70.7
2	越南	27.11	11.0	8.7
3	意大利	9.05	－5.2	2.9
4	印度尼西亚	8.83	3.6	2.8
5	孟加拉国	6.49	14.3	2.1
6	泰国	5.76	3.5	1.9
7	缅甸	5.62	17.4	1.8
8	柬埔寨	4.73	60.4	1.5
9	马来西亚	3.31	4.0	1.1
10	印度	2.70	－4.4	0.9

（数据来源：日本海关）

五、2014年越南、缅甸、柬埔寨纺织服装产业概况

（一）越南在全球服装产业链中的地位

1. 全球纺织服装供应链持续向亚洲转移

据马尔科姆·纽伯瑞Just Style咨询公司预测，未来全球产业销售额将显著增长。2011年全球产业销售额为6170亿美元，到2020年将增长至9430亿美元，到2030年将增长至16640美元。

到2030年，全球纺织服装产业规模或将扩大两倍。亚洲纺织服装生产总额将占全球的60%以上，产业规模将扩大2.4倍（表1－23）。

表 1-23　各主要生产地区占全球纺织服装产业规模比重　（单位：%）

生产地区		2011 年	2017 年	2020 年	2030 年
北美		4.7	3.8	2	0.2
欧盟		9.8	8.7	5.5	1.1
欧盟东部 + 土耳其		15.4	15.4	15.1	11.5
日本 + 韩国		4.8	3.8	2	0.2
其他国家		65.3	68.3	75.4	87
		（假定值）			
其他国家包括：亚洲、中南美和非洲，其中	亚洲	50	52	56	60
	中南美和非洲	15.3	16.3	19.4	27

2. 越南在全球供应链投资布局中的优势

2.1　成本优势

根据日本贸易振兴机构（JETRO）2013 年 12 月的统计显示，中国的工人的基本工资是 375 美元，而越南是 162 美元，不到中国的 1/2。同样，中国企业为每个工人的总支出负担（包括保险、各项福利等）也远超越南。中国总支出负担为 625 美元，越南为 250 美元。

在南亚地区（除印度以外），巴基斯坦和孟加拉国的纺织服装产业发展存在一些制约因素。东盟国家将成为全球纺织服装供应链的投资目的地，其中越南可提供优越的投资条件（表 1-24）。

表 1-24　全球及南亚三国纺织服装主要产品产量

部门	产品	产量		比例
		全球	南亚三国	
原材料	棉（百万吨）	27	7.2	26.70%
	聚酯纤维（百万吨）	48	3	6.25%
纺纱	纱锭（百万）	250	71	28.40%
机织和针织	面料（十亿平方米）	170	64.5	37.90%
出口	成衣（十亿美元）	617	54.9	8.90%

2.2　区域优势

越南参与了多个亚太地区的自由贸易协定等经济贸易协定，如跨太平洋伙伴关系协议（TPP）、东盟自由贸易协定（ASEAN）、亚太经济合作组织（APEC）、区域全面经济伙伴关系（RCEP）。通过这些贸易协定，越南获得向多国出口关税优惠的优待。然而，越南服装制造企业没有大规模的资金储备，因而很难投资建立自己的纱线和纺织工厂，主要需要依赖中国和其他东南亚国家。因此，来自中国的很多企业进入越南纺织服装行业，建立纱线和纺织工厂。有经济学家指出，在纺织服装行业，TPP 的签署将主要使在越投资的外国企业获益，而不是越南本土企业。

另外，越南电力、水、交通等基础设施较为完备。越南政府为鼓励纺织服装投资，还出台了一系列优惠政策，并在南定、西宁和广宁省建立了大型工业园区，面积分别为 1400 公顷、600 公顷和 600 公顷，方便纺织服装企业在越投资。

（二）缅甸服装行业情况

1. 总体情况

自 2011 年，缅甸服装行业稳步发展，至 2014 年的三年时间内，行业规模增加了一倍。日本与韩国一直以来是缅甸的主要出口市场，两国合计占缅甸成衣出口的 70%。

特别值得关注的是，2014 年缅甸对欧盟的出口强劲复苏，由 2013 年的不到 2 亿美元增长到 2014 年的 4 亿美元。其中，对德国和英国的出口增长尤为显著（图 1-37）。

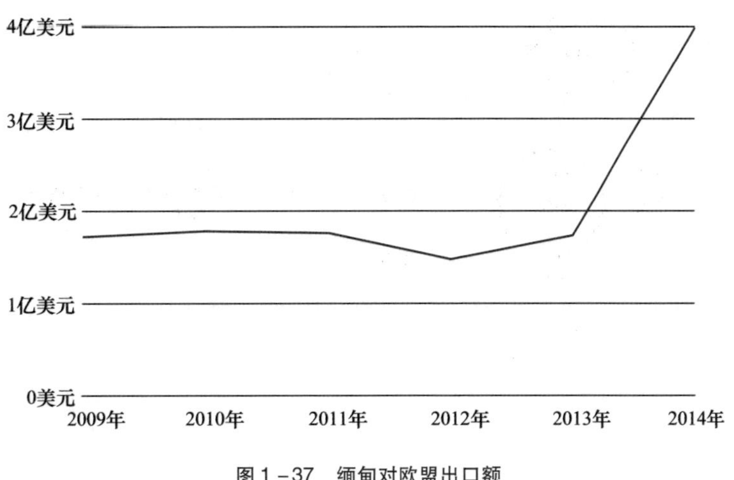

图1－37　缅甸对欧盟出口额

1.1　缅甸服装厂分布

仰光（Yangon）：仰光是缅甸最大的城市和商业中心，拥有缅甸绝大多数服装厂（近300家）。大多数服装厂集中在仰光的西部和北部（莱达镇以及瑞披塔尔）。计划在仰光以外建造的新工厂位于迪拉瓦经济特区正东南方向。特区有自己的港口，由和记港口控股公司经营。

虽然绝大多数服装厂分布在仰光周围，但是这些工厂面临着三重挑战。第一，缺乏技术工人。虽然这里人力资源丰富，但是缅甸目前需要从中国及其他地区引进技术经理、纺机及纺织工程师。第二，较高的用地价格，不利于引进外资。第三，产业链不完整。缅甸只生产包装材料、产量相对较低的棉纺织品和衣架。

勃固（Bago）：紧邻仰光的勃固有12家服装厂。

勃生（Pathein）：勃生位于仰光西部，距离为4个小时车程。自2013年6月，建成了3家服装厂。

巴安（Hpa－An）：巴安位于仰光东部，距离为7个小时车程。现在也在建造新的服装厂。其优势是紧邻泰国。

1.2　缅甸服装厂的生产模式

缅甸服装厂生产产品的模式主要是裁剪—制作—包装（CMP），主要有以下四点原因：第一，缅甸国内税收结构有利于CMP的发展。缅甸为鼓励发展出口导向型项目，对为复出口而进口的原材料、以CMP加工模式进口而复出口的商品、为出口而进口的包装材料等进口业务都给予免税待遇。第二，缅甸服装企业缺乏相应的融资和投资经验，也没有优良的人才和设备。第三，国内银行融资不足，且缺少针对企业的电子商务模式（B2B）和信贷俱乐部（LCs），缺乏丰富的融资渠道辅助企业发展壮大。第四，缅甸的服装行业由中国和其他国家采购企业占主导地位，缺乏本土品牌和创新能力。

随着缅甸服装产业的发展，在2014年和2015年已经出现更多的FOB交货生产商。一些只做日本和韩国订单的当地工厂现在正开始进入欧盟市场（图1－38）。

2. 缅甸投资环境深度解析

2.1　优势

第一，生产优势。缅甸具有较高质量的服装制作工艺，多年为日本、韩国等高端市场生产，积累了一定的高端纺织服装产品制造经验。同时，对比其他东南亚国家，缅甸服装厂的交货期更短。第二，关税优势。缅甸是享受欧盟普惠制待遇的国家，享受出口免税待遇，同时也享受美国的出口最

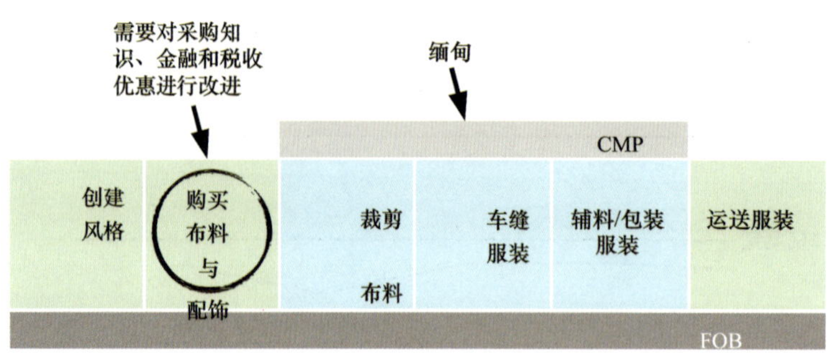

图 1-38　CMP 与 FOB 生产模式

惠国待遇。第三，不断完善的基础设施。缅甸拥有数个港口，海路运输便利。自 2014 年以来，缅甸互联网和电信基础设施不断完善，方便商务通讯。第四，劳动力优势。缅甸拥有较低的劳动力成本和充足的劳动力资源，且劳动力素质不断提升。越来越多的大学毕业生具备外语技能，如英语、汉语和韩语。

2.2　机遇

在缅投资纺织服装行业的优势主要来自于其国内和国际环境。国内方面，服装行业是缅甸政府优先发展的行业，几个工业区对服装业投资与设厂都提供相应的鼓励政策。国际方面，第一，西方各国相继解除对缅甸的经济制裁，贸易关系恢复正常化，对缅甸服装产业复苏具有重大意义。第二，自 2013 年以来，活跃的外来投资为缅甸商业注入了巨大活力。第三，其他国家对缅甸发展的大力支持，如欧盟提供技术支持、人才培养，并放宽市场准入。

2.3　劣势

第一，投资环境有待完善。信贷与金融系统不发达，缅甸银行的贷款方法非常有限，缅甸企业在信贷和获得外来投资上仍面临不少难题。土地价格高昂且不稳定；电力短缺和电力供应间断的情况仍然存在。第二，服装行业发展不成熟。工厂中层管理人员缺乏所需的技能；员工缺乏足够的职业技能培训；工厂缺乏社会责任感，环保要求不达标；国内纺织行业不发达，无法有力支持服装行业发展。缅甸企业对 FOB 知之甚少，仅对 CMP 有一定了解，产业发展仍处于较低阶段。

2.4　威胁

缅甸务工环境动荡和产业配套设施落后等客观因素仍将制约产业发展。一家英国的企业顾问公司 maplecroft 在其“2013 人权风险总揽”报告中指出，尽管过去一年半以来缅甸经历改革，但在外国投资者眼中缅甸的风险形象仍然“极高”。2011 年 10 月实施的劳工法允许工人举行罢工及组织工会，劳工显然意识到改善他们的工资及工作条件的时机已经到来。根据缅甸时报的报道，2012 年 5 月 1 日至 7 月 30 日约有 70 家成衣厂的工人举行罢工，要求提高工资及较佳的工作条件。

缅甸服装业产品质量仍然低于越南、柬埔寨、孟加拉等国。仰光电力供应局曾经宣布自 2013 年 1 月 1 日起，仰光地区的几个工业区将从下午 4 点到晚上 11 点实施停电。所有纺织厂与几乎全部成衣厂，都必须自备柴油发电机补充部分电力。据调查，缅甸成衣厂电力总成本约为劳工总成本的 30% ~40% ，最严重的是，因电压不稳定，使厂商的纺织机器设备加速折旧。

此外，政治动荡，宏观经济政策不稳定；工厂生产标准低，无法达到欧盟标准；企业股权结构与投资者常常不透明；未来有可能不允许分包生产等因素同样制约缅甸服装产业发展。

3. 如何降低在缅甸投资的风险

首先，遵纪守法。遵守缅甸国内法律和国际法，对于缅甸国内任何不完善的或者处于改革中的法律条款，投资者可参照国际劳工组织公约及国际标准。由于缅甸正加快脚步融入全球经济体系中，国际标准越来越多的开始影响缅甸国内法律的制定。其次，做负责任的雇主，安全生产，善待工厂员工，才能降低公关风险及法律风险。最后，充分利用行业组织，获取投资信息，征询投资建议或结识当地合作商。

（三）柬埔寨投资环境全解析

1. 柬埔寨国家简介

1.1 人口

据2012年的统计，柬埔寨人口共1486万。男性占48.6%，女性占51.4%，年均人口增长率为1.5%，高于东南亚地区年均增长率（1.2%）。预计25～54岁的劳动人口年平均增速为3%。

1.2 经济

据柬埔寨财经部的数据显示，2005年至2007年柬埔寨经济保持在10%以上的高速增长率。2009年国内生产总值增长率因世界经济萧条而下降至0.1%，但随后因为出口和旅游业的发展而复苏。2010年至2014年，经济增长率保持在7%左右（图1－39）。

自2008年柬埔寨货币瑞尔对美元大幅贬值，人均GDP也稳定增加。2011年人均GDP达到910美元，较2005年的人均448美元增长86.9%。2013年人均GDP首次突破1000美元，达到1036美元（图1－40）。

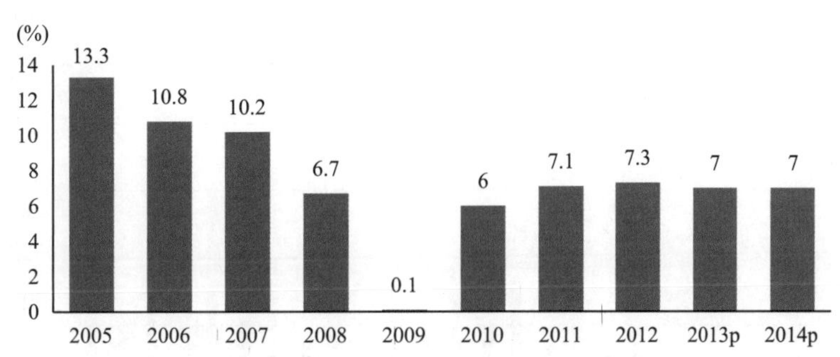

图1－39　柬埔寨GDP实际增长率

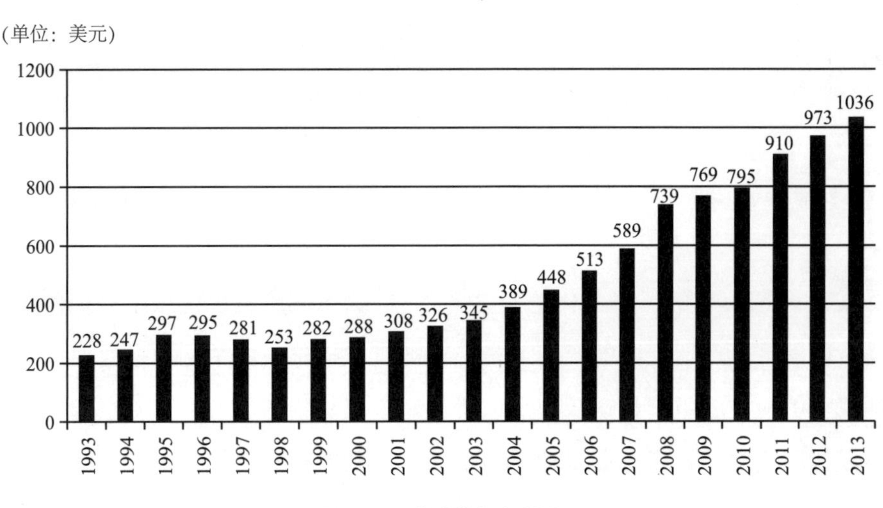

图1－40　柬埔寨人均GDP

1.3 关键经济数据

通货膨胀率：据亚洲开发银行统计，2013 年柬埔寨通货膨胀率平均值为 2.5%，2014 年估算值3.5%。

劳动人口数：2008 年为 764 万人，2012 年为 860 万人，年平均增长率为 3%。

失业率：据亚洲开发银行的数据显示，柬埔寨的失业率仅为 0.2%。

识字率：据 2008 年柬埔寨全国人口普查显示，15 岁以上人口识字率为 77.6%。

2. 柬埔寨纺织服装行业概况

柬埔寨目前有服装厂 470 家，雇佣约 50 万当地工人。出口产品主要为针织 T 恤衫、polo 衫、裤子、短裤等。柬埔寨的出口市场主要为美国和欧盟。自 2011 年以来，纺织服装出口总额稳步提高，2013 年达到 49.7 亿美元。

近年来，服装业的外来投资也在稳定增加。2003 年至 2007 年投资平稳增长，之后经历了金融危机的震荡，自 2010 年开始回升，并在 2011 年大幅增加。2012 年，柬埔寨发展理事会批准了 63 个服装业投资项目。柬埔寨的服装业发展主要由来自中国等国的外资拉动（图 1-41）。

自 1996 年以来，美国和欧盟向柬埔寨实行普惠制和最惠国待遇，加之国内推行出口导向型战略，柬埔寨服装业一直在拉动出口方面扮演着主要角色，服装出口额占柬出口总额的 70%~80%，对柬埔寨经济的增长有显著贡献。

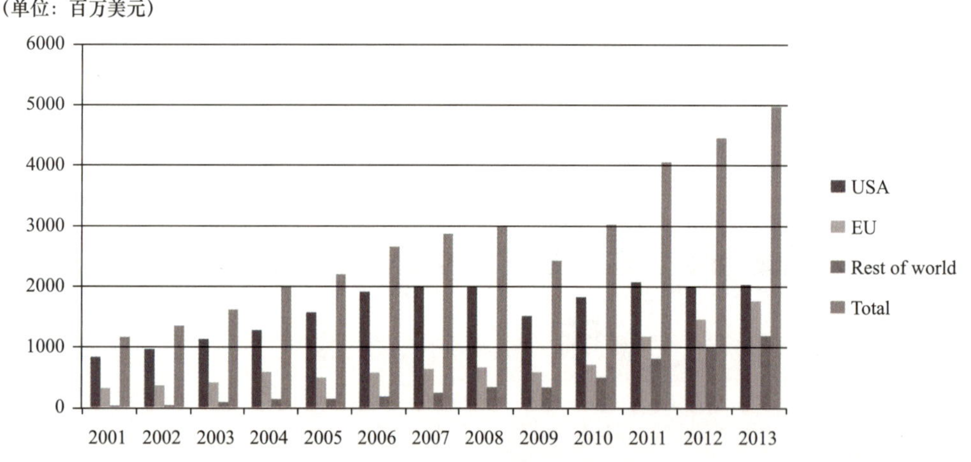

图 1-41　2001~2013 年柬埔寨纺织服装出口额

2.1 贸易优惠

（1）普惠制（GSP）

柬埔寨享受发达国家实施的普惠制优惠待遇。在该制度下，受益国满足原产地规则的产品可享受关税减免。柬埔寨对美国、欧盟和日本皆享受该待遇，且作为最不发达国家之一，还有更多种类的商品可享受到关税减免优惠。如日本给予柬埔寨 3490 种商品关税减免以外，还对额外的 1200 种商品（包括服装等）给予关税优惠。

（2）原产地规则

为了实施关税优惠、差别待遇、或与贸易有关的其他措施，海关必须根据原产地规则的标准来确定进口货物的原产国，给以相应的海关待遇。

欧盟：欧盟规定剪切和缝制过程须在柬埔寨完成，可以使用进口面料缝制成衣。

日本：日本规定针织服装面料必须来自日本或

东盟。对于机织服装，根据普惠制规定可使用进口面料。

韩国：韩国规定面料须来自韩国或东盟。

加拿大：加拿大规定原材料须来自享受普遍优惠关税制度（GPT）的国家和不发达国家，当地含量至少占25%。

2.2 投资环境

（1）纺织业发展

柬埔寨纺织产业不发达，几乎没有面料、纱线等上游供应商，大部分布料和配饰依靠进口，主要从中国、台湾地区、越南等地进口。

（2）当地设厂

柬埔寨外资公司无外资股权比例限制，可为100%外商独资，且没有资本投资和债资比率限制，但合格投资项目的投资额至少为200万美元。在接收到所有文件后，企业必须在28个工作日以内完成所有创建手续。企业投资后可享受3~8年的免税期。

（3）土地和房产

柬埔寨不允许外资公司购买工业用地，仅可长期租赁，或控股公司大部分股权归柬埔寨所有，租赁期限最多50年。目前主要工业区工业用地的价格约为每平方米50~100美元。

（4）工厂厂房

工厂厂房建设成本为每平方米120~200美元，租赁成本为每月每平方米1.5~2.5美元。

（5）进口税

用于生产的机械和零件以及纱线面料等生产材料，免收进口税；办公设备需缴纳进口税。

（6）税收

柬埔寨增值税为10%。企业所得税为20%，需在3~8年的免税期过后开始上交。居民的个人所得税为5%~20%。非居民税率平均为20%。

（7）外籍员工及外汇控制

外资公司可从其他国家引入技术人员，但是数量不得超过员工数量的10%。外汇控制方面，企业可汇入汇出外币，但必须提供汇款原由证明。

（8）水电费

电费平均价为每千瓦时0.2美元，自备发电机组，价格为每千瓦时0.35美元。水费为每立方米0.36美元。

（9）废水排放

有废水排放的工厂必须在批准运营前进行环境影响评估。在金边经济特区设有废水集中处理设施，费用为每立方米0.26美元。

（10）交通运输

内陆交通运输费为每标准箱150~270美元。海路运费见表1-25。

表1-25 柬埔寨交通运输费

航线	航行天数	运费（美元）		
		20′	40′	40′高箱
从西哈努克到欧盟	30~34	1400	2800	2900
从西哈努克到纽约	29~31	3680	4600	4800
从西哈努克到洛杉矶	22~23	2880	3600	3800
从西哈努克到日本	10~13	700	1300	1300

（11）劳工

从2015年1月起，柬埔寨每月最低薪资为128美元，另有7美元的住房和交通补贴以及10美元的出勤奖。服装厂工人的月均收入为180美元（含加班费）。法定正常工作时间为每周六天每天八小时，晚上10点至凌晨5点为夜班时段，应支付130%的工资。每天加班时间不得超过两小时。

（12）工会

柬埔寨纺织和服装行业共有90个工会联合会，以及2000多个活跃的企业工会，平均每个工厂约有3~4个工会。在柬埔寨创建工会流程简单，仅需8人以上投票选举，选出工会主席、副主席和秘书，即可在劳工部注册，拟定新的工会法。

2014 年中国缝制机械行业经济运行分析报告

中国缝制机械协会

2014 年，缝制机械行业发展危中存机。一方面，世界经济仍处于国际金融危机后的深度调整期，新兴经济体发展增速呈现下滑态势，国内经济增长持续放缓，服装、制鞋等下游行业需求紧缩，为行业发展带来诸多挑战。另一方面，以美国为代表的发达经济体则呈现出缓慢复苏态势，东南亚等地区承接服装、制鞋等制造产业转移，设备采购需求增长，为行业带来出口机遇。在此背景下，我国缝制机械行业克服种种困难与挑战，实现了平稳过渡，年内行业发展前高后低，产销低位运行，市场内冷外热，结构调整稳中有进，呈现出结构性调整的新常态。

一、行业年度经济运行情况概述

（一）概况：行业发展前高后低，景气度逐月下滑

2014 年，在国内需求持续较快下滑影响下，我国缝制机械行业发展增速全面放缓，各项指标同比由正转负。据协会测算，2014 年我国缝制机械行业共完成工业生产总值约 615 亿元，同比下降 3.91%。

从行业综合景气指数来看，据中国轻工业信息中心数据显示（图 1－42、图 1－43），2014 上半年我国缝制机械行业综合景气指数延续上年良好态势，依然维持在稳定区间，但自进入三季度以来指数明显下滑，11 月年内首度下滑至渐冷区间。12 月行业综合景气指数 87.55，持续在渐冷区间徘徊。其中，主营业务收入景气指数 94.78，出口景气指数 100.67，资产景气指数 91.69，利润景气指数 67.27，出口景气指数继续维持在稳定区间，利润景气指数则依然处于过冷区间。行业运行整体趋缓，下行压力加大，企业盈利能力有待进一步提升。

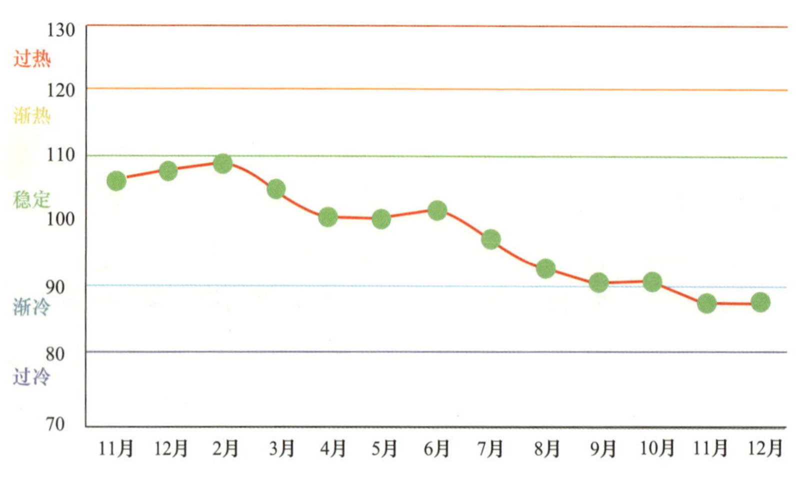

图 1－42　2013 年 11 月～2014 年 12 月缝制机械行业综合景气指数变化

（数据来源：中国轻工业信息中心）

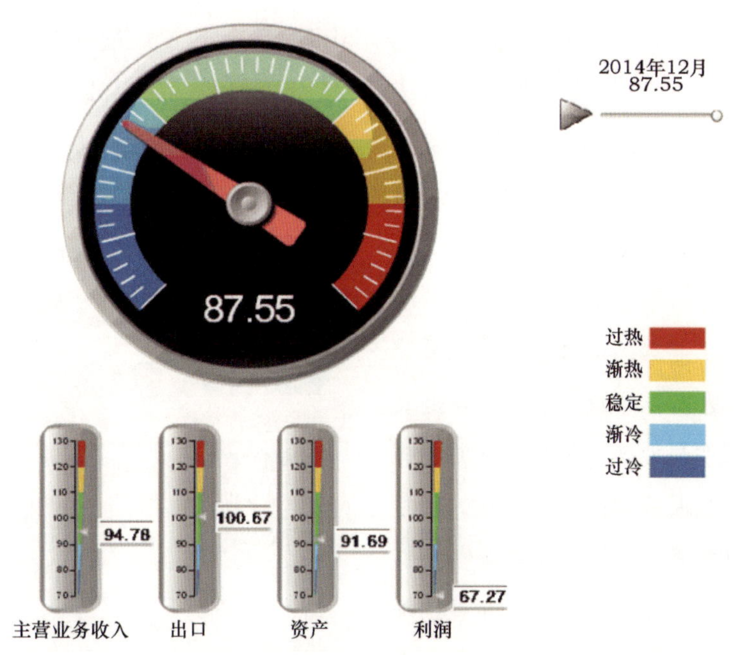

图 1－43　2014 年 12 月缝制机械行业各项景气指数

（数据来源：中国轻工业信息中心）

另据协会对行业骨干整机生产企业的统计情况来看（图 1－44），2014 年 105 家企业累计完成工业总产值 157 亿元，同比下降 4.55%，增幅较上年同期下降 22 个百分点；完成工业销售产值 147 亿元，同比下降 3.82%，增幅较上年同期下降 15 个百分点；实现产品销售收入 165 亿元，同比下降 0.02%，增幅较上年同期下降 18 个百分点；行业产销同步下滑，发展全年趋稳，但下行压力加大。

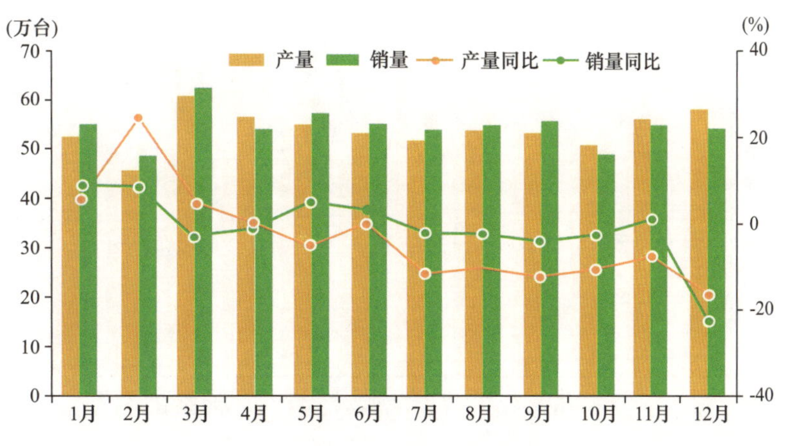

图 1－44　2014 年 105 家整机企业缝制机械产品月度产销变化

（数据来源：中国缝制机械协会）

（二）生产：节奏普遍放缓，各大类产品全面减产

纵观全年行业产量整体变化情况，据协会测算，2014 年我国缝制机械行业共生产缝纫机 1214 万台，同比下降 6.04%，行业企业生产节奏普遍放缓，各大类产品全面减产。

1. 工业缝纫机：生产前高后低，常规机种全面减产

2014 年，在缝制设备市场内冷外热和企业去库存行为的博弈下，我国工业缝纫机生产前高后低，总产量相较于上年同期呈现下降态势。据协会测算，全年我行业共生产工业缝纫机 724 万台，同比下降 8.59%。

从行业 105 家企业工业缝纫机月度生产数据来看（图 1－45），年初受节假日因素影响，企业普遍备足库存，生产步伐明显放缓。2014 年 3 月份以后，外贸需求的持续增长及库存的大幅消化，促使行业生产迅速恢复，105 家企业月产量达 57 万台。而至二季度，随着市场传统淡季的来临，企业市场预期下滑，生产节奏再次放缓，4 月起 105 家企业月产量同环比均呈现负增长。至三、四季度，行业生产延续同比下滑趋势，7 月 105 家企业产量降至 52 万台，近 6 成企业产量同比负增长，近 5 成企业产值同比负增长。11、12 月出于年底、节前备货考虑，企业月产量略有回升，但同比依然保持了两位数以上的降幅，下行态势更加明显。行业工业缝纫机全年生产前高后低，年产量同比明显下滑。

从分产品产量来看，据协会测算（表 1－26），2014 年全行业生产的各类产品中，除锁眼机、钉扣机、花样机、封包机等特种产品同比呈现正增长态势外，各类平、包、绷等常规机种产量均呈现同比负增长。

表 1－26　2014 年我国工业缝纫机分产品产量估算

产品名称	总产量（万台）	同比（%）
工业机	724	－8.59
普通高速平缝机	140	－6.67
电控高速平缝机	230	－14.81
中厚料平缝机	45	－10.00
双针缝纫机	16	－5.88
曲折缝纫机	19	－9.52
包缝机	135	－3.57
绷缝机	32	－11.11
多针机	2.5	－16.67
锁眼机	3.7	5.71
钉扣机	5.3	6.00
加固机	4.5	－4.26
花样机	4.6	15.00
暗缝机	2.6	－13.33
封包机	45	15.38
电脑刺绣机	3.8	－34.48
其他缝制设备	35	－12.50

（数据来源：中国缝制机械协会）

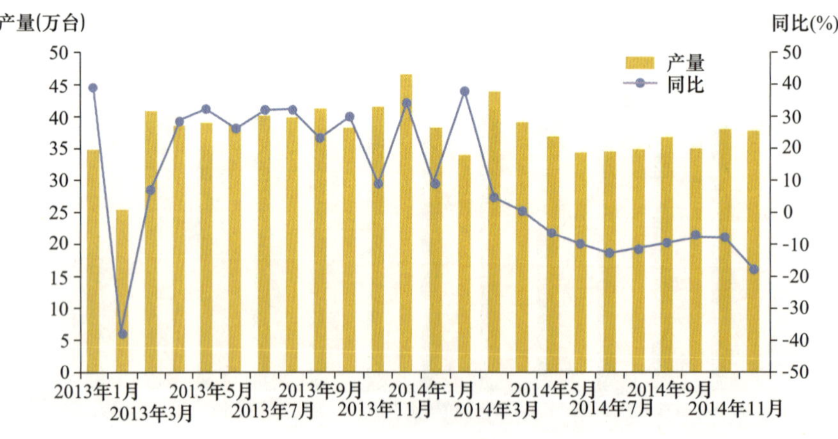

图 1－45　2013 年 1 月～2014 年 105 家整机企业工业缝纫机月度产量变化

（数据来源：中国缝制机械协会）

值得注意的是，一方面，由于国内外市场需求的差异，特别是国内近几年电脑平缝机更新换代需求渐趋饱和，导致行业高速平缝机生产呈现出“电脑平车产量比重下滑”的特殊局面。2014 年以来，国内市场需求大幅下滑，电控高速平缝机产量受到市场影响，降幅高达 14.81%。而出口方面，普通高速平缝机出口仍有较大需求，受年内海外市场需求增长影响，相比电脑平缝机，普通高速平缝机产量下滑仅为 6.67%。据协会测算，2014 年行业电控高速平缝机产量 230 万台，占高速平缝机产品产量比重为 62.2%，比上年同期下降了 2.1 个百分点。另一方面，随着国内局部地区“机器换人”热潮的兴起，有着“高效、省人工、操作简便”等优势的自动机、模板机产品年内热销，产量激增，部分企业该类产品月产量甚至超过百台（图 1－46）。

2. 家用缝纫机：产量小幅收缩，多功能产品略有增长

2014 年，外资企业中低档多功能家用机生产继续外移，美洲、非洲、欧洲等部分国际市场对多功能家用缝纫机需求回暖、普通家用缝纫机需求进一步下滑，引发行业家用缝纫机产品产量小幅收缩。据协会测算（表 1－27），全年行业共生产家用缝纫机 490 万台，同比下降 2.00%，其中多功能家用机产量 360 万台，同比增长 2.86%，普通家用机产量 130 万台，同比下降 13.33%。

表 1－27　2014 年我国家用缝纫机分产品产量估算

产品名称	总产量（万台）	同比（%）
家用机	490	－2.00
多功能家用机	360	2.86
普通家用机	130	－13.33

（数据来源：中国缝制机械协会）

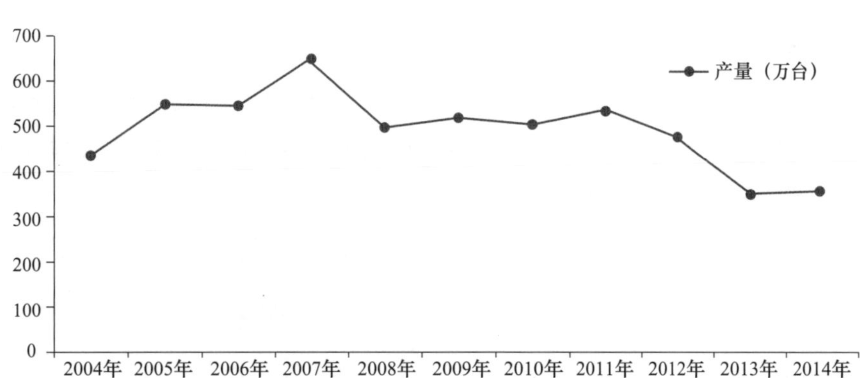

图 1－46　2004～2014 年我国多功能家用机产量

（数据来源：中国缝制机械协会）

3. 刺绣机：产量明显回落，毛巾绣异军突起

2014 年，受国际印度市场需求下滑和国内经济持续低迷的双重影响，我国电脑刺绣机产量明显回落。据协会测算，全年我国电脑刺绣机总产量约 3.8 万台，同比下降 34.4%；总刺绣头数约 140 万头，同比下降 25%（图 1－47）。

值得注意的是，受湖州织里地区童装市场、绍兴柯桥窗帘布艺市场和广东珠三角服装加工市场需求增长拉动，2014 年国内市场对毛巾绣机器需求大幅增长。据协会初步统计，全年行业毛巾绣机器产量接近 3000 台，并带动了超多头链式刺绣机迅速发展。

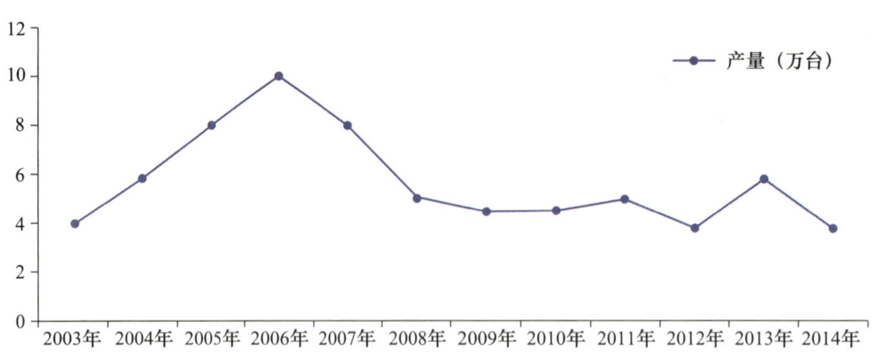

图 1－47　2003～2014 年我国刺绣机产量

（数据来源：中国缝制机械协会）

4. 零部件：生产较快下滑，设备闲置率提升

2014 年，受缝制机械整机生产萎缩的直接影响，零部件企业产销同比较快下滑。据协会初步测算，2014 年零部件行业年总产值约 160 亿元，同比下降约 30%。其中，机针、旋梭、针板、梭芯套等易耗商品类零件产量同比小幅下滑，其他装配型工业缝纫机零部件产量同比下滑 20%～40% 不等。

另据协会零部件专业委员会对 30 家主要成员单位的调研统计，2014 年 30 家零部件企业累计实现总产值 11.5 亿元，同比下降约 25%；年生产订单饱和率平均为 80%，同比下降近 10 个百分点，加工设备闲置率约为 26%，企业现有设备总数已经远超过全部从业人员数。

（三）销售：小幅下滑，市场内冷外热

1. 销量小幅下滑，去库存行为贯穿全年

2014 年，在内外市场的共同作用下，我国缝制机械产品销售整体相较于上年同期小幅下滑。其中，规模以上企业主营业务收入情况明显好于规模以下企业。

据国家统计局数据显示（图 1－48）：2014 年我国 258 家规模以上缝制机械生产企业累计实现主营业务收入 394 亿元，同比增长 1.19%，增幅较上年同期下降 10 个百分点。行业规模以上生产企业主营业务收入一、二季度明显高于上年同期，至三季度以后受内需紧缩影响大幅下滑，全年销售亦现前高后低态势。

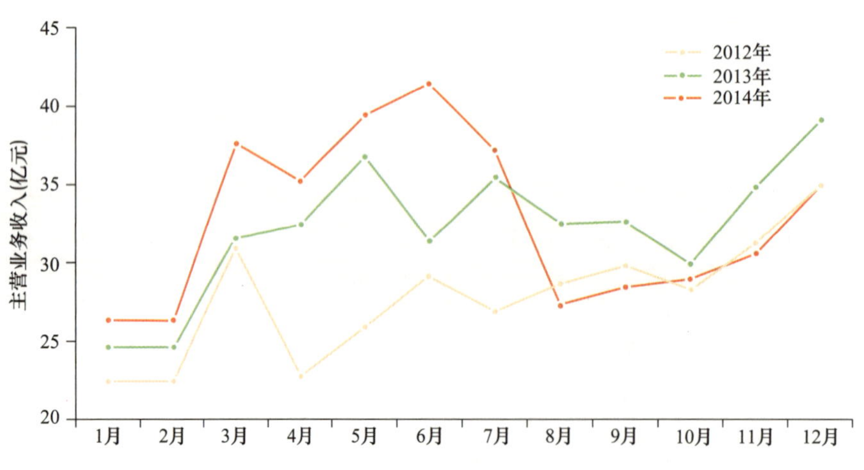

图 1－48　近三年规模以上缝制机械生产企业月度主营业务收入及同比变化情况

（数据来源：国家统计局）

而据协会统计数据显示，2014 年行业 105 家整机生产企业累计完成主营业务收入 165 亿元，同比下降 0.02%；累计销售缝制机械整机产品 653 万台，同比下降 2.00%。而据对行业 25 家规模以下企业的跟踪调研情况来看，该 25 家企业全年主营业务收入同比下降 15.78%，近 7 成以上企业主营业务收入同比负增长。

同时，值得关注的是，2014 年行业企业“去库存”行为贯穿全年。据协会统计显示（表 1－28、图 1－49），2014 年缝机企业普遍维持了较大的库存量，105 家整机生产企业月均库存量在 70 余万台左右，高于企业月度总产量。12 月 105 家企业产品库存量高达 89.9 万台，各产品库存中仅电脑平车库存量就达 34.3 万台，普通平车 8.8 万台，企业产销率达 100.7%。全年除 4、10、11、12 月外，行业各月统计的产销率数据均在 100% 以上。各大类产品中除家用缝纫机外，年内均现“销大于产”现象。除去部分企业间代工生产因素，行业骨干整机生产企业产销数据间的差距主要源自企业有意识的“去库存”行为。

表 1－28　2014 年 105 家整机生产企业分产品产销及库存情况

产品分类	产量（台）	产量同比（%）	销量（台）	销量同比（%）	产销率（%）	库存（台）
家用缝纫机	1862379	－2.91	1855581	－5.47	99.6	86070
工业缝纫机	4442325	－2.91	4492751	1.03	101.1	794678
缝前缝后设备	181976	－2.91	183112	－8.98	100.6	18104
总计	6486680	－2.91	6531444	－2.00	100.7	898852

（数据来源：中国缝制机械协会）

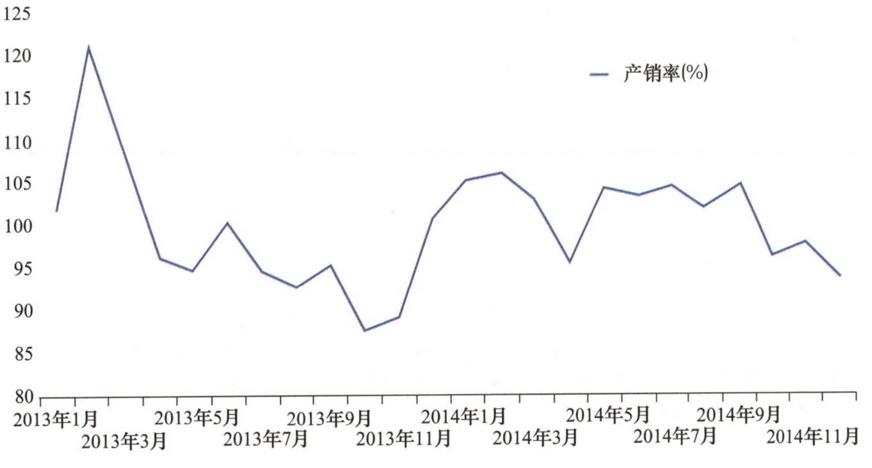

图 1－49　2013 年 1 月～2014 年 12 月行业 105 家整机生产企业产销率变化情况

（数据来源：中国缝制机械协会）

2. 市场内冷外热，新疆地区增长前景值得期待

2014 年，国内服装企业采购需求放缓，广东、福建、浙江等沿海市场服企大范围设备更新换代行为结束，内销需求持续低迷；另一方面，以美国为代表的发达经济体缓慢复苏，带动国际市场对缝制机械设备需求的增长。综合来看，市场呈现出“内冷外热”的鲜明特点，出口市场在缝机企业市场结构中的比重日益加大。

2014 年，我国服装行业运行基本平稳，规模以上服装生产企业产量同比增加 1.61%，全行业服装总产量与上年同期基本持平，但服装生产企业设备采购需求相对放缓，尤其是规模以下服装生产企业采购需求明显减少，导致我国缝制机械产品内需疲软，市场总体规模相对收缩。据协会统计数据显示，2014 年行业 105 家骨干整机生产企业累计内销产值约 93 亿元（含生产企业转销给外贸公司的数据），同比下降 4.48%，而据了解，全行业实际内销降幅远大于该统计数据。

从市场区域来看，广东、福建、浙江等沿海市场服装生产企业大范围设备更新换代需求几乎已于上年快速消化殆尽，2014 年市场大幅下滑，仅部分省内内陆地区仍有小幅需求增长。另江苏、山东内陆地区，中西部以及东北地区设备更新换代需求呈现缓慢释放，但总量仍无法与沿海市场匹敌。新疆地区则受益于国家发展扶持政策的红利，年内服装行业规模以上企业实际完成投资 14.3 亿元，同比增长 1953.19%，对缝机设备的需求也呈现翻倍增长。

（四）外贸：出口稳中有增，进口持续下降

2014 年，以美国为代表的发达经济体缓慢复苏，国际纺织服装、制鞋等行业持续向东南亚等低劳动成本地区转移，进一步拉动全球纺织服装消费，带动国际市场对缝制机械设备需求的释放。国内企业纷纷紧抓机遇，主动调整内外销市场结构，扩大出口比例，增加高附加值产品出口。行业缝制机械产品全年出口全面增长，7 月出口额再创历史新高。而受国内市场需求萎缩影响，行业进口总体呈现持续下滑趋势，行业进出口贸易顺差进一步扩大。

1. 出口总体增长，各类产品全面开花

据海关总署数据显示（图 1－50），2014 年我国累计出口缝制机械产品 23.9 亿美元，同比增长 8.47%，出口总体相较于上年同期呈现稳定增长趋势。年初，受春节假期影响，我国缝制机械产品出口呈现季节性疲软，3 月出口逐渐复苏；4～9 月，行业月出口额连续 6 个月维持在 2 亿美元以上；7 月出口额更是高达 2.38 亿美元，再创行业月出口额历史新高。

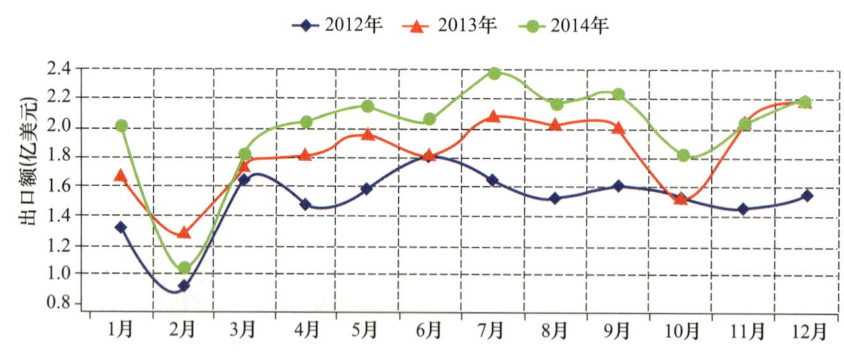

图 1－50 近三年我国缝制机械产品出口额变化情况

（数据来源：海关总署）

从产品分类来看，海关总署数据显示（表 1－29），2014 年我国累计出口工业缝纫 353 万台，出口额 10.7 亿美元，同比分别增长 4.54% 和 8.72%；出口家用缝纫机 988 万台（含手工缝纫器 390 万台），同比增长 2.83%，出口额 3.83 亿美元，同比下降 2.13%；出口刺绣机 9.6 万台（含简易非电脑刺绣机），出口额 3.4 亿美元，同比分别增长 75.37% 和 7.08%；出口缝前缝后设备 86 万

台，出口额2.3亿美元，同比分别增长9.00%和23.39%；出口零部件3.7亿美元，同比增长13.22%。其中，工业用自动平缝机、工业用自动绷缝机、拉布机、裁床等产品出口量增幅较为明显。

表1－29　2014年我国缝制机械分产品出口情况

商品名称	出口		同比增长（%）	
	数量（台）	金额（美元）	数量	金额
家用缝纫机	9877309	382896241	2.83	－2.13
多功能家用缝纫机	3459315	285141010	－8.92	－4.36
手动缝纫器	3895018	44960998	15.16	2.74
其他家用型缝纫机	2522976	52794233	4.03	7.07
工业缝纫机	3527416	1070612508	4.54	8.72
工业用自动平缝机	440792	186816307	39.20	39.25
工业用自动包缝机	159755	43072932	－9.19	1.18
工业用自动绷缝机	56552	42488077	44.94	26.69
其他工业用自动缝纫机	1311397	375475083	3.00	8.55
其他工业用非自动缝纫机	1558920	422760109	－0.67	－1.35
刺绣机	95563	339198995	75.37	7.08
刺绣机	95563	339198995	75.37	7.08
缝前缝后设备	863863	230339387	9.00	23.39
拉布机等	3337	39348045	73.80	61.81
熨烫机及挤压机	383752	66458462	－13.92	－5.77
裁床等	476774	124532880	38.26	35.62
缝纫机零部件	63822392	367877178	6.12	13.22
缝纫机针	1349356	17871422	－9.72	13.41
家用缝纫机旋梭	167374	1944317	－31.47	－10.84
其他家用缝纫机零件	18360791	92771224	9.27	27.47
工业用缝纫机旋梭	530661	12873760	－12.43	－4.38
其他工业用缝纫机零件	16532474	23848218	2.53	3.93
其他缝纫机未列名零件	26881736	218568237	8.09	10.50
总计	—	2390924309	—	8.47

（数据来源：海关总署）

2. 东南亚市场出口增势喜人，新加坡等转口市场再度活跃

从年度行业出口市场情况来看（图1－51、表1－30），2014年我国缝制机械产品出口各市场形势不一。在全年行业出口的190个国家与地区中，越南、缅甸等东南亚市场出口额增长较快，美国、日本等传统市场出口额回暖，新加坡、中国香港等转口市场再度活跃，而巴西市场出口明显下滑，印度尼西亚、土耳其、俄罗斯等市场出口同比亦呈不同程度下降趋势。2014年，印度依然是我国最大的缝制机械产品出口市场，占据我国产品出口总额10.41%的比重；而越南市场增势喜人，成为2014年最值得关注的出口市场。

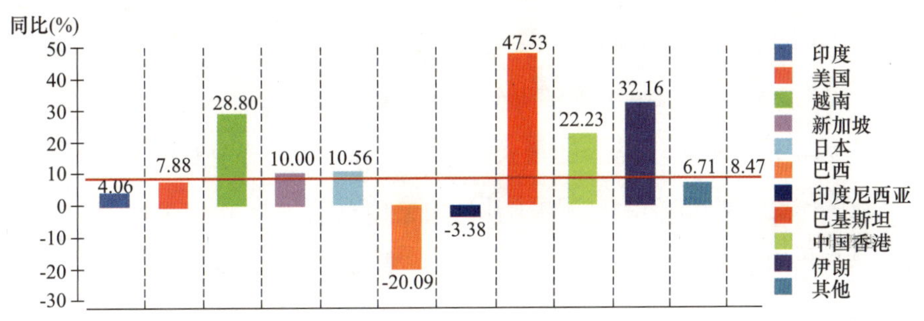

图1－51　2014年我国缝制机械产品主要市场出口额同比增长情况

（数据来源：海关总署）

表 1－30　2014 年我国缝制机械产品主要出口市场情况

出口市场	出口额（美元）	同比增长（%）	比重（%）	比重增减（%）
印度	248778349	4.06	10.41	－0.44
美国	190466517	7.88	7.97	－0.04
越南	175727308	28.80	7.35	1.16
新加坡	172451993	10.00	7.21	0.10
日本	152997316	10.56	6.40	0.12
巴西	105213501	－20.09	4.40	－1.57
印度尼西亚	99362594	－3.38	4.16	－0.51
巴基斯坦	97042015	47.53	4.06	1.07
中国香港	69739452	22.23	2.92	0.33
伊朗	63884428	32.16	2.67	0.48
其他地区	1015260836	6.71	42.46	－0.70
汇总	2390924309	8.47	100.00	—

（数据来源：海关总署）

东南亚市场：2014 年，东南亚地区受惠于服装产业区域转移，越南、缅甸等市场增势喜人，尤其是越南市场。2014 年我国出口越南缝制机械产品总额达 1.76 亿美元，同比增长 28.80%，位居行业出口市场第三名。对其工业缝纫机直接出口量达 22 万台，直接出口额达 8346 万美元，同比分别增长 27.67% 和 29.41%（不含从新加坡等地区转口数据）。

此外，2014 年，我国出口马来西亚市场缝制机械产品 3817 万美元，同比增长 12.32%；出口泰国 3222 万美元，同比增长 35.23%；出口柬埔寨 3036 万美元，同比下降 4.03%；出口缅甸 2553 万美元，同比增长 60.70%。新加坡、中国香港等转口市场的活跃也大多源自东南亚地区需求的增长。但另一方面，东南亚的印度尼西亚等市场经历了几年的快速增长后，呈现出增长乏力态势。

印度市场：2014 年，印度市场刺绣机需求明显萎缩，而工业缝纫机及零部件产品需求则持续增长，我国对印度缝制机械产品出口总额达 2.5 亿美元，同比增长 4.06%。其中，工业缝纫机出口量 43.4 万台，出口额 8515 万美元，同比分别增长 26.70% 和 18.55%。

美国市场：受美国经济总体向好影响，美国消费者信心状况整体保持稳定，对多功能家用缝纫机、帽绣机等缝制机械产品的需求也持续稳定增长。2014 年我国对其缝制机械产品总出口额 1.9 亿美元，同比增长 7.88%。其中，多功能家用缝纫机出口量 107 万台，出口额 0.97 亿美元，同比分别增长 8.56% 和 2.95%。

日本市场：2014 年，日本对缝制机械零部件产品进口需求快速增长。我国对其缝制机械产品总出口额 1.5 亿美元，同比增长 10.56%。其中，零部件产品出口额 7198 万美元，同比增长 24.03%。

南美市场：2014 年，南美市场对缝制机械产品整体进口需求有所下滑，仅哥伦比亚、墨西哥等局部地区需求有所增长。受国内经济紧缩及世界杯影响，巴西服装等工业生产景气度下滑，对工业缝纫机产品需求大幅缩减。2014 年我国对巴西缝制机械产品出口总额达 1.1 亿美元，同比下降 20.09%。与此同时，对智利、阿根廷、秘鲁等市场出口也呈现不同程度下滑现象。

另一方面，2014 年我国对哥伦比亚、墨西哥等市场缝制机械产品出口则迎来小幅增长。全年出口哥伦比亚 2549 万美元，同比增长 25.13%；出口墨西哥 2542 万美元，同比增长 19.48%。同时，随着世界杯相关产品帽子、护腕、旗帜等刺绣产品的热销，巴西、阿根廷、乌拉圭等市场对帽绣机、家用缝纫机等产品需求同比也呈快速增长。

欧洲市场：2014 年，欧洲经济增长乏力，其对家用缝纫机采购需求明显下滑。与南美市场相似，世界杯的影响使得德国、英国等市场对帽绣机等产品的进口激增，而德国市场对普通黑头家用缝纫机产品的进口也呈同比大幅增长。而前几年快速增长的土耳其、俄罗斯市场今年则增长乏力。尤其年末，受卢布贬值影响，我国对俄罗斯市场多功能家用缝纫机出口明显下滑。

其他市场：2014 年，亚洲的巴基斯坦、伊朗等市场增长亦值得关注。巴基斯坦市场的增长主要集中于对国产刺绣机和工业缝纫机需求的增长；而伊朗市场的增长则主要源自对工业缝纫机，尤其是自动类工业缝制设备需求的增长。

3. 进口持续下滑

2014 年，受国内服装企业采购需求放缓影响，我国缝制机械行业进口继续下滑。据海关总署数据显示（图 1－52、表 1－31），2014 年我国累计进口缝制机械产品 6.21 亿美元，同比下降 21.00%，四季度行业缝制机械产品进口额下滑尤为明显，同比降幅达 56.23%，10 月进口额仅不到 3000 万美元。

表 1－31　2014 年我国缝制机械分产品进口情况

商品名称	进口		同比增长（%）	
	数量（台）	金额（美元）	数量	金额
家用缝纫机	92,640	7,024,111	155.38	139.14
工业缝纫机	43,612	114,153,303	－5.48	9.49
刺绣机	432	42,323,215	－11.84	4.59
缝前缝后设备	9,153	357,900,147	－25.61	－32.88
缝纫机零部件	2,144,766	99,950,614	－6.21	－5.39
总　计	—	621,351,390	—	－21.00

（数据来源：海关总署）

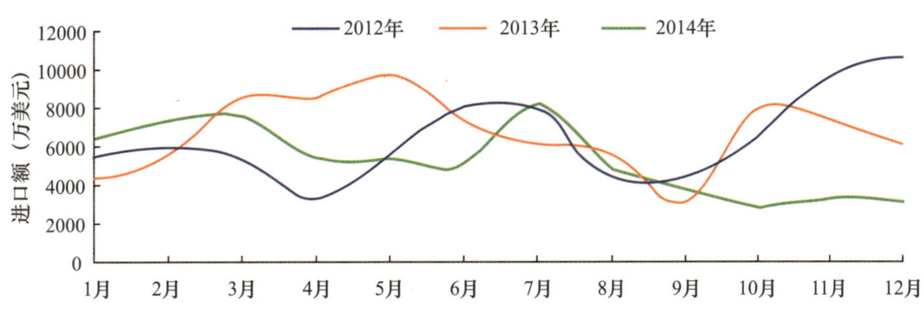

图 1－52　2012～2014 年行业缝制机械产品月进口金额变化情况

（数据来源：海关总署）

各大类产品中，2014 年行业累计进口家用缝纫机 9.3 万台，进口额 702 万美元，同比分别增长 155.38% 和 139.14%；进口工业缝纫机 4.4 万台，同比下降 5.48%，进口额 11415 万美元，同比增长 9.49%；进口刺绣机 432 台，同比下降 11.84%，进口额 4232 万美元，同比增长 4.59%；进口缝前缝后设备 9153 台，进口额 35790 万美元，同比分别下降 25.61% 和 32.88%；进口零部件 9995 万美元，同比下降 5.39%。各类产品除家用缝纫机外，进口量均现同比下滑态势。

近年来，造成我国缝制设备进口持续下降的原因，一方面是由于我国中高端缝制设备国产化能力不断增强，国产设备替代进口的比例快速提高；另一方面，国内服装、制鞋、箱包等下游产业由于用工荒、劳动力成本上涨等因素影响以及近年国际纺织服装等产业加速向东南亚转移，导致国内外贸生产订单不断流失，因此国内对缝制设备的采购需求呈现下降。

（五）效益：略有下滑，企业盈利能力有待提升

1. 利润负增长，盈利能力有待提升

2014 年，受内需下滑、竞争加剧以及企业各项管理、运营成本增长等因素影响，行业整体效益偏低，亏损面略有扩大。

据国家统计局数据显示（表 1－32）：2014 年我国缝制机械行业 258 家规模以上企业累计实现利

润总额 21 亿元，同比下降 10.16%；毛利率 14.10%，同比下降 3.17%；主营业务收入利润率 5.42%，同比下降 11.22%，成本费用利润率 5.70%，同比下降 11.52%。行业各项盈利指标均呈现负增长状态，企业盈利能力有待提升。而据协会统计的 105 家整机企业数据来看，2014 年，105 家整机企业累计实现利润总额 8.4 亿元，同比下降 27.63%。部分规模以下生产企业利润下滑更为严重。

表 1－32　2014 年我国规模以上缝制机械生产企业效益情况

指标名称	全国总计	同比（%）
企业单位数（个）	258	—
产品销售收入（千元）	39,415,552	1.19
利润总额（千元）	2,134,630	-10.16
利税总额（千元）	3,187,619	-12.11
毛利率（%）	14.10	-3.17
主营业务收入利润率（%）	5.42	-11.22
成本费用利润率（%）	5.70	-11.52
亏损企业单位数（个）	32	23.08
亏损额（千元）	202,336	221.29

（数据来源：国家统计局）

仅以行业规模以上生产企业“主营业务收入利润率”指标为例（图 1－53），2014 年该指标由上年末的 6.00% 一路降至 8 月的 4.38%，虽年末指标略有回升，但据上年末仍有差距，亦低于轻工各行业 6.25 的均值。

另一方面，2014 行业亏损情况较上年同期略有扩大。258 家规模以上企业中，亏损企业 32 家，亏损面 12.40%，比上年同期扩大 0.4 个百分点；亏损额 2 亿元，同比增长 221.29%，亏损深度 9.48%，比上年同期增长 4 个百分点。

2. 运营绩效增长，成长能力下滑

运营能力方面，据国家统计局数据显示：2014 年 12 月份我国缝制机械行业规模以上企业总资产周转率 1.23，同比增长 13.02%；流动资产周转率为 1.90，同比增长 14.87%；产成品周转率为 11.17，同比增长 17.02%，各项营运指标仍维持在合理范围内，且同比均有所提高，运营效率有所增长。

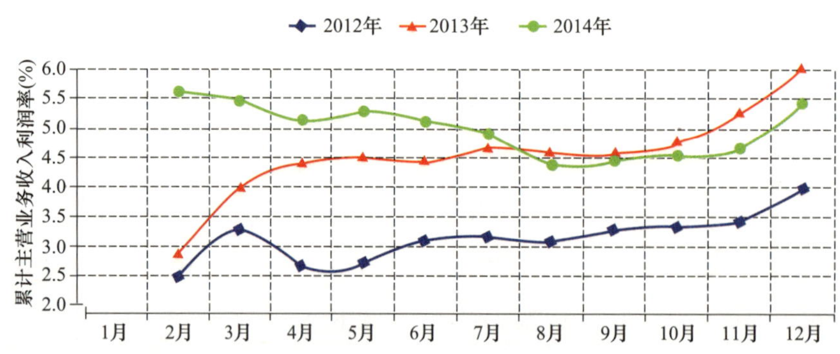

图 1－53　2012～2014 年我国规模以上缝制机械生产企业主营业务收入利润率变化情况

（数据来源：国家统计局）

偿债能力方面，据国家统计局数据显示：2014 年 12 月份我国缝制机械行业规模以上企业资产负债率 45.93%，同比下降 11.96%，较上年同期明显下滑，企业发展更为谨慎。利息保障倍数为 7.52，同比增长 8.28%，产权比为 0.85，同比下降 8.28%，行业规模以上企业长期偿债能力相对较好，相比去年同期有明显向好趋势。

成长能力方面，据国家统计局数据显示：2014 年我国缝制机械行业规模以上企业年销售收入同增长 1.19%，增幅下降 10 个百分点，资产总额同比

下降1.65%，2014年行业成长能力有所下滑，可持续发展能力有待进一步提升。

3. 成本费用持续加大，降本增效压力依存

据国家统计局数据显示（表1－33），2014年我国规模以上缝制机械生产企业累计成本费用375亿元，同比增长1.53%，增速与销售收入基本持平，成本费用持续加大。其中，营业费用同比增长0.23%，管理费用同比增长4.60%，企业人力成本上涨，市场推广难度的加大，价格竞争的日趋激烈，令企业普遍感觉压力加大。

表1－33　2014年我国规模以上缝制机械生产企业效益成本费用情况

指标名称	全国总计	同比（%）
成本费用（千元）	37，475，994	1.53
主营业务成本（千元）	33，857，198	1.74
营业费用（千元）	937，042	0.23
产品销售税金及附加（千元）	194，318	－1.28
管理费用（千元）	2，170，253	4.60
财务费用（千元）	317，183	－25.08
利息支出（千元）	327，564	－18.09
应交增值税（千元）	858，671	－18.54

（数据来源：国家统计局）

综上所述，目前我国缝制机械行业的发展相较于2013年有所减缓，全年来呈现高开低走的持续下行态势，企业运营压力加大，转型升级意愿更为迫切，行业呈现出结构性调整的新常态。

二、行业发展特点

2014年，在持续低迷的经济形势影响下，行业竞争进一步加剧，“洗牌”脚步渐行渐近。行业企业在转型升级机制倒逼下，纷纷加快调整脚步，具有内在需求和发展动力的微创新活动迸发，发展模式创新求变呼之欲出，行业呈现出新的发展格局和特点。

（一）创新成为新常态下企业寻求差异化发展优势的重要手段

当前行业已经步入经济发展新常态，传统的发展模式已经难以为继。唯有开展多种形式的创新，塑造差异化的企业发展与盈利模式，才能实现成功转型。2014年，不管大型企业或是中小企业，在市场形势不利的情况下，企业并没有悲观等待，而是积极投入，想方设法地进行创新，寻求差异化发展优势。主要表现在：

在技术创新上，企业深入挖掘用户需求，研究缝制工艺，开发出具有创新性的产品。代表性如：名菱公司研发的汽车安全气囊缝制单元，TP公司研发的毛巾及睡袋缝制单元，IMB、苏州翰德利等公司研发的双针系列缝纫单元，常缝研发的双面衣料剖缝机设备，富山公司研发的高集成一体型电脑平缝机，金傲宇公司研发的具有独立压脚升降技术的1300转高速刺绣机等。

在管理创新上，代表性企业如：标准公司取消经销总代理制，撤销销售分公司，积极推行扁平化营销模式；鲍麦克斯公司尝试通过股权激励实现从原有的职业经理人模式向事业合伙人模式转变，提升员工积极性；北京大豪公司导入SAP公司的ERP信息管理系统，进一步提升管理与决策效率。

在模式创新上，代表性企业如：上海和鹰公司创新传统营销模式，通过与银行协作采取融资租赁的方式加快自动裁剪与拉布设备的市场增长；杰克公司导入阿米巴经营模式和理念，通过建立一个个自主经营、自负盈亏的主体，提高了企业生产经营与管理绩效；仕德伟缝纫机城建立了“仕德伟零件电商”，运用互联网思维和大数据的洞察力获得所需信息，为客户提供精准的个性化的服务，革新了营销方式。

通过开展多种形式的创新，行业创新氛围逐渐浓厚，企业独特的发展优势得到加强，差异化发展

策略使企业避开了同质化竞争，找到了适合自身的特色发展方式，有力地推动了行业的转型与升级。

（二）以模板机、自动缝纫机等为代表的智能装备在下游掀起机器换人热潮

模板缝纫机、自动缝纫机等新型智能缝制装备，具有高效率、缝制质量稳定、省人工、操作简单等特点，在下游行业招工难、用工成本上涨的持续影响下，近年来得到了消费者的青睐。2014 年，在以“新技术、新智造”为主题的行业宣传和地方展会推动下，一股以自动化设备替换人工的“机器换人”热潮席卷全国。服装企业纷纷引进现代化的智能缝制装备，以减少企业用工总量，提高劳动生产率和缝制质量。以自动门襟锁眼为例，一台自动门襟锁眼机 25 秒钟可完成了 6 个锁眼的缝纫，一人可同时操作两至三台机器；自动模板机，由于采用缝制模板与程序控制，无须熟练工即可上机操作，一人可以同时操作两至四台设备。

针对这一市场需求变化，2014 年行业企业加快产品结构调整，迅速在自动缝纫机、模板机等产品发力。以富山、杰克为代表的企业纷纷加大自动包缝机生产与市场推广，据协会统计，2014 年行业自动包缝机年产量增幅高达 60%；以威士、祥泰、舒普、中缝重工等为代表的自动缝制单元生产企业，紧抓市场机遇，推出了自动缝袋、自动锁眼、自动裤边包缝、自动门襟拉链机等一系列个性化智能化缝制解决方案，各类智能化的产品成为展会的“主角”；而以宝盈、中捷、川田、深圳 909、中缝重工、雅诺、大森、佳岛等为代表的大批缝企则加大在自动模板机产品方面的投入力度，积极推广和引导市场消费，产品逐渐获得市场认可，成为具有国内创新特点的新产品。据初步了解，行业参与到模板机开发的企业数量已经达到 20 余家，部分企业如中捷、川田等月产量已经高达百台，行业 2014 年自动模板机总产量估计已经突破 5000 台。

（三）行业发展格局在竞争中进一步分化

2014 年行业发展形势严峻。在挑战与机遇面前，有的企业坚定发展信心，在困境中寻找机遇，以积极的姿态加快调整与变革。有的企业以专业化经营应对规模化竞争，坚持走“做精做专做强”的差异化发展道路，实现企业平稳健康发展。有的企业则被动挨打，业务量大幅下滑，竞争力持续减弱。综观全年，企业发展情况发生了明显变化，产业发展模式逐渐明晰，行业发展格局进一步分化，呈现出新的特征：

部分企业逆势而上，加速发展，成为行业发展生力军。代表性的企业如：上工申贝专注国际中高端厚料机、皮革缝纫机市场，积极发展 3D 缝纫等特种领域缝制技术，实现主营收入和净利润同比双向增长；杰克股份通过聚焦中小企业和自动包缝等优势产品，深入开展质量提升，加速营销渠道下沉，产值同比增长 13%；鲍麦克斯加快结构调整，大幅增加技术与服务人员，经营业绩不降反升，产品销量逆势突破 50 万台，销售收入和利润同比均有大幅增长；浙江美机则加强战略定位，大力积聚人才，狠抓产品质量，提升制造实力，规模实力不断壮大，企业向准一流快速迈进。

部分企业主动调整和转型，应对经济下行冲击，实现平稳持续发展。代表性的企业如：中捷缝纫科技在经历集团破产风波后加快结构调整和资源整合，发挥品牌、科研及制造优势，着力发展自动模板机、特种机等高附加值品种，企业跃上发展新台阶；浙江琦星在保证缝纫机电控市场份额基础上，发挥控制技术核心优势，积极涉入刺绣机和机器人电控等新兴领域，向产品多元化方向发展；浙江川田、大森等部分企业在普通产品竞争优势日渐丧失的形势下，主动向自动模板机等高附加值产品调整和转型，赢得了市场先机。

部分企业坚持专业化经营和差异化发展，在行

业低谷时依然牢牢把控一方市场，体现核心发展优势。代表性的企业如：中森、百惠等，通过做精做专暗缝机、多针机等特种产品，成为行业里的单打冠军；宁波舒普专注发展锁、钉、套等特种缝制设备，与行业龙头企业形成专业互补，由于品质品牌突出，一跃成为行业特种机龙头企业；浙江宝宇近年主动调整品种，集中资源做大做强电脑平缝机产品，品牌美誉度和市场占有率快速提高；上海威士深入研究服装工艺，对接用户需求，自动机关键零部件自主加工率高达60%以上，在自动机发展上走在了行业前列。

有的企业则由于没有走出盈利模式和产品结构同质化误区，缺乏战略定位，受到行业经济快速下行的影响，发展日渐艰难，最终可能会在本轮调整中进一步萎缩或逐渐被洗牌出局。

（四）深耕终端市场、加强渠道建设成为企业实施品牌战略和市场竞争新趋向

2014 年，由于市场形势快速下滑，价格竞争日趋激烈，为提升业绩和竞争力，整机生产企业一方面积极下沉经销渠道，狠抓经销队伍建设，努力促进营销业绩；另一方面，采取举办个展、新品推介、免费服务等多种方式直接深入下游用户，传播品牌，扩展影响，培育客户忠诚度。一场围绕终端用户的宣传和争夺大战在行业越演越烈，成为新常态下企业谋求生产与发展的重要趋向。典型事例如下：

中捷公司2014 年正式启动“2014 中捷·穿梭世界行”活动，活动贯穿国内外 18 个区域市场，以展览、新品推广等形式，向用户全面展示了中捷高效智能产品。同时，还分别在各地召开海内外经销商大会、独家冠名全国缝制机械职业技能大赛、举行新一代700 系列电脑包缝机超优惠价格回馈新老客户等活动，加强品牌推广和对终端市场的开拓。

杰克 2014 年在国内连续举办了数十场以“强化聚焦战略，推进快速服务”为主题的分销商大会，将渠道逐步下沉至二、三级经销商；在全国多家经销店举办最快包缝机 JK—798EP 体验活动，不用膝靠超值换购活动，“杰克为你”加油活动以及“百场”技术培训等，掀起市场抢购热潮。

西安标准公司于 2014 年 6 月在下游用户中正式启动“标准缝纫机服务月暨新品免费体验月”活动。活动共历时 37 天，横跨 18 个省 40 多个城市，涵盖全国大部分服装产业聚集区，与广大用户进行了零距离交流，提升了标准品牌影响力和美誉度。

富山 2014 年先后举办了“创造财富——富山关怀用户”活动，包缝机“升级换代”活动，以及“富山皇冠天使”评选与颁奖活动，并联合多家经销单位在东阳、泉州、慈溪、织里等重要服装产区分别举办了富山高端缝纫设备展示会；美机 2014 年先后举办“美机电脑车 真情惠客户”十送一活动、“全国优秀售后技师质量沟通会”以及多场自动化设备展示推介会，并于年末分别召开了安庆、湖北、常熟、泉州等地区分销商大会。

其他如宝宇、大森、曼克斯等中型整机企业，也都不同程度地在全国举办类似新品推介会和全国重点经销商年会等活动，加强对市场的拓展。

通过行业主要企业一系列的市场推广、渠道建设和品牌传播活动，拉近了企业和下游用户的距离，提升了国产品牌的影响力和知名度，同时也加剧了国产品牌在终端市场的竞争，行业快速步入单纯由产品竞争向产品、用户、服务全方位竞争的新阶段。

三、发展展望和预测

展望 2015 年，我国缝制机械行业面临的内外部经济环境依然错综复杂。世界经济正处在刺激政策退出的消化期，发达经济体缓慢复苏，新兴经济

体增长态势减缓；而中国经济仍处于转型升级、结构调整的关键阶段，呈现“新常态”，经济下行的压力依然存在。我国缝制机械行业总体发展形势不容乐观。

（一）内销：或难有较大起色，期待政策红利

据权威机构预测，2015 年我国经济可能将继续呈现稳中缓降态势，国务院将 2015 年 GDP 增速主动设定为 7%，说明 2015 年国家经济持续下行也成定势，形势依然严峻。下游方面，服装产品行业出口退税的上调，有望带来我国服装出口的增长，市场对自动缝制设备的需求仍有望持续。但就整体而言，国内服装行业发展增速难以改变继续趋缓态势，设备采购需求在年内预计仍难有较大起色，行业内销市场或将持续同比下降态势。

家用缝纫机方面，随着行业及各企业对家用机推广力度的扩大、网络营销模式的推广以及家用机产品市场影响力的提升，2015 年国内家用缝纫机市场有望延续前几年的热销局面，实现持续增长。

而工业缝纫机方面，自动缝制单元、模板设备等机器应用的不断深入以及部分地区服装产业支持政策的拉动，为行业发展带来利好。而同时，服装生产产业转移的加速以及行业内庞大库存的消化，则又为行业发展带来困扰。综合判断，2015 年行业内销或将与 2014 年持平，或继续呈现小幅下降。

而就区域而言，中国“一带一路”（“丝绸之路经济带”和“21 世纪海上丝绸之路”）战略构想的提出为行业发展带来新机遇。以新疆为代表的地区市场受惠于政策红利，有望在未来五年内迎来快速发展。

（二）外销：谨慎乐观，东南亚市场依旧值得期待

外部环境方面，美元持续走强，美国经济快速回升，德国制造业动力有所反弹有望带动欧元区经济复苏，日本经济陷入衰退，随着新兴国家资金向发达国家回流势必减缓发展和投资速度，预计东南亚纺织服装产业的快速发展势头会受到阶段性影响。国外缝制机械产品总体需求将有望维持高位，我国出口将维持同比增长势头，但较 2014 年相比增速可能减缓。

家用缝纫机方面，欧美市场需求有望持续增长，而巴西、印度、非洲等新兴市场正处于成长阶段，需求增长也有望持续，2015 年全球家用缝纫机市场需求整体向好。

工业缝纫机方面，2015 年国际市场缝制设备更新换代需求有望逐步释放。从区域市场来看，巴西市场将有望持续发力；印度、东南亚、伊朗等地区市场对工业缝制设备的需求还将有望持续增长，但要警惕下滑风险；美国等地区对产品的需求或将随着其经济的持续好转而再度升温；而俄罗斯由于汇率的变化，出口或将受到影响。

另外，生产方面，行业调整将有望加快。目前，部分缝机企业对 2015 年行业发展信心不足，加之目前行业大量的库存现象，预计 2015 年上半年企业生产同比将继续下滑。

综合来看，2015 年我国缝制机械行业发展形势依然严峻，行业或将延续 2014 年下滑趋势，持续低位运行，市场竞争或将进一步加剧，行业洗牌速度加快。2015 年上半年行业生产量难有明显增长；随着自动缝制单元、模板设备等机器的应用不断深入，需求不断增加，电脑缝纫机比重的持续加大，国内各地出台支持服装产业的政策拉动，下半年国内市场会有所好转，2015 年行业总产值可能会止住下滑态势。2015 年出口市场竞争会更加激烈，出口总体形势与 2014 年基本持平，或稍逊于 2014 年。

第二部分　专题报告篇

2014 年中国服装网络零售市场发展报告

中国欧特欧国际咨询有限公司

一、2014 年中国网络零售及服装网络零售发展概况

2014 年中国 GDP 增速为 7.4%，整体宏观经济下行压力变大。与此同时，2014 年中国网络购物市场规模达到了 27173.43 亿元，同比上涨 48.7%，增速为 GDP 增速的 6.58 倍，保持持续的高速增长。2014 年中国网络零售市场交易量为 634.81 亿件，交易额为 27173.43 亿元，网络零售覆盖人数为 4.5 亿人，人均花费 6038 元，2014 年全国居民人均可支配收入为 20167 元，有 1/3 消费者将超过 30% 的收入花在了网络购物上面。2014 年社会消费品零售总额为 262394 亿元，网络零售占社会消费品零售总额的比重达到 10.53%。2014 年中国服装网络零售市场交易量为 58 亿件，交易额为 4646 亿元，服装的交易额占比为 17%，远远领先于其他品类。服装网络零售人均消费为 1032 元，人均购买件数达 13 件，显示了强大的活力（图 2－1）。

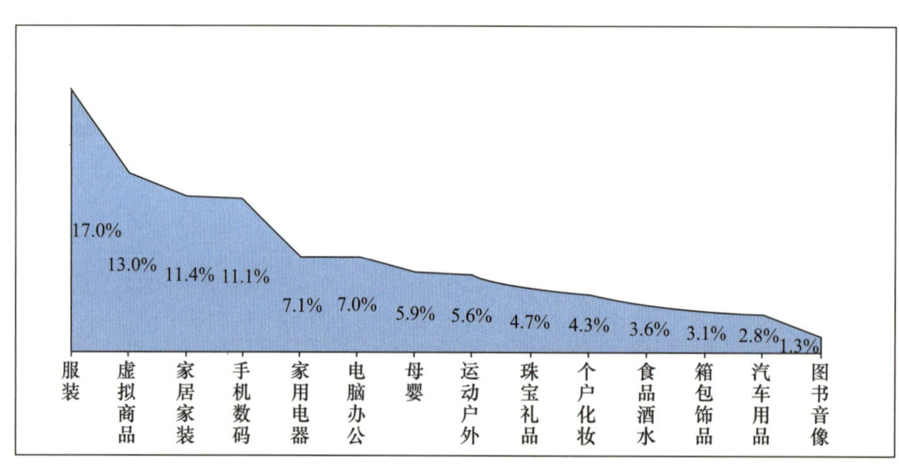

图 2－1　2014 年网络零售不同品类交易额

二、2014 年中国服装网络零售趋势分析

2014 年中国服装网络零售市场持续增长，受到“双 11”的刺激，在 11 月份达到顶点，单月的交易额突破 781.59 亿元，占网络零售交易额的 23.7%，2 月为春节，服装销售交易量和交易额均为全年最低（图 2－2、图 2－3）。

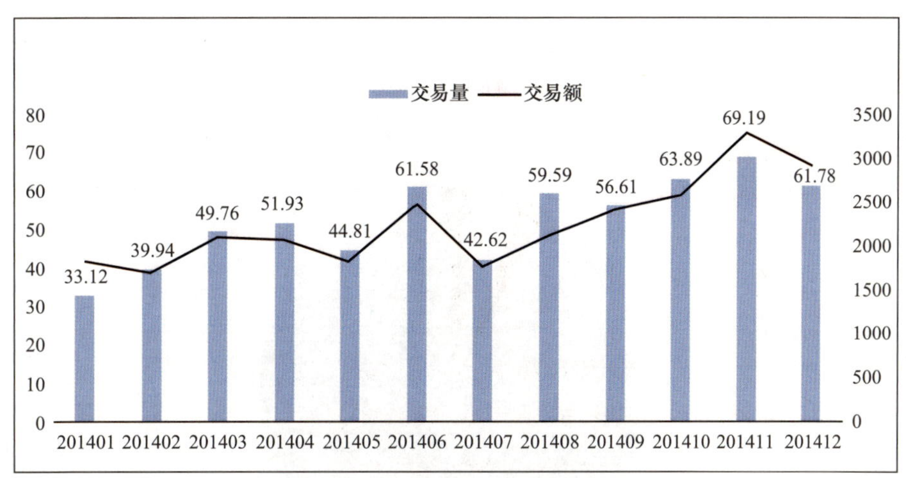

图 2－2　2014 年网络零售交易规模变化趋势

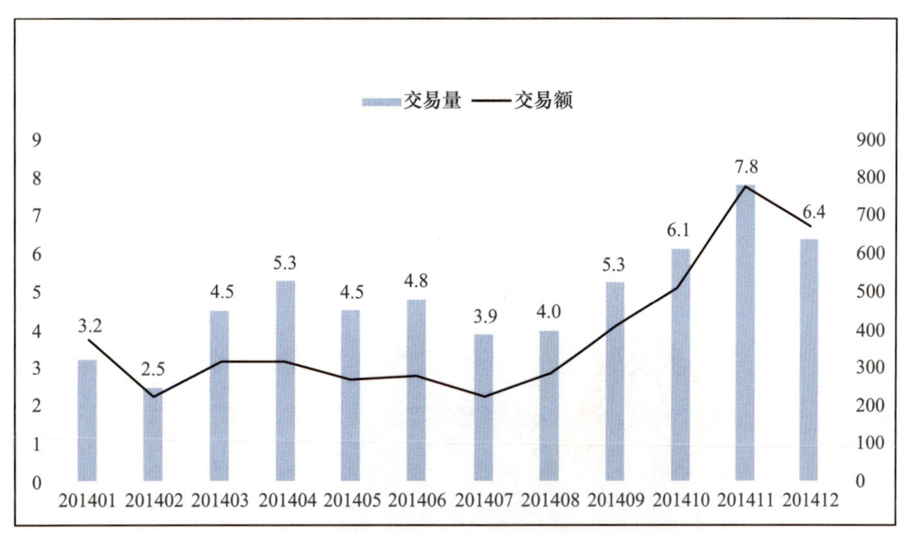

图 2－3　2014 年服装网络零售交易额规模变化趋势

三、2014 年中国服装网络零售平台分析

从服装网络零售平台类型分布来看，天猫的店铺在 2014 年的占比持续扩大，大有赶超淘宝的趋势；而京东依靠以自己的自营商品，保证了质量和服务的一致性，获得了众多消费者认可，可谓“花开两朵，各表一枝”。在中国服装网络零售 B2C 平台，天猫占据着绝对优势，汇集了大批国内外服装品牌和卖家。服装网络零售天猫占比高达 81.9%，其次为京东（图 2－4、图 2－5）。

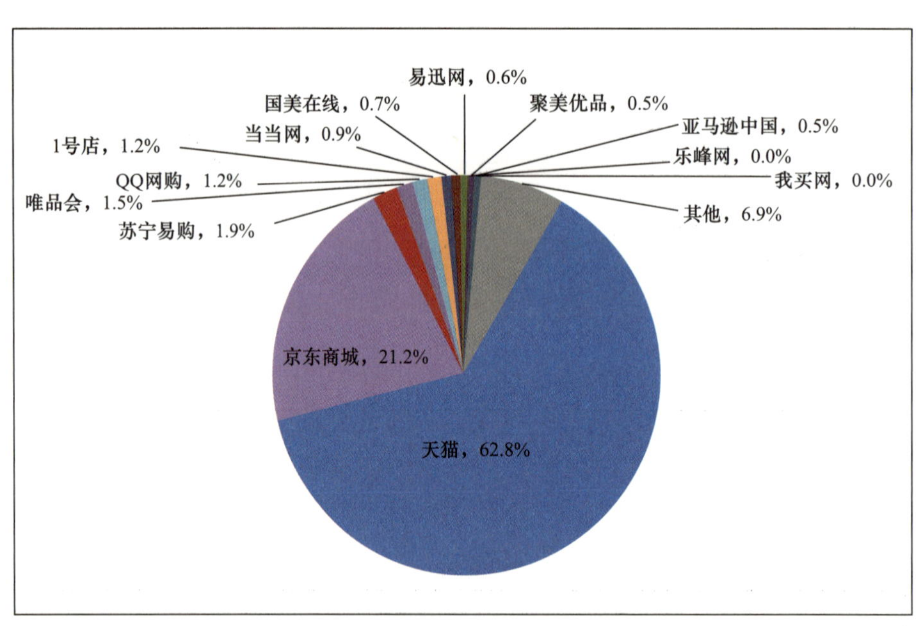

图2－4　2014 年网络零售 B2C 交易额渠道分布

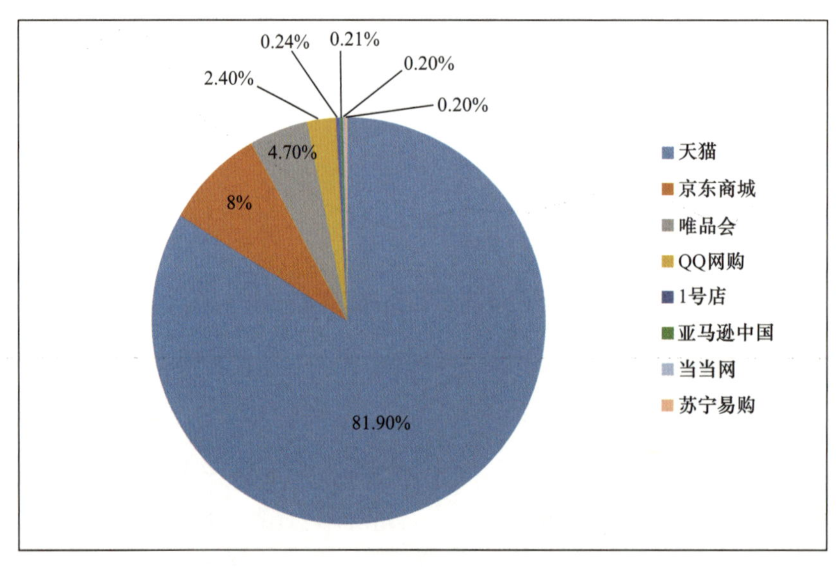

图2－5　2014 年服装网络零售 B2C 交易额渠道分布

四、2014 年中国服装网络零售品类分析

（一）女装高居服装类目交易额第一

2014 年女装以 2174 亿元的交易额和 46.8% 的交易额占比拿下了服装行业交易额的半壁江山并高居服装品类第一，同时男装、童装分别以 1115 亿元和 344 亿元的交易额拿下了服装品类近三成的交易额；在功能性服装中，内衣以 474 亿元的交易额拿下了服装类目一成的交易额，羽绒服、运动服以 321 亿元和 218 亿元紧随其后（图2－6）。

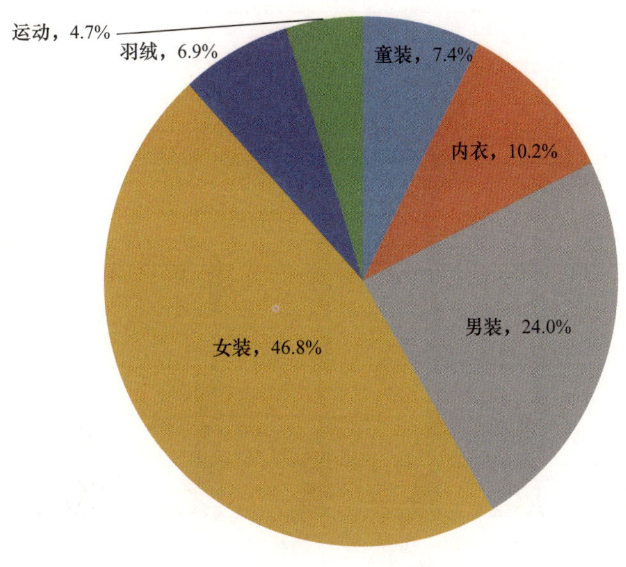

图2-6　服装网络零售各品类的占比

（二）女性是中国服装网络零售成功的第一要素

网购是女人的天下，在服装网络零售市场，女性消费者是2014年度中国服装网络零售市场的最大买家，占比达65.4%。男性消费者的比例也不可小视，占比也高达34.6%，未来男女消费者的比例应该趋于平衡（图2-7）。

（三）廉价服装仍然是网民的首选

在服装各品类中，除羽绒服以外，其他5个品类100元以内的价格占比最高。由于网络购买方便快捷，加上价格的优势，消费者更愿意以快消费的形式购买低价格的商品。反观1000元以上的商品，由于价格高和服装产品的特殊性，需要实体体验与试穿才能确定真实效果，消费者会选择理性消费（图2-8）。

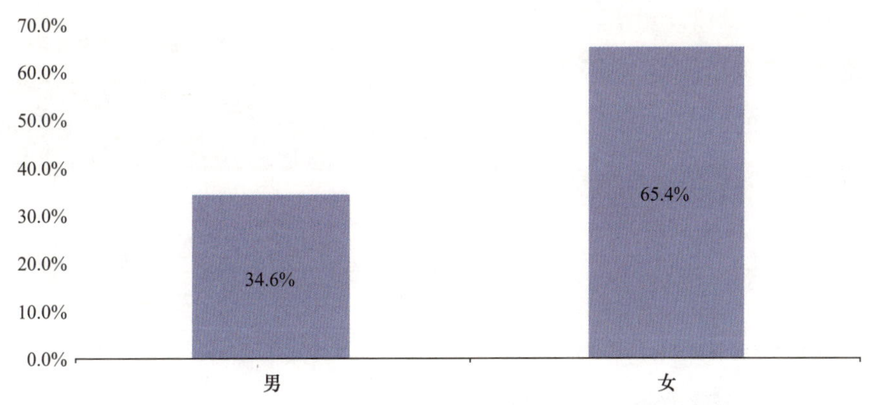

图2-7　服装网络零售性别占比示意图

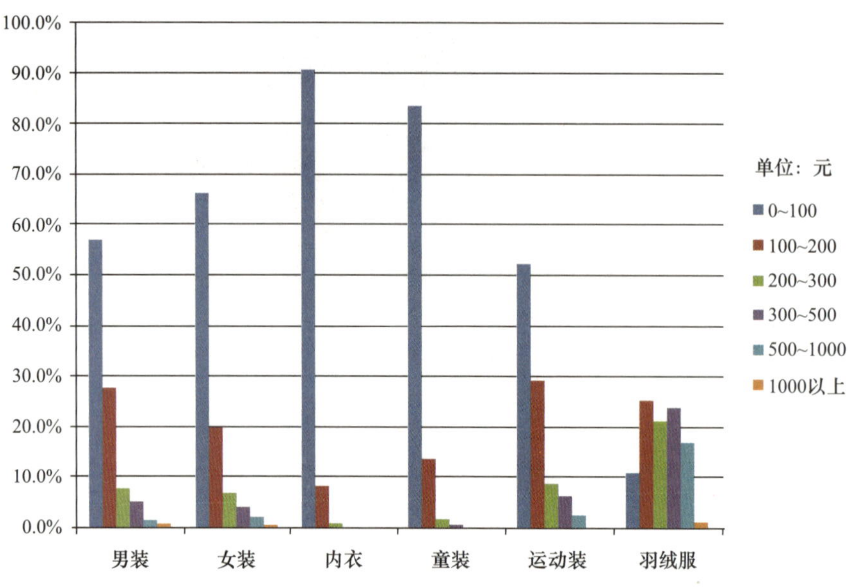

图 2－8　2014 年服装网络零售市场各品类价格分布

五、2014 年中国网络零售地区及服装网络零售分析

网络零售的消费能力同经济发展水平和人口规模有很大的关系。广东省依靠巨大的人口基础以及完善的互联网基础设施，其消费能力全国领先，占比达到 13.91%，其次为浙江和江苏，占比分别为 10.79% 和 9.94%。从服装网络零售交易额省份分布来看，广东以 16.4% 的占比仍居第一，福建以 12.6% 的占比紧随其后，浙江和江苏分别以 8.9% 和 7.3% 的占比位列第三和第四，但广东、福建的表现和江浙大相径庭，广东和福建的网名更愿意通过网络购买服装，而江浙的网民通过网络购买服装的意愿较其他产品更低，尤其值得指出的是福建人通过网络购买服装的意愿最为强烈（表 2－1、表 2－2）。

表 2－1　2014 年网络零售消费交易额省份分布

省份	交易额占比	省份	交易额占比	省份	交易额占比	省份	交易额占比
广东	13.91%	河北	3.69%	重庆	1.58%	内蒙古	0.76%
浙江	10.79%	四川	3.25%	山西	1.55%	新疆	0.54%

续表

省份	交易额占比	省份	交易额占比	省份	交易额占比	省份	交易额占比
江苏	9.94%	湖北	3.06%	陕西	1.45%	甘肃	0.53%
福建	7.71%	河南	3.00%	黑龙江	1.42%	海南	0.44%
上海	5.96%	湖南	2.78%	天津	1.36%	宁夏	0.16%
安徽	5.85%	辽宁	2.62%	云南	1.21%	青海	0.10%
山东	5.63%	广西	1.92%	吉林	0.99%	西藏	0.03%
北京	5.08%	江西	1.78%	贵州	0.92%	—	—

数据说明：网络零售消费交易额是指消费者在所属地购买的商品金额。

表 2－2　2014 年服装网络零售消费额省份分布

省份	交易额占比	省份	交易额占比	省份	交易额占比	省份	交易额占比
广东	16.4%	四川	3.6%	山西	2.2%	海南	1.1%
福建	12.6%	河南	3.0%	云南	1.9%	吉林	1.1%
浙江	8.9%	湖南	2.9%	陕西	1.6%	新疆	0.7%
江苏	7.3%	湖北	2.6%	重庆	1.6%	甘肃	0.7%
山东	5.1%	广西	2.4%	黑龙江	1.4%	宁夏	0.3%
北京	4.1%	辽宁	2.3%	天津	1.4%	青海	0.2%
上海	4.0%	安徽	2.3%	贵州	1.3%	西藏	0.1%
河北	3.7%	江西	2.2%	内蒙古	1.1%	—	—

六、2014 年中国服装网络零售消费者分析

无论从交易量还是交易额的角度看，25～29 岁的消费者成为服装网络零售的消费主力，这一年龄段的消费者对网络零售的介绍程度高，收入水平也比较高，因此其网购的积极性最高。低于 24 岁的消费者，虽然属于“互联网时代的原住民”，对互联网接受程度非常高，但是由于收入水平的限制，使得其交易量的占比大于交易额的占比。而25 岁之后，由于收入的上升，交易额占比大于交易量。按城市结构划分，二线城市最高，占比为 36%；三四线城市由于基础设施教育和网络普及程度不够，占比次于二线城市，说明三四线城市发展空间大，未来可大力投放三四线城市。按区域划分，华东地区最高，占比为 42.4%。按省份划分，广东省最高，占比为 16.4%（图 2－9～图 2－11）。

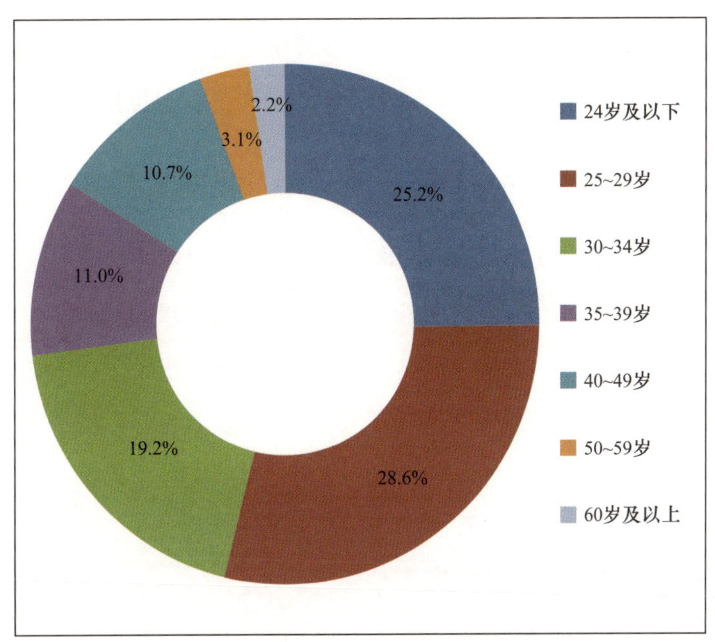

图 2－9　2014 年服装网络零售市场消费者年龄分布

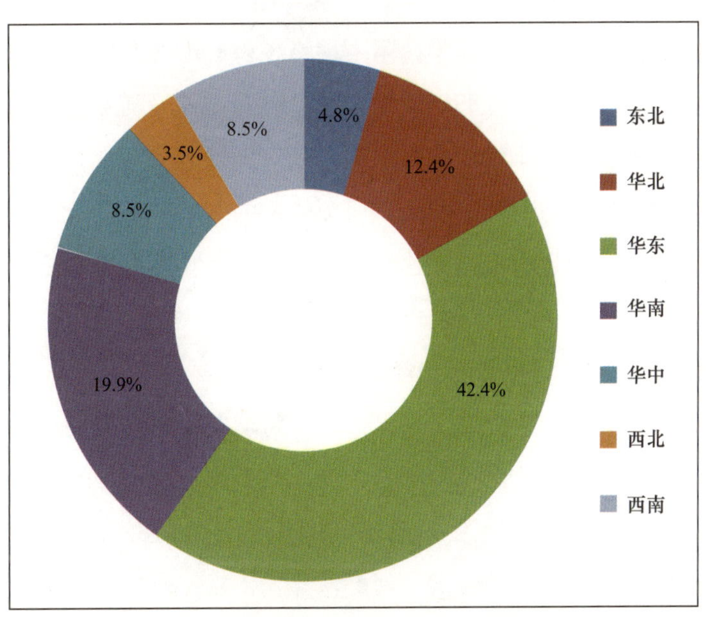

图 2－10　2014 年服装网络零售市场消费者区域分布

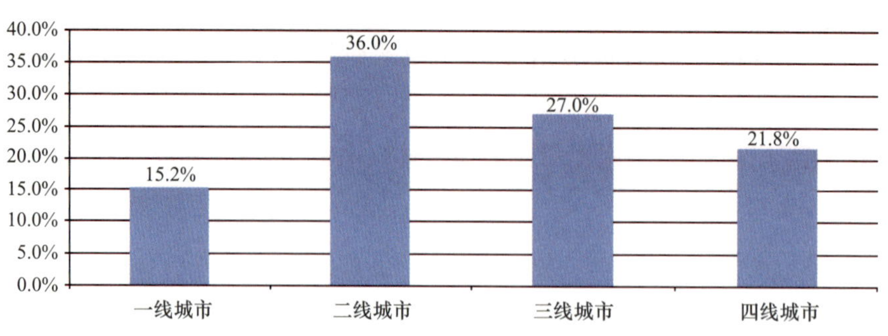

图2－11　2014 年服装网络零售市场消费者城市结构分布

七、2014 年中国网络零售总结与展望

（一）网络零售进入成熟期，寡头竞争格局形成

经过过去几年多轮的价格战，2014 年中国网络零售进入了成熟期。2014 年多家电商成功上市，阿里巴巴在纽交所正式进行全球最大 IPO，其总市值为 2613 亿美元，已经超过纳斯达克交易所中概股市值总和。同样在 2014 年，京东也上市，估值 246 亿；唯品会两年增长 40 倍；后起之秀聚美优品的市值达到国内电商第一股麦考林上市时估值 2.1 亿美元的 19 倍。2014 年，中国网络零售进入全新阶段，将无法再依靠“价格战”获得市场份额，整体的网络零售格局也将逐渐固化。2014 年，阿里巴巴旗下的淘宝和天猫占据了网络零售 83.5% 的交易规模，依靠巨大的用户和流量，牢牢把控中国网络零售市场。京东 2014 年的交易规模为 2602 亿元，虽然其量级远远落后于阿里巴巴，但是增速惊人，2014 年同比增长 107%。腾讯与京东结盟也为京东带来巨大的流量和用户，加上“超级客户端”微信的支持，所以京东的市场地位不容小觑。

中国网络零售的市场化程度领先于全球，其竞争和服务水平也领先于全球，但是 2014 年以后，中国网络零售市场将进入“寡头竞争”时期，阿里巴巴和京东将牢牢把控中国网络零售市场，将压缩其他电商的生存空间。但是这并不代表中国网络零售将失去活力，因为互联网往往是跨领域的竞争，新的技术创新和商业模式将不断出现。

（二）农村电商和跨境电商比翼齐飞

中国网络零售的交易规模在高速增长，但是增长速度是在逐年下滑的。中国网络零售过去几年的增长主要得力于国内城镇居民的贡献，中国网络零售要想继续增长，必须扩展器深度和广度，深度是指农村电商，而广度就是跨境电商。

2014 年中国的乡村人口 6.2 亿人，占比为 45.23%，存在巨大的消费潜力，可以由于过去几年农村基础设施和教育水平的限制，使得农村网络零售的发展严重落后于城市体系，2013 年农村的网络零售占比仅为 8.6%。2014 年淘宝、京东等电商纷纷到农村“刷墙”来进行渠道下沉，效果非常显著。农村电商发展主要依靠两个要素，第一，物流体系的下城；第二，农村电商人才的培养。目前电商已经在农村积极布局，尤其是农村淘宝，预计 2016 年农村网络零售规模突破 4600 亿（图 2－12）。

跨境电商主要解决“中国制造走出去”、“国外优质商品走进来”的问题。一方面，中国的制造业由于全球宏观经济不景气，中国的制造业遭遇了寒冬，依靠传统的出口贸易已经无法解决中国制造业产能和劳动力过剩的问题，跨境电商可以有效解

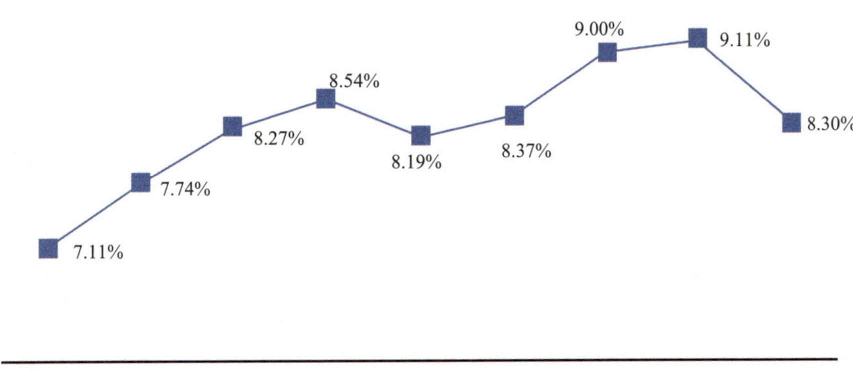

图 2－12　淘宝农村交易规模占比变化趋势

（数据来源：阿里巴巴集团）

决这个问题。另一方面，由于高关税，国内“代购”风行，许多国内消费者通过“蚂蚁搬家”的方式疯狂海淘。全球化也是阿里巴巴的重要战略重心，“双 11”当天在全球 220 多个国家和地区中，有 217 个在阿里的地图大屏被点亮，实现成交。在近期火爆的“双 11”预售中，美国零售商 Costco 借道天猫国际，上线仅仅 3 天，Costco 就卖出了 3 吨坚果和近 1.5 吨蔓越莓干。在 10 月 28 日，上线后的第 16 天，中国消费者从天猫国际采购的 kirkland 坚果总计已卖出 8 万桶。如果以每个坚果盒子 18cm 计算，其盒子摞起来相当于 32 个帝国大厦的高度。

20 世纪，国际贸易主要依靠 WTO 等国际组织和政府促成了国际贸易全球化，采用从上而下的治理方式。但是未来的全球贸易可以采用从下至上的方式，世界各地的人们通过网络零售，互通有无，实现贸易。但是国际贸易需要一定的平台作为支撑，阿里巴巴已经率先进行了尝试。跨境电商，前景广阔，但是前路荆棘，主要面临的问题包括贸易保护主义；各国政治和经济制度差异，产品标准差异；语言和文化沟通障碍等。但是相信中国的网络零售先行们可以披荆斩棘。

（三）移动电商时代到来

截至 2014 年 12 月，中国手机网民规模达 5.57 亿，较 2013 年底增加 5672 万人，手机成为接入互联网的主要设备，占比为 85.8%。2014 年，主流电商的手机销售量达到了 9215.25 万件，并且手机销售量在 2014 年持续增长，手机成为新的互联网终端，新的商业模式不断涌现。移动网购发展速度惊人，2014 年第三季度，阿里巴巴 41.5% 的交易额通过移动端完成。手机已经成为下一代的“超级终端”，为 O2O 模式提供了入口（图 2－13、图 2－14）。

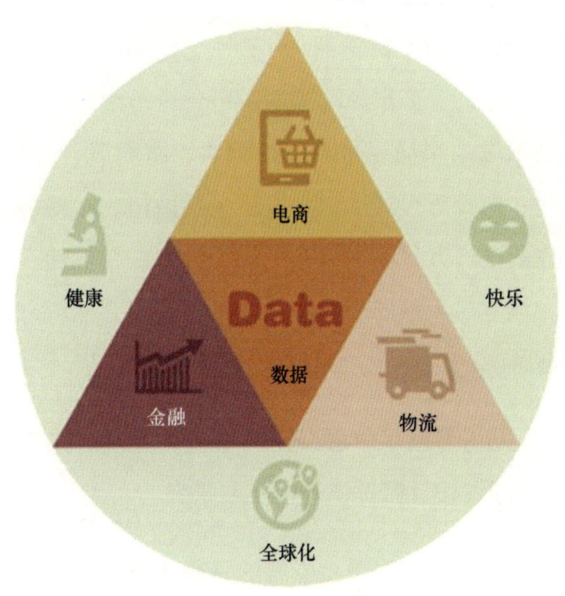

图 2－13　移动电商时代到来

（数据来源：阿里巴巴集团）

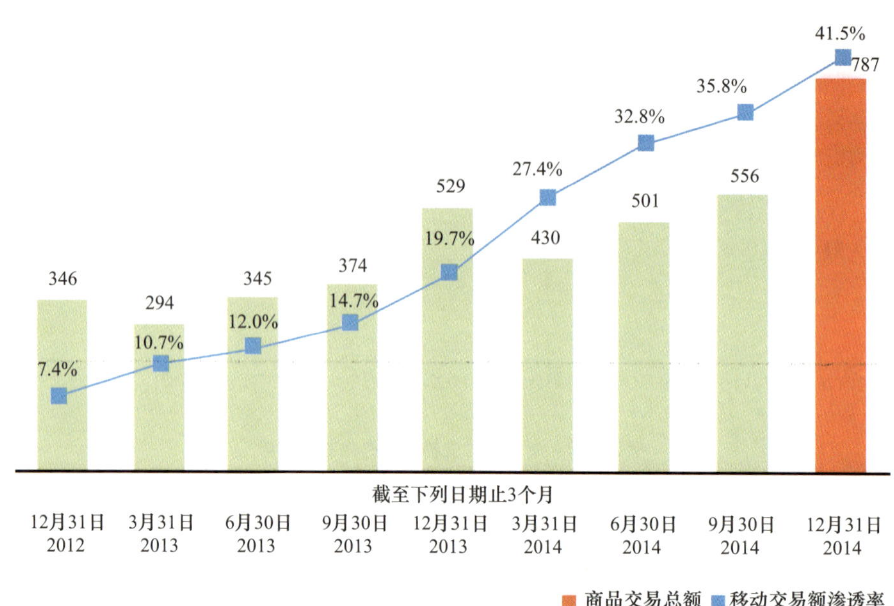

图2－14 阿里巴巴移动网络零售渗透率变化趋势

（数据来源：阿里巴巴集团）

八、服装网络零售总结与展望

（一）服装网络零售渠道多元化，打法也多元化

淘宝、天猫作为服装网络零售的主渠道，占据了市场90%以上的份额，作为引流的第一品类，京东、唯品会、苏宁易购等电商平台也纷纷加快了在服装领域的布局，另外包括微店、旗舰店、团购、闪购、众筹等模式的加入，还包括微信、微博等新媒体的推广方式的兴起将使市场的打法将更趋多元化，淘宝、天猫的市场份额也将逐步向其他新兴平台转移。

（二）网络零售平台服装品类专业化布局，为本土新锐设计师提供更多发展机会

随着网络零售平台发展的日趋成熟和服装品类产业链布局的不断完善，天猫、京东、当当等网络零售平台纷纷与中国服装设计师协会合作，斥资打造优秀设计师扶植平台。协会与平台通过引入设计师品牌、展会、论坛、培训等多层次多类型的合作实施服装品类的专业化布局，一方面有助于提升网络零售平台服装品类的品质和专业度，满足消费者多样化、个性化需求；另一方面，平台通过专业化的运营手段和大数据技术，为设计师品牌提供营销宣传支持和市场需求定位，从而为本土新锐设计师提供更多的展示平台和职业发展机会。

（三）电商品牌与传统线下品牌的竞争将进一步加剧

电商品牌与传统线下品牌的竞争将进一步加剧，天猫女装前十大品牌中传统品牌已占7席，男装传统线下强势品牌更是几乎全员登录线上，传统品牌在规模、供应链、品牌知名度等方面更有优势，电商品牌的组织构架互联网化更具杀伤力，传统品牌与电商品牌纷纷在厉兵秣马，未来电商品牌与传统品牌的竞争将更加激烈。

（四）低价通吃的格局将迎来破冰

目前电商消费最活跃的人群为29岁以下的年

轻人，他们由于收入相对较低，对价格极为敏感，基于此国内电商行业目前普遍是卖便宜货。但这几年情况开始有所改变，伴随着这群互联网原住民的年纪和收入的增加，对服装格调和品质的追求，低价通吃的格局将在未来几年迎来较大的改观。

九、2014 年服装重点品类 B2C 平台销售额 TOP10 排名（表 2 -3 ~ 表 2 -11）

表 2 -3　2014 年羊绒羊毛衫 B2C 平台销售额排名 TOP10 品牌

排名	品牌	销售额占比（%）
1	恒源祥/HYX	3.1
2	韩都衣舍/HSTYLE	1.5
3	茵曼/INMAN	0.9
4	妖精的口袋/ELF SACK	0.8
5	欧丝璐/OUSILU	0.8
6	杰克琼斯/Jack Jones	0.7
7	阿卡/Artka	0.7
8	优衣库/Uniqlo	0.7
9	鄂尔多斯/ERDOS	0.7
10	裂帛/LIEBO	0.6

表 2 -4　2014 年高端女装 B2C 平台销售额排名 TOP10 品牌

排名	品牌	销售额占比（%）
1	音儿/YINER	3.3
2	VOA	2.5
3	雅莹/Prosper	1.8
4	珂莱蒂尔/Koradior	1.6
5	玛丝菲尔/Marisfrolg	1.5
6	诗篇/PSALTER	1.4
7	宝姿/PORTS	1.3
8	朗姿/LANGZ	1.1
9	恩裳/INSUN	1.1
10	娜尔思/NAERSI	0.9

表 2 -5　2014 年女士羽绒服 B2C 平台销售额排名 TOP10 品牌

排名	品牌	销售额占比（%）
1	波司登/BOSIDENG	3.9
2	优衣库/Uniqlo	2
3	茵曼/INMAN	2
4	韩都衣舍/HSTYLE	1.9
5	艾莱依/ERAL	1.7
6	尚纳/Suna	1.6
7	高梵/GOLDFARM	1.5
8	裂帛/LIEBO	0.9
9	苏醒的乐园	0.9
10	千仞岗/CHERICOM	0.8

表 2 -6　2014 年男士夹克 B2C 平台销售额排名 TOP10 品牌

排名	品牌	销售额占比（%）
1	战地吉普/AFS JEEP	3
2	七匹狼/SEPTWOLVES	2.8
3	马克华菲/Mark Fairwhale	2.6
4	劲霸	1.9
5	木笛/MUDI	1.4
6	杰克琼斯/Jack Jones	1.2
7	骆驼/CAMEL	1.1
8	海澜之家/heilanhome	1
9	恒源祥/HYX	0.9
10	斯巴奴	0.9

表 2 -7　2014 年男士 T 恤 B2C 平台销售额排名 TOP10 品牌

排名	品牌	销售额占比（%）
1	战地吉普/AFS JEEP	3.9
2	七匹狼/SEPTWOLVES	3.1
3	马克华菲/Mark Fairwhale	2.6
4	海澜之家/heilanhome	1.8
5	与狼共舞/D - WOLVES	1.6
6	骆驼/CAMEL	1.3
7	优衣库/Uniqlo	1.2
8	衣品天成/Eptison	1.1
9	杰克琼斯/Jack Jones	1.1
10	森马/Semir	0.9

表2－8　2014年男士西服套装B2C平台销售额排名TOP10品牌

排名	品牌	销售额占比（%）
1	罗蒙/Romon	12.8
2	满速/muszoom	10.3
3	雅戈尔/YOUNGOR	3.1
4	易珊荣品/EASESAN	2.7
5	柒牌/SEVEN	2.6
6	领般/Leabornes	2.2
7	杉杉/FIRS	2.2
8	冠友	2.1
9	杰诺仕/Genorous	1.8
10	吉约蒙/Mons	1.7

表2－9　2014年男士羊绒羊毛衫B2C平台销售额排名TOP10品牌

排名	品牌	销售额占比（%）
1	恒源祥/HYX	8.8
2	杰克琼斯/Jack Jones	2.5
3	马克华菲/Mark Fairwhale	1.9
4	战地吉普/AFS JEEP	1.3
5	鄂尔多斯/ERDOS	1.2
6	森马/Semir	1.1
7	七匹狼/SEPTWOLVES	1
8	罗蒙/Romon	0.9
9	太平鸟/PEACEBIRD	0.9
10	优衣库/Uniqlo	0.9

表2－10　2014年童装B2C平台销售额排名TOP10品牌

排名	品牌	销售额占比（%）
1	巴拉巴拉/BALABALA	3.3
2	南极人/nanjiren	2.1
3	迪士尼/Disney	2
4	笛莎/DEESHA	1.6
5	安奈儿/Annil	1
6	巴布豆/BOBDOG	1
7	优贝宜/Yobeyi	0.9
8	优衣库/Uniqlo	0.8
9	左西/ZOECI	0.8
10	小猪班纳/PEPCO	0.7

表2－11　2014年婴儿服饰B2C平台销售额排名TOP10品牌

排名	品牌	销售额占比（%）
1	优贝宜/Yobeyi	2.8
2	童泰/TONGTAI	2.7
3	贝贝怡/Bornbay	2.5
4	瑁恩瑁爱/Mn Mo	1.8
5	迪士尼/Disney	1.5
6	英氏/YEEHOO	1.4
7	安塞尔斯/Ansel's	1.4
8	北极绒/BEJIROG	1.3
9	琪比小美屋/Chipisheaumeiu	1.1
10	戴维贝拉/DAVE&BELLA	1

中国服装自主品牌发展报告

中国服装协会、中国纺织工业联合会品牌办公室

近年是中国服装行业发展和品牌建设历程中极为重要的一段时间。在这期间，中国服装发展环境日渐复杂、面临问题和困难日渐突出，产业、企业和品牌经受了前所未有的考验。然而同时中国服装行业和品牌建设步伐又十分迅速，中国消费者消费意识和文化诉求升级，品牌意识不断加强，这为中国服装品牌发展提供了非常好的机遇，品牌建设取得了内涵式发展的新成绩，并呈现出更多新的趋势和特点。

现阶段，中国正处于经济结构调整的周期之中，很多矛盾和问题交织、叠加，经济增速换挡，结构调整，高速发展长期所积累矛盾需要消化。从高速增长到中高速增长，中国经济进入“新常态”，国内市场也进入到了一个缓增量时期，过去数量型发展、扩张型发展，靠开店带动业绩发展所积累的“同质化过剩”的矛盾，加快企业的优胜劣汰。

与此同时，消费者越来越理性，消费心理、购物方式都发生了巨大变化，特别是信息技术、互联网的快速发展，不仅推动着渠道的变革，同时也推动着服装品牌企业组织方式、生产方式以及供应链管理方式的变革。

正因为如此，中国服装行业发展和品牌建设也处于调整变革时期。这一时期，不但是从数量到效益的转型期，也是行业走向技术创新、组织创新和商业模式创新期，更是行业从大国到强国的锻造期。中国服装自主品牌将会在这段时间内更好地磨砺成长。

一、中国服装品牌发展现状

经过30多年的发展，一大批中国服装品牌成长起来，活跃在市场，成为消费市场尤其是大众消费市场的主体力量，得到了消费者的认可。目前，我国服装业拥有2000余个活跃品牌及70000余个注册登记品牌。一批以设计、模式创新为特色的单一品牌获得高速发展，以服装为主业的集团不断涌现，在产业链延伸、资本优势、多品牌、整合服务等方面成效卓著。同时，品牌逐步走向细分，中、高、低端协同发展，品牌利润不断提高，品牌贡献率、品牌影响力和社会影响力逐渐提高。

（一）企业基础能力

2014年工业和信息化部会同中国纺织工业联合会开展的品牌建设情况调查中，共收到服装品牌企业有效调查问卷193份。其中，渠道型企业13家，设计师品牌9家，生产与渠道并重型企业76家，生产型企业95家。

调查显示，企业规模不断扩大。2013年，样本企业户均资产142259.73万元，同比增长9.81%。主营业务收入合计1833.43亿元，平均为9.5亿元，同比增长10.93%；利润总额合计198.13亿元，平均利润1.03亿元，同比增长4.96%。主营业务收入同比增幅高于职工人数同比增幅（5.96%），企业效率有所提升（表2－12）。

表2－12　服装样本企业2013年主要经济指标

（单位：亿元）

	2013年	2012年	同比
主营业务收入（合计）	1833.4	1652.7	10.9%
主营业务收入（平均）	9.5	8.6	
利润总额合计（合计）	198.1	188.8	5.0%
利润总额（平均）	1.0	1.0	

（二）品牌管理能力

调查显示，2013 年，81 家样本企业主商标在国（境）外注册，占全部样本企业的 41.97%；85 家样本企业（占全部样本企业的 44.04%）的 103 个商标被认定为中国以驰名商标；37 家样本企业经过专业机构评价品牌价值，占全部样本企业的 19.17%，品牌价值总值 2105.19 亿元，平均价值 10.91 亿元。

在质量管理体系建设方面，中国服装自主品牌在生产、管理、营销反馈等全程质量管理体系不断完善。目前，优秀服装企业各环节均按确立质量职责做到了全员管理。很多品牌建立了质量管控流程体系或自主实验室。

根据工业和信息化部对 193 家国内服装品牌的调查，2013 年，推行 ISO9001 质量管理体系认证的企业，占 80.31%；建立内部实验室的企业，占 62.18%；32.12% 的企业曾作为国家/行业标准的起草单位。同时，有的企业还通过独立于供应商与采购商之外的第三方中介机构进行严格的检验与检查，确保质量可信度；甚至有部分企业还在企业内部制订了高于国家行业标准的企业质量标准（表 2－13）。

表 2－13　服装样本企业 2013 年质量控制情况

	企业数量（个）	占全部样本企业比重（%）
已通过 ISO9001 体系认证	155	80.31
已建立企业内部实验室	120	62.18
曾作为国家/行业标准的起草单位	62	32.12

在快速反应机制方面，中国服装自主品牌快速反应机制正在形成。

中国服装制造品牌企业正突破传统的制造模式，小批量多品种和大规模定制的生产方式不断被采用，同时，ERP（企业资源计划）和 RFID（射频识别技术）也进入成熟应用时期，有效提高了企业反应速度。美特斯·邦威服饰股份有限公司通过 ERP，打通价值链，提高了市场反应速度，公司建立自动化立体仓储配送系统，每班工作效率提高了 4 倍，每年订货会由 4 次增加到 7 次。

调查显示，2013 年，64.3% 的样本企业建立了 ERP 或其他信息化管理系统应用；39.4% 的企业设立了危机公关管理机构，大部分企业还有待进一步加强（图 2－15）。

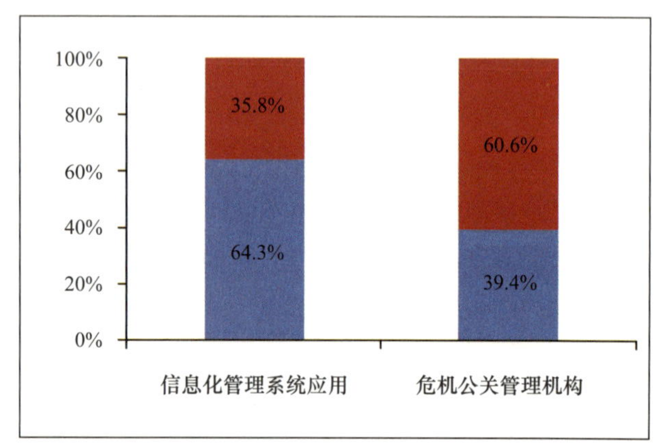

图 2－15　服装样本企业 2013 年快速反应体系建设情况

社会责任体系建设方面，中国服装自主品牌一直常抓不懈，并已经把其从劳工责任，扩展到环境、节能减排、市场公平竞争秩序等环节。

调查显示，2013 年，20.21% 的企业通过了 CSC 9000T 体系认证，54.92% 的企业通过了 ISO 14001 体系认证，33.68% 的企业通过了 OHSAS 18001 体系认证，分别比 2011 年提高了 3.54、9.62 和 14.66 个百分点（图 2－16）。

（三）品牌创新能力

近年来，对于新一代消费者的研究，服装设计细分化、个性化、专门化程度加强，新品预测能力把控等方面，得到越来越多品牌服装企业的重视。虽然产品同质化现象依然严重，但随着中国服装自主品牌在研发设计方面的投入不断加大，研发设计能力的不断提升，中国服装产品正向着个性化、时

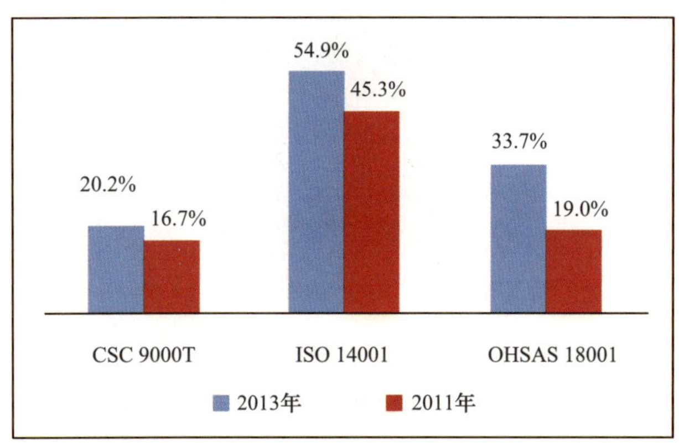

图 2－16　服装样本企业 2013 年社会责任体系建设情况及与 2011 年比较（%）

尚化、差异化、多元化的方向迈进。

调查显示，2013 年，193 家企业专职研发设计人员合计 17889 人，平均拥有专职研发设计人员 93 人，较 2012 年增长 8.24%；研发设计投入额合计 68.95 亿元，样本企业平均研发设计投入 3624.35 万元，较 2012 年增长 15.94%。

对于产品创新的投入也为企业带来直接经济效益。据统计，上述 193 家企业 2013 年新品（款式）销售收入 1300.44 亿元，平均销售收入 6.74 亿元，同比增长 12.4%（表 2－14）。

表 2－14　服装样本企业 2013 年设计研发情况

	单位	2013 年	2012 年	同比（%）
专职研发人员（合计）	人	17889	16526	8.2
专职研发人员（平均）		93	86	
研发设计投入额（合计）	亿元	69.0	59.5	15.9
研发设计投入额（平均）		0.36	0.31	
新品（款式）销售收入（合计）	亿元	1300.4	1157.0	12.4
新品（款式）销售收入（平均）		6.7	6.0	

从中国服装自主品牌获得设计或品牌类大奖的次数以及企业设计师国际获奖情况，也可以证明中国服装自主品牌创新能力的提升。

调查显示，2013 年，193 家企业获得国内外设计或品牌类大奖次数合计 292 次，同比增长 23.73%。

然而，在西方文明主导世界主流社会生活方式的现状下，中国本土品牌在国际消费市场中还难以获得广泛认可，某些品类在国内市场上也无法抵挡国外品牌的竞争。在全部 193 家样本企业 292 次获奖中，只有 9 家企业、12 次获得国际设计或品牌类奖项，分别占样本总数和获奖总数的 4.66% 和 4.11%。

可以说，虽然经历 30 多年的改革与发展，中国自主品牌形象在国际舞台开始处于上升阶段，中国服装品牌和原创设计开始在国际时装周发出自己的声音，但品牌价值受到宏观政治、经济、文化、社会的综合影响，开展品牌文化研究，分析东方文化和中国文化在工业领域的融入与传承，提升国际市场上中国时尚话语权迫在眉睫。

（四）品牌市场能力

零售市场的竞争带动了品牌运营模式的变化，推动服装品牌升级转型，品牌运营趋向精细化运作和运营，运营能力在市场细分和差异化空间中得到提升。

加强对销售终端网络的控制能力，掌握渠道主动权，成为新一轮渠道创新的重点。增强渠道掌控能力还表现在结合数字化、信息化技术，增强终端信息反馈功能，实现快速反应，实现品牌增值。

与此同时，电子商务发展迅猛，为中国服装自主品牌渠道创新开辟出一条新的道路。但是，我国服装品牌格局依然过于扁平化，市场模式、渠道模式仍然较为单一，很多企业仍然依赖粗放式的扩张模式，这都需要服装企业不断在渠道模式和渠道管理上进行创新性突破。

调查显示，2013 年，193 家服装品牌企业门店数合计 112773 家，平均每家样本企业门店 584.32 家，同比增长 7.41%；门店面积合计 1993.11 万平方米，平均每家样本企业门店面积 10.33 万平方米，同比增长4.91%；门店销售额合计1487.42亿元，平均每家样本企业门店销售额7.71亿元，同比增长17.77%；门店销售量合计8.57亿件（套），平均每家样本企业门店销售量44.40万件（套），同比增长5.91%；门店销售利润合计138.82亿元，平均每家样本企业门店销售利润719.27万元，同比增长10.48%（表2－15，图2－17～图2－21）。

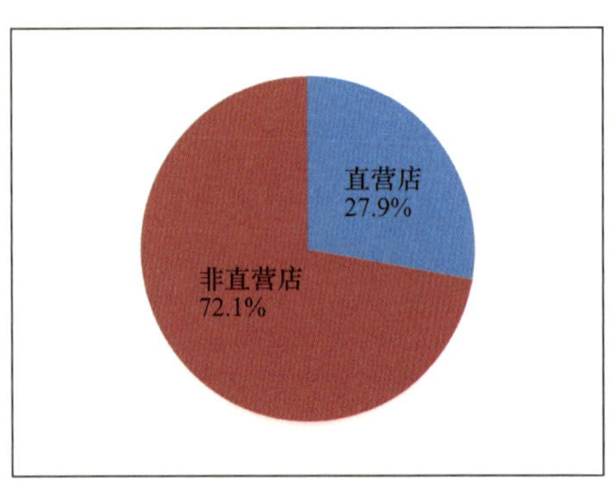

图2－17　服装样本企业2013年门店类型占总量比重情况

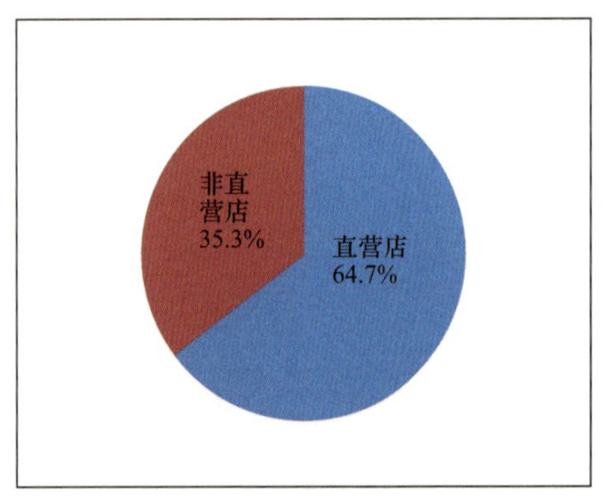

图2－18　服装样本企业2013年各类型门店面积占总面积比重情况

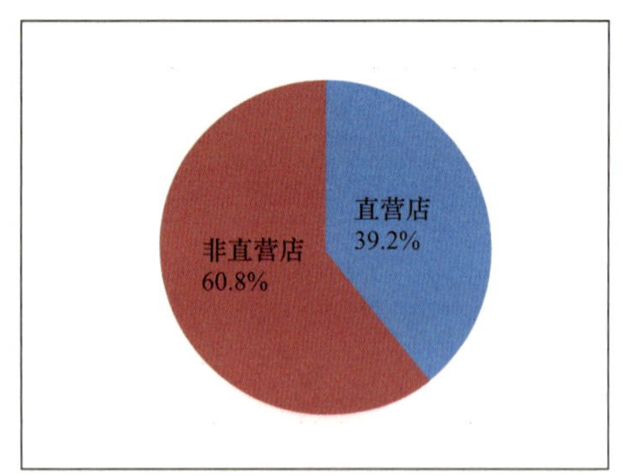

图2－19　服装样本企业2013年各类型门店销售额占总额比重情况

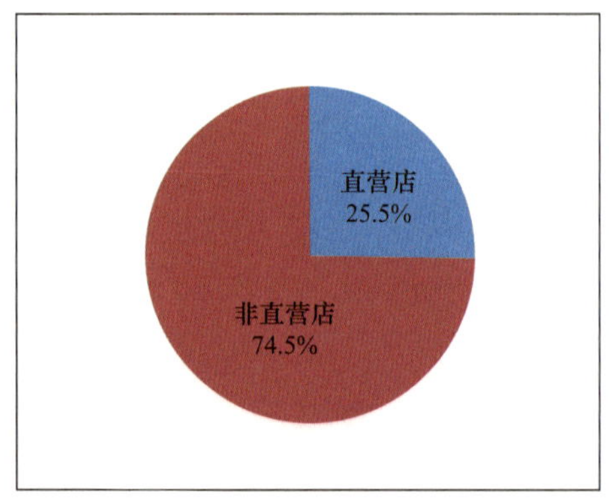

图2－20　服装样本企业2013年各类型门店销售量占总量比重情况

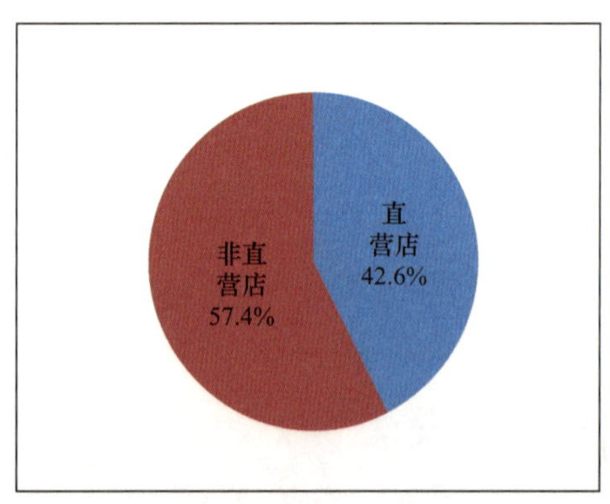

图2－21　服装样本企业2013年各类型门店销售利润占总额比重情况

表2－15　服装样本企业2013年渠道销售主要指标情况

	单位	2013年		2012年		同比（%）
		合计数	平均数	合计数	平均数	
门店数	个	112773	584.32	104989.57	543.99	7.41
其中：直营店		31467	163.04	28587	148.12	10.07
非直营店		81306	421.27	76402.35	395.87	6.42
门店面积	平方米	19931081	103269.85	18998976	98440.29	4.91
其中：直营店		12900889	66843.98	12512064	64829.35	3.11
非直营店		7030192.1	36425.87	6486911.9	33610.94	8.38

续表

	单位	2013 年		2012 年		同比（%）
		合计数	平均数	合计数	平均数	
门店销售额	万元	14874272	77068.77	12630378	65442.37	17.77
其中：直营店		5830750.1	30211.14	5042058.9	26124.66	15.64
非直营店		9043522	46857.63	7588318.9	39317.71	19.18
门店销售量	件（套）	857324177	4442094.18	809461207	4194099.52	5.91
其中：直营店		218245516	1130805.78	196589243	1018597.11	11.02
非直营店		639078661	3311288.40	612871964	3175502.40	4.28
门店销售利润	万元	1388170.5	7192.59	1256468.4	6510.20	10.48
其中：直营店		591571.76	3065.14	549120.3	2845.18	7.73
非直营店		796598.74	4127.45	707348.13	3665.02	12.62

可以看到，现阶段代理加盟仍是中国服装自主品牌开拓市场的主要方式，在产品销售方面，非直营店占了较大比例。但是，随着服装企业对掌控渠道意愿的加强，直营店所占比例正在增加。同时，直营店更注重用户体验，黏性较高，单店绩效明显高于非直营店（表 2－16）。

表 2－16 服装样本企业 2013 年直营店、非直营店单店绩效对比

	单位	直营店	非直营店
单店销售额	万元	185.30	111.23
单店利润	万元	18.80	9.80
单价	元	267.16	141.51

渠道创新方面，中国服装自主品牌企业对营销网络建设的重视度日渐提高，电子商务发展加速，成为品牌服装另一重要的渠道模式。调查显示，2013 年有 63.21% 的企业开展了电子商务，较 2012 年提高 9.84 个百分点。开展电子商务的企业合计销售额达 72.46 亿元，平均每家企业销售额 375.44 万元，同比增长 35.4%，发展迅速（表 2－17）。

表 2－17 服装样本企业 2013 年开展电子商务情况

	单位	2013 年	2012 年	同比（%）
网络渠道销售额（合计）	亿元	72.5	53.5	35.4
开展电商企业占比	%	63.2	53.4	—

终端服务、客户管理、满足消费者的个性消费体验越来越被重视。服务是“连同产品一起出售的活动、利益及满足感”，服务型企业的打造已经成为未来发展的新趋势，是增加产品附加值、实现品牌差异化经营的必然选择。调查显示，2013 年，77.7% 的企业建立了客户管理系统，79.8% 的企业建立了产品售后服务体系（图 2－22）。

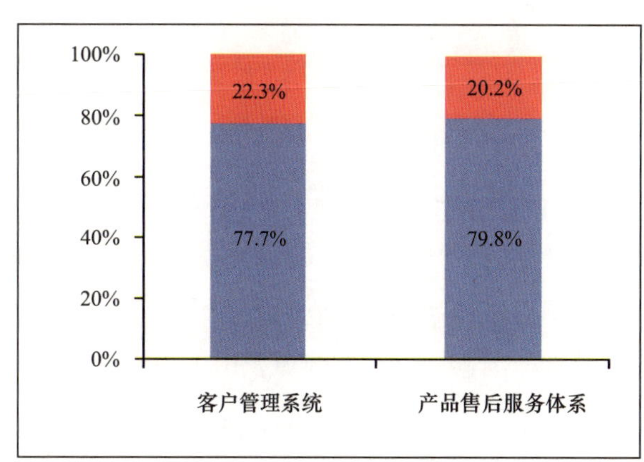

图 2－22 服装样本企业 2013 年客户服务方案建立情况

二、各类服装品牌市场运行情况

近年来，中国服装行业遭遇到成本上涨、市场不振等困难，品牌服装也受到较大冲击。这从品牌服装上市公司可见一斑。由于受到国内消费动力不

足等影响，2013 年，服装上市公司盈利表现不及上年，全年板块收入和净利润分别同比下滑 4.5% 和 16.8%，增速分别同比放缓 7.8 个和 12.3 个百分点。

在此背景下，服装企业更加注重提升产品质量，创新意识增强，品牌建设工作循序渐进，行业转型升级有序进行。

（一）男装品牌

从总体来看，近一段时间以来，中国男装品牌表现出以下几个特点。

首先，品牌男装具良好的制作工艺。中国男装成衣工业起步较晚但发展迅速，配备相当高水平的设备，并具备成熟而高水平的工艺力量和比较完整的产业链，比如国际高端品牌在国内下单制造已相当普遍，有的国内一线男装品牌的部分产品也在海外下单。

调查显示，其中的 36 个男装品牌企业，通过 ISO 9001 质量管理体系认证的企业占 97.2%，通过国际生态技术或产品的相关体系认证的企业占 19.4%。

其次，近几年来，在中国市场中获得成功的男装品牌，都首先着眼于终端市场，挖掘市场潜力，它们精确定位产品与公司战略，满足消费者的真实需求，进而通过品牌风格或品牌文化与其他品牌做区隔。在中国服装产业经营模式中，代理商资源和加盟商资源一直都是左右服装行业发展的两股主要力量，渠道终端也向来是男装企业的必争之地。

调查显示，其中的 36 个男装品牌企业，2013 年门店数量合计较 2012 年增长 4.41%，门店总面积合计较 2012 年增长 2.17%，门店销售总额合计较 2012 年增长 9.6%，门店销售总量较 2012 年增长 3.73%（表 2－18）。

表 2－18　2013 年 36 个知名男装品牌国内市场销售情况及与 2012 年的比较

	单位	2013 年	2012 年	同比（%）
门店数量	个	28463	27261	4.4%
门店总面积	万平方米	297.5	291.1	2.2%
门店销售总额	亿元	600.3	547.8	9.6%
门店销售总量	万件（套）	15357.1	14805.0	3.7%

第三，中国男装品牌正在进行由内而外的结构性调整，产品由单品向系列化、多品牌化延伸。商品系列化是指系列化的商品企划、设计、组合、订货与终端呈现，使各系列产品线风格清晰，通过阶段上货与组合陈列，让店铺商品结构合理，配合品牌推广，实现成套、系列销售，实现单店业绩的持续提升。九牧王、威克多、利郎等男装企业推出多品牌以针对客户群体或风格定位细分。

第四，中高端男装企业潜力大。未来十年，中国中等收入阶层及富裕消费者群体将新增 2.7 亿消费者，小城市的中等收入阶层及富裕消费者更愿意增加消费支出并进行消费升级。由此可知，支持中高端男装消费的强大后盾是具备一定消费能力的中等收入阶层的相对壮大。据咨询机构 AC 尼尔森咨询，中国一二线城市共有 5400 万个家庭户，总收入估计达到 2 万亿元。相比之下，三四线城市家庭户数量高达 1.6 亿，收入为 1 万亿元。在此背景下，高性价比且布局于二三线城市的男装品牌必将受益。

（二）女装品牌

从整体来看，近一段时间以来，中国女装品牌表现出以下特点：

1. 新消费势力崛起孕育着市场细分的变化

随着消费人群的细分化，中国女装品牌市场细分化也进一步加剧，品牌的消费指向愈发具体和细微，品牌定位也随之愈发明确。随着中国“80 后”

群体逐渐成长，这一群体代表了中国新一代的时尚消费观，也成为时尚消费的主力军。

从某种意义而言，“80后”不仅仅是中国时尚消费潮流的中坚力量，同时也是品牌运作未来的风向标，他们代表了新一代中国时尚产业消费观，更代表着一种崭新的消费新势力。分析人士认为，中国时尚产业结构正在随着新生代消费能力的提升而发生着改变，各时尚品牌甚至一些世界知名品牌纷纷调整品牌的发展路线，将目光聚集到这个年轻的群体，以应对这突如其来的消费变革。

2. 资本市场仍为热点

当前，中国女装正处于一个黄金发展期，融资上市是实现跨越发展的重要步骤。但女装品牌在资本市场的运作还需要注意一些问题，比如持续的盈利能力、规范的运作、主体资格等。目前，女装品牌在资本市场上的主要问题是盈利能力不足，核心竞争力难以持续，抗风险能力较弱。

伴随市场细分而来的是品牌进一步集聚，精细化品类领域都将先后走向“整合”，服装品牌的集约化、集团化发展是服装行业历史发展的必然。服装类上市公司数量将快速增加。

3. 新兴营销手段方兴未艾

目前包括微博、微信、微电影等，已成为品牌传播推广的重要工具，“微营销”以其“传播快、定位准、成本低、反馈好”，必将成为企业市场经营的重要环节。

web2.0给媒体和营销都带来了巨大的改变，营销思维也发生着变化，体验性、沟通性、差异性、创造性、关联性，成为媒体和营销的新趋势。在新兴的媒体中随着门户网站的逐渐成熟，又出现了网络杂志、社区、论坛、博客、微博、微电影等这些新兴的媒体。而这些新兴起的媒体无疑给营销带来了崭新的渠道和方法。

互动性让包括微博在内的新媒体在这个崇尚体验参与和个性化的时代，更符合了现代营销观念的宗旨，互动的背后是沟通，通过新媒体的特性，新媒体营销帮助品牌和消费者之间建立沟通。一个好的互动设计可以为营销提供很大的空间，让品牌与消费者的沟通更加便捷，更容易构建关系营销，消费者的个性化需求容易得到满足，从而获得好的营销传播效果。

可以说，包括微营销在内的新兴营销方式，以体验和沟通为传播核心，这对于款式变化快、顾客需求无法标准化实现、顾客对某一品牌没有太大的依赖性的女装行业来说，是非常重要的。

（三）体育及户外服装及装备品牌

在我国，包括体育服装及用品品牌及户外服装及装备品牌在内的运动用品零售业，近年来经历了每年30%～50%的高速发展，开店数量剧增，全面布局中国市场，运动品牌在商业地产的租赁面积也逐年提升。

但相比欧美国家，中国的运动品牌市场仍较滞后。以美国为例，美国每年人均购买运动产品支出为500～800美元，而在中国，这一数字为20～30美元，而且在中国运动产品的购买频率也大大低于欧美国家的水平。随着国家体育总局大力推行全民健身计划，到2020年将会有40%的国民积极参加各类体育活动，运动消费需求大幅上涨，运动零售市场的发展潜力巨大。

目前，中国运动品牌市场呈现出以下几个特点：

1. 西部大众运动品牌市场增长较快

作为中国的主流市场，北京和上海的运动品牌数量最多，但市场几近饱和，竞争极为激烈。相比之下，成都等二线市场经济保持增长，零售市场空间较大，运动品牌市场销售增速较高；而西藏拥有特殊的地理位置和气候条件，旅游业发展迅速，运动品牌尤其是户外品牌消费市场潜力较大。

2. 高端运动品牌集中北上广

目前，国内高端运动用品店超过六成均位于北京、上海、深圳等经济水平较高地区，寄身于高端会所，高消费能力的会员为主力客群。如高尔夫球店铺多布局发达地区，不同城市店铺数量差异很大。原因在于，高端运动用品店的消费需要高经济水平来支撑，其昂贵的单价导致其消费市场局限于发达地区，北京、上海、深圳等经济高度发达地区存在着更多有经济实力的消费者。

3. 运动品牌撤出购物中心，更多独立体验店和概念店出现

在中国市场，无论国内运动品牌还是国外运动品牌，街边店、尤其是概念店的比例正在逐年提高。由于购物中心的租金较高，而大部分服装鞋类的运动品牌对店铺面积需求较大，相对的开店成本比较高，从购物中心转向街铺不失为一种“节流”行为。同时，概念店多处于人流量大的路口或商业街上，有机会为更多顾客提供体验感。

4. 户外品牌扩张速度快

中国户外运动品牌以每年超过40%的速度增长，已成为上升速度最快的细分行业之一。2000年前后，The North Face 和 Northland 等国际品牌相继进入中国。目前，国外户外运动品牌的影响力和竞争力远优于国内品牌。国外品牌的市场份额总和约为国内品牌的两倍以上。与运动品牌撤出购物中心的趋势相反，目前，超过七成的户外品牌店铺开设于购物中心和百货商场内。户外品牌竞争日趋白热化，高端市场的抢占成为突破口。购物中心和百货商场人流量大，能使品牌在短期内被广大消费者熟知，有助于提升品牌知名度，并打造品牌的高端形象和定位。

5. 时尚感、科技感不断增强

运动和时尚的边界开始越来越模糊。普通大众消费者并不过多追求产品的专业性，反而对时尚的敏感度不断提升。面对这一特征，运动品牌也开始融入更多的时尚元素，各类品牌拓宽产品线，试图吸引追求时尚的运动爱好者。与此同时，运动品牌中科技的融入也越来越频繁。比如匹克体育北京研发中心与国际级生物力学研究机构联合研发出创新鞋底科技系统——梯度双能科技球鞋。公司表示，梯度双能科技更加人性化，分别针对速度型运动员和弹跳型运动员设计，并依据不同使用者足底压力分布规律配置不同力学特性的材料，为足部提供最合理的力学反馈。

（四）休闲装品牌

目前，国内休闲装业务处于整体调整阶段，发展模式从简单外延扩张向内生增长转变。过去一段时间，休闲装品牌大多在进行内部调整，进行去库存、关闭不盈利店铺、产品提升及供应链改善等工作。在这轮调整中，龙头企业处于新一轮发展的准备阶段，中小规模休闲装企业逐渐会退出市场竞争。

近一段时间来，面对国外休闲装、尤其是快时尚品牌的冲击，国内休闲装品牌也在积极调整，主要表现出以下几个特点：

1. 去库存已近尾声

经过近两年的调整，目前，国内休闲装品牌渠道和库存基本处于良性水平，整体应收账款、现金流相对健康，如森马、美特斯·邦威等国内休闲装龙头企业业绩已经有所好转。作为最早进行调整的行业，休闲装去库存已近尾声。

2. 更加注重产品提升

面对高库存和来自外部环境的压力，传统休闲服品牌纷纷作出反应，由简单外延扩张向内生增长转变。它们认为，产品质量是决定消费行为的直接因素，传统品牌在去库存、关闭不盈利店铺的同时，应注重产品提升，形成完善的供应链支撑并对市场进行快速反应。比如加大研发设计力度，效仿 ZARA 等国际快时尚品牌，推出多品牌，走少量多款的路线。从目前来看，此举取得一定成效。

3. 重视线上布局

线上布局是互联网时代的必要营销方式，也是大势所趋，线上市场的空缺意味着一大部分消费行为的流失，因此有越来越多的本土休闲装品牌意识到，电商市场是不可忽视的。之前，一些品牌曾尝试传统渠道与电子商务结合并行的双渠道模式，但不尽如人意。分析认为，资源配置以及物流配套设施不完备、线上线下渠道的冲突是传统品牌涉足电商市场失利的原因。对此，本土休闲装品牌纷纷进行调整。比如，以纯开发网上专属品牌 A21，对线上和线下的商品进行区隔，公司表示，A21 将推出大量款式，并通过快速上新的快时尚模式吸引用户。

三、近期中国服装品牌运营特点和趋势

中国经济持续保持稳定合理增长，行业转型升级持续深入，中国消费者消费意识和文化诉求升级，购买力不断攀升，品牌意识不断加强，这都为中国服装品牌发展提供了非常好的机遇。中国服装品牌运营也呈现出更多新的趋势和特点。

（一）不断创新商业模式，提升品牌竞争力

中国服装业进入新一轮调整期。国际市场需求不振，内需市场增速放缓，社会价值主流导向与消费行为、乃至人们的生活方式都发生了深刻变化，消费终端的倒逼机制对企业的设计研发、组织结构、公司管理等层面形成了变革性影响，以产品为本源，以满足需求为目的的商业模式创新正在涌现。

在这一轮调整中，中国服装正经历着一场变革，即在高成本时代、技术革新压力及快速多变的消费群体之下，以全新的方式打造更先进的商业模式，重新定义价值的创造与传播。

服装是人们日常生活重要的消费品，近些年人们的消费观念发生了深刻的变化，正在走向个性化、时尚化。青岛红领集团就迎合消费者对个性化需求呈逐年快速增长的趋势，将工业化服装 CTM 定制模式作为企业适应市场变化，提升企业竞争力的有效手段。

青岛红领集团围绕高端量身定制运营模式，确定了“以工业化和信息化为两翼，通过对业务流程和管理流程的全面改造，建立柔性和快速响应机制实现‘产品多样化和定制化’的大规模定制生产模式”，满足了市场的个性化需求和快速反应、迅速交货的要求，实现了个性化手工制作与现代化工业大生产协同的战略转变，大幅度地提升了经济效益。两化融合是实现企业这一战略的重要支撑和基本保障，并成为企业持续提升核心竞争力的根本路径。

（二）提升内部管理，回归产品本质

现阶段，品牌服装企业工艺技术等方面已经有了较大进步。目前，规模以上品牌服装企业 CAD 普及率达 100%；三维人体测量、三维试衣等技术和系统也不断推陈出新，已经实现了从三维人体测量到服装 CAD/CAM 的无缝连接。

新材料的运用也为品牌服装企业生产优质产品提供了保障。一大批包括高仿真化学纤维、再生纤维素纤维、甲壳素纤维、汉麻纤维、无捻纱织物等

在内的新型纤维及面料的开发和应用，提高了服装产品的附加值。

2014 年 8 月，凡客诚品举行了一场产品发布会，整场发布会只有公司 CEO 陈年一个人对一件衬衫进行讲解。这件衬衫则是公司一年来回归产品本质的集中体现：运用了成衣免烫工艺、劳拉嵌条工艺、温莎领、亲肤透气、无瑕纽门、新疆阿克苏长绒棉等多种工艺和材料，还聘请有着 37 年衬衫设计制作经验的日本设计师吉国武作为指导。

可以说，已经有越来越多的品牌服装企业将关注的焦点转向消费者，通过内部的设计、生产管理，回归到产品本身，真正从工艺、技术、设计、材料等基础出发，生产消费者真正需要的产品。

另一方面，内部管理也体现在对渠道的管理上。现阶段，行业整体增长趋缓，消费不振，而传统的营销模式又面对日益增长的人工成本和租金成本，在市场竞争态势下，已渐渐地失去其优势。但是，即使是在新渠道越来越受到重视的现阶段，传统渠道依然占有很大比重。在这种情况下，如何挖掘传统渠道的效益最大化、提高单店盈利能力，成为服装品牌企业或运营商在近年来着重着手解决的问题。

面对日益走低的业绩，服装品牌企业开始反思，重新转变经营思路，不再只注重规模和数量建设。为减少库存，提升店面形象，把握更准确的终端信息，不少品牌商开始调整直营店与加盟店的比例。

七匹狼放缓了拓展渠道终端的速度，关闭了部分低效及无效店铺，同时在从“批发”转“零售”的过程中提高了盈利能力。美特斯·邦威则表示，产品创新能力的增强及店铺经营管理模式的转型支撑了公司毛利率的提升。

而本土体育品牌针对市场疲软的应对措施更早实施，2012 年多家体育品牌精耕和重建渠道，提升产品质量，关闭效益低下门店达上千家。目前，体育品牌整体关店节奏放慢，特别是在 2014 年下半年关店数量持续下降。

企业渠道整合仍在继续，特步在 2014 年再度减少部门运营质量较低的门店，同时对订货数量进行控制，防止零售层面的存货再度恶化；李宁和匹克的关店数量超过 3000 家。而匹克的店面总数在 2014 年扭转了过去连续负增长的局面，与 2013 年年末相比增加了 4 间。公司表示，接下来匹克将不会再盲目开店，而是会把更多的精力放在提高同店销售额上面，通过商品质量、渠道管理等方面的完善来提升业绩。

（三）服装消费向电商尤其是移动电商转移更为明显

网络服装销售价格相对低廉，顺应和满足了消费者的需求，有效缓解了较高服装价格给消费者造成的压力；同时，近两年，工业和信息化部、商务部先后出台电子商务支持与引导政策，推动网销健康有序发展；企业也加速转型，瞄准开放平台缓解电商企业供应链管理的压力，降低由自营产生的高费用率，扩充品类和单品数，在最大限度上满足消费者的需求。服装消费向网络销售转移的趋势更为明显（表 2－19）。

表 2－19　2014 年不同渠道服装类商品销售额增长同比

渠道	同比（%）
限额以上企业	10.80
全国重点大型零售企业	1.00
网络	41.48

（**资料来源：**国家统计局、中华全国商业信息中心、中国电商研究中心）

另外，调查显示，2013 年，193 个品牌企业网络渠道销售额合计同比增长 35.4%，增幅远高于实体渠道（表 2－20）。

同时，服装零售在传统电子商务领域发展日臻成熟的基础上，又正在向移动电商迈进。

表 2－20　服装样本企业 2013 年实体、网络渠道销售情况

（单位：亿元）

	2013 年		2012 年		同比
	合计数	平均数	合计数	平均数	（%）
实体渠道（直营店＋非直营店）	1487.4	7.7	1261.5	6.5	17.9%
网络渠道	72.5	0.38	53.5	0.28	35.4%

中国互联网络数据中心的数据显示，截至 2014 年 6 月，中国网民手机上网比例已超过 PC 端，6.3 亿网民中有 5.3 亿应用手机上网。而移动电商也实现了爆发式的增长，中国电子商务研究中心数据显示，2014 年上半年，移动端零售总额较上年同期增长 378%。

相比传统电商，移动电商具有很多新的特性。比如，它解决了时空的限制，即体现出随时随地性；移动电商回到了一切以消费者作为出发点的核心，在供应者和最终消费者之间形成了一个闭环，这个闭环为产品或者服务提供商与消费者之间建立了一个有效直接、高效互动的信息体系。这个信息体系让品牌运营商形成自己的核心数据，再将核心数据应用到供应链管理上，为消费者提供内容更加丰富、价格更加低廉的个性化服务，比如服装产品的变化、潮流、创意等；品牌运营商运用 SNS、APP 等手段，通过口碑推广、奖励粉丝群，和消费者直接信息互通，来提高流量转化率，降低品牌运营商进入电子商务的成本。

移动电商以产品口碑、推荐和 O2O 结合的模式为主，为服装电子商务带来变化，品牌服装进入到一个以个人消费者为中心的产业模式重构中去。无论是产品提供者，还是品牌运营者，都将通过移动电商和消费者建立更为直接的关系，需要由上到下建立一套立体化的营销规则，把品牌经济导向粉丝经济。

（四）通过资源整合，实现结构调整

在全球经济增长放缓、国内外增长减弱的情况下，中国品牌服装企业加快优化资源配置和产业布局步伐，通过资源整合，着力解决产品同质化、品牌附加值低、低水平重复建设等问题，完成结构调整，实现可持续发展。

森马 2014 年三季报显示，公司已收购育翰上海 70% 的股份，向早教领域延伸，打开了往“儿童产业综合服务商”转型的空间，而后续在儿童动漫、影视、游戏、教育等领域的持续并购预期仍或对后期股价起到一定的催化作用。公司认为，现阶段中国服装行业多品牌竞争、依赖强大需求推动的局面，将进入竞争激烈、消费选择多、最终大企业进行产业整合并购的第二阶段。

此外，山东耶莉娅服装集团总公司也成功收购了法国户外品牌 CIMALP 在中国地区的永久使用权。公司认为，这几年户外用品市场一直保持高增长，而传统的服装企业受制于国内外市场不振徘徊不前，户外市场对于耶莉娅而言，应该是另一个增长点。

九牧王在 2011 年收购了曾经在福建乃至全国红极一时的“FUN”服装品牌之后，2014 年 4 月 18 日该公司发布公告收购高端男装品牌“浪肯”。公司认为，从行业角度来看，服装品牌整合是一个长期的趋势，且公司资金充裕，可以进行多品牌发展战略。九牧王并购主要从三方面考虑。第一，渠道整被收购品牌能够顺利进入国内相关渠道。第二，并购只限于男装业务，产品市场定位高于九牧王品牌，并购对象不限于海外品牌，也包括国内品牌。第三，并购体量不会太大，公司对并购标的上限有明确限制。

两化深度融合下的服装制造业现状与发展趋势

闻力生

一、现阶段两化深度融合环境下服装制造业发展现状

（一）两化深度融合的工业化之路的提出

改革开放三十多年来，在建设服装强国之路的引导下，我国服装工业已由传统的服装制造业开始迈入现代制造业体系之门。20 世纪“六五”到“八五”时期，是我国服装市场的短缺期，为了满足服装市场需求，当时的服装制造业进行的是大规模、标准化生产，要的是大批量、低成本、高效率的生产作业。由于处于改革开放之初，国内较现代先进缝制设备还处于上马阶段，所以这十多年我国服装制造业以引进发达国家先进缝制设备为主，建立了我国较现代的工艺与设备体系，初步实现了我国服装制造业的工业化。到“九五”和“十五”，在“以信息化带动工业化，以工业化促进信息化”的方针指引下，信息化软硬件设备和机电液气一体化专用设备得到了广泛应用，我国服装生产制造获得了超速发展，服装产量一直位居世界第一，成为唯一的服装制造大国，初步实现了现代工业化。到“十一五”和“十二五”时期，由于全球网络技术、通讯技术、计算机技术、移动互联网技术、智能手机技术、物联网技术、无线与传感器网等技术迅猛发展，国家进一步提出“两化深度融合发展”的方针，我国服装生产制造方式实现了初步转型升级，迈入了现代工业化阶段。

（二）两化深度融合环境下服装制造业发展现状

“十二五”已经过去四年了，在这四年中，根据“十二五”规划要求，全行业通过一些关键技术和共性技术的研究与突破，通过重点项目的研发及成果推广应用，通过大力促进“两化深度融合”的转型升级努力，通过在全国范围内推动各类服装科技文化创新活动等，一批具有示范性的创新型服装制造企业正在健康成长。

全行业在两化深度融合的环境下，自主创新能力不断提高，大中小微企业都有不同程度的信息化产品与设备的应用；而在 1.5 万个规模以上服装企业中，均有程度不同的先进制造设备用于企业的转型升级中。

1. 信息化技术与设备得到较好的推广应用

“十二五”期间，信息化技术在服装制造业的应用总体要求如图 2－23 所示。服装制造业正是按照这个信息化框图中各个服装制造单元去开发、研制和应用的。

服装制造企业生产过程的信息化技术主要包括服装用 CAT、CAD/CAM、CAPP、FMS、CIMS 技术等；物流过程的信息化技术主要包括二维条码、互联网、以 RFID 为核心的物联网、电子商务（EB）技术等；企业管理决策系统则包含了 MIS、PDM、SCM、CRM、ERP 等一系列企业信息管理系统。这些信息化软件与硬件在“十二五”期间得到较广泛的研发与应用。例如，上海和鹰公司集成的人体三维测量系统 3D－CAT、服装 CAD 系统、衣片及自动裁剪系统 CAM 技术，已取得成功，成为拥有自主知识产权的世界领先技术，2014 年此成果获得“纺织之光基金”的资助，向全行业推广，现在全行业有近十家批量定制企业在应用；杭州爱科公司

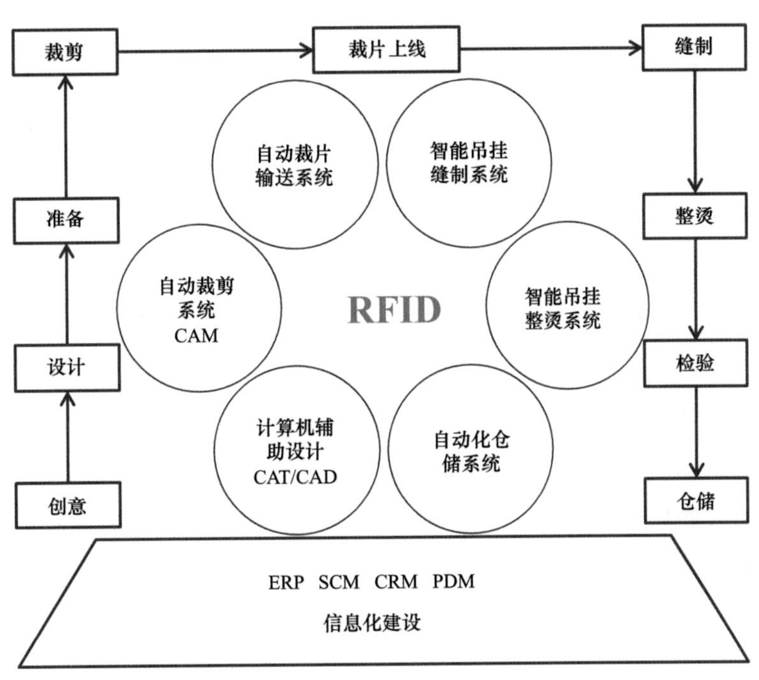

图2-23 服装企业信息化技术

的“CAD网络在线云服务平台”已为中小服装企业百万人次提供服装设计制板服务，成为国家科技部认可的“国家级技术创新支撑平台”；上海嘉纳公司开发的网上三维试衣和走秀系统，为网上服装品牌营销提供服务，深得企业好评；无锡吉姆兄弟公司采用手机拍照和深圳博克公司采用摄像机摄像，以数据还原技术为核心完成远程服装定制的应用，该技术不断在网上发酵，获得数十万的客户称誉，等等。

在以上信息化技术研发应用基础上，由于重视先进制造技术在全行业的推广应用，也由于国际服装采购商对我国服装加工企业信息化水平（产品品质、交期）要求的不断提高和国内服装市场竞争的加剧，自动化、智能化生产与信息化的充分融合已成为服装企业产业升级的重要标志，由此带来服装企业信息化建设投资逐年增加，促使CAD、CAM技术和相关智能化设备得到较为广泛的应用。目前，CAD技术在规模以上服装企业的应用已达到100%，一些中小服装企业也量力而行的用上了服装CAD或CAM设备；企业资源计划系统（ERP）在规模以上服装企业的应用比例已超过10%，其中，行业排名前10位的骨干企业ERP应用已经达到国际先进水平，供应链管理系统的开发与应用对服装上下游产业链的协调发展起到了明显的作用，服装出口由单纯的OEM方式向ODM方式快速转变，以射频识别技术（RFID）为核心的物联网技术、视联网技术在企业管理、生产、仓储、物流配送、产品营销中的应用正在兴起。以上诸多信息化技术设备在企业生产中的应用，大大提高了我国服装企业的竞争力。

2. 企业管理信息系统ERP在集成运用水平上不断提升

将ERP的业务流程移植到以无线RFID数据采集器上，从而实现ERP从“事后核算”到“事中监控”的革命性改变，可大大提升ERP的整体运行效率和准确性，从而进一步提高企业的管理水平。同时，采用条码技术将其应用到服装行业，批次追溯、精细管理、保密三个管理难题也可以得到一定程度的解决。

ERP与物联网技术应用于条码，在发达国家的制造业已比较普遍，国际上知名的ERP公司比如SAP、Oracle都有成熟的物联网应用配套软件；国内制造业的信息化建设起步较晚，ERP应用相对落后，物联网应用配套软件有的还是空白。随着我国制造业从制造业大国向制造业强国的转型，ERP信息系统的应用也逐步在推广，为了提高ERP信息的准确性和及时性，ERP的物联网应用需求也越来越多，未来的5年将是ERP应用普及的高峰期，市场容量不可限量。

我国20多个上市服装企业，在最近几年均建设了以纸质条码或以RFID技术为核心的自动化立体仓库，其相应的管理系统WMS得到了广泛应用，条码和RFID与ERP的结合，加快了ERP技术的集成应用。

3. 我国服装信息化先进制造设备自制能力显著提升

进入“十二五”以来，服装企业招工难、人工成本和原辅料成本上升，对服装制造提出少人、高效率、高品质的新要求，一些信息化、自动化、数字化、智能化设备成为服装企业实现转型升级的首选。因此在“十二五”期间，我国缝制设备厂商适应服装企业需求，研制开发了信息化先进制造设备，现阶段成功应用于服装企业的先进制造设备有以下几种：适应个性定制和批量定制生产的各种系列的自动裁床，有机械式系列、激光式系列和水刀式系列；适应于单件流水作业的智能吊挂线生产系统和箱式衣片输送系统；智能化的平缝机和包缝机；我国自行开发的自动缝制单元；自主知识产权的世界领先技术的模板全自动缝制系统；以RFID为核心技术的柔性整烫系统，适应各大类服装的整烫；自主开发的吊挂式和箱式自动化立体仓储系统，组成该系统的货架、叉车、自动传输设备、自动分拣配箱系统、存储设备、垛码机、控制系统、通讯系统、管理监控WMS系统等。

4. 服装企业电子商务迅猛发展

近年来，由于互联网、移动互联网、物联网、视联网、无线网等多网融合发展，物流快递管理技术的发展，促进了电子商务的高速发展。

我国服装制造企业参与电子商务的方式有三种：第一，建设自己的电子商务网站，以B2B、B2B2C、B2C、O2O等方式进行商务活动；第二，在网上租用网店进行商务活动；第三，在当地或产业集群地所建的服务平台上进行O2O电子商务活动。信息化和网络化开辟了现代服装制造业营销新渠道，目前，我国服装制造业电子商务营销额已占全国电子商务总营销额的近四分之一。

5. 行业各种云服务平台林立

在大数据时代下的互联网、移动互联网、物联网、视联网、传感器网和无线网络等的交叉融合环境下，传统制造业开始向全球资源整合的云计算、云服务、云制造方向发展，限于现时有些关键技术尚在研发，所以大多数传统制造业转型开始于云服务平台。我国纺织服装业发达的各省市区、各纺织服装集群地为扶持各地服装制造业的信息化发展，纷纷建设了省市级的云服务平台，如浙江的杭州、温州，广东的东莞，福建的石狮等，都建设了省市级的纺织服装云服务平台；此外我服装行业还有不少性质各异的专业云平台，比较有知名度的有：杭州爱科公司的服装CAD专用的云制造服务平台、深圳格林兄弟公司专职于服装订单交易的云服务平台、前沿顾问公司专职于服装学习的云服务平台、江苏云道公司专职于服装智能制造的云服务平台、深圳博克公司专职于西服定制的云服务平台、广州云端共享公司的综合云服务平台等。我国一些大型企业以电子商务 O2O 起步来打造企业云服务和制造平台。这些云服务平台不但为我国97%以上的中小微企业制造服装带来了方便，更重要的是使它们因此而跨入了现代信息化大门。

二、现阶段服装制造业面临形势及问题

（一）面临形势严峻，企业转型升级跟不上

1. 人工成本高，招工困难

随着我国经济的发展，人民生活水平的提高，劳动力成本也在不断上升。东南亚一些国家相较于我国成为劳动力成本的低洼地。传统的服装制造业是劳动密集型产业，发达国家已经开始将传统服装制造业向东南亚一些国家转移；唯一的对付人力高成本的办法就是采用信息化、自动化设备，以机器换人。

2. “再工业化”引发全球服装制造业布局微调带来新冲击

20 世纪 80 年代至今，欧美经历了一个“去工业化”的过程，2008 年金融危机爆发后，为重振本土制造业，欧美等发达国家将“再工业化”作为重塑国家竞争优势的重要战略，推出大力发展新兴产业、鼓励科技创新、支持中小企业发展等政策和措施。美国一些服装品牌已经把部分生产活动从其他国家迁回；另外欧盟国家也把服装进口选在紧邻国家，以抵消日益增长的贸易成本和风险压力。服装制造环节产业链、价值链、创新链的全球分布格局在不断调整，高附加值产品制造有回流欧美的趋向，这对我国制造业发展造成巨大挑战。

3. 贸易保护主义抬头影响我国服装制造业特别是中小服装制造企业的发展

金融危机后，贸易保护主义抬头，贸易摩擦频现，各种传统的和非传统的贸易保护措施纷纷出台，政策性贸易壁垒和技术性贸易壁垒层出不穷。2012 年欧盟非食品类快速预警系统（RAPEX）共发布纺织服装产品严重危险通报 565 项。其中，对华纺织服装产品通报 271 项，同比增长 60%，占整体通报比例的 48%，较 2011 年上升 4 个百分点。从通报国家来看，中东欧国家占近 9 成，其中匈牙利和保加利亚最多，分别对我纺织服装产品通报 126 项和 73 项。我国服装产业外贸依存度较高，愈演愈烈的贸易保护主义将影响我国服装出口，特别是以做加工出口为主的中小服装制造企业更为不易。

4. 个性化市场发展快，服装企业组织生产制造模式不适应

随着服装标准化、大批量生产的发展，我国服装产品过度饱和，一些大中型服装企业库存量相对较大。主要原因在于服装制造业只进行标准化规格的大生产，却不在为客户定制服装服务上下工夫。近年来我国已出现了不少为客户个性定制和批量定制的生产企业，有的以手工加工制作为主，有的以机械化加工为主，有的以信息化和远程化服务为主。但目前，我国这类企业数量还不多，如果按我国现有 1.5 万规模以上企业来讲，我国两化深度融合的个性定制批量生产的企业还不到 1/10000，如果按照服装市场的扰动度大小来说，我国至少要有 20% 的规模以上企业是两化深度融合的个性定制批量生产的企业。

（二）主要存在问题和差距

1. 两化深度融合程度差，先进制造技术使用水平低

根据中国纺织工业协会对纺织服装行业部分销售收入在 1 亿元以上的企业进行两化深度融合发展水平的调查显示，目前在我国 15000 家规模以上服

装企业，只有约29%的企业达到了两化融合综合应用或深度应用阶段，其他企业大都只在产品开发、工艺设计、企业财务、办公、生产、进销存、人力资源等主要业务环节部分应用了信息化及其先进制造技术，所以从总体上说我国服装行业绝大多数企业两化深度融合程度差，先进制造技术使用水平低。特别是广大中小微服装制造企业用的设备多为20世纪80年代末90年代初的产品。除了缝制设备之外，缝前和缝后设备基本上还处在人工机械作业方式上，生产效率较低。例如，有很多企业采用传统捆扎式工艺，人均班产只有6~10条全棉休闲裤；如果采用单件流现代加工工艺与设备，人均班产可达到12~20条。

2. 先进制造的关键技术研发能力不足

面对先进制造技术、先进信息化技术、“三网”融合技术等支撑现代产业体系的先进技术，产学研合作缺乏长期战略目标，院校研发的成果难以“落地”，与企业的项目大都是合作时间短、经费少、技术难度小的“孤岛技术”。

3. 先进制造科技成果交流、推广力度不够

行业各类活动中，科技内容较少，企业信息严重“不对称”，缺乏获得国内外先进制造技术、信息化技术、新材料技术、现代流通技术、世界主流文化内容等知识的渠道，行业已取得的技术创新成果缺乏较稳定的专业推广应用平台。

4. 信息化技术设备研发与应用水平不高，与发达国家有一定差距

发达国家已经在多网融合环境下进行智慧制造和智能生产了，我国还迈步在自动化设备制造阶段，而且水平较低，这与信息化经济时代形成较鲜明的反差。

5. 两化深度融合在我国东部、中部及西部发展很不平衡

我国长三角、珠三角、上海、山东等经济发达地区服装行业两化深度融合较好；除此之外，中西部及边远地区大部分还处于分散、薄弱和落后状态，还需要大力提升与发展。

6. 两化深度融合人才严重缺乏

我服装行业、企业与专业院校、培训机构之间人才培养的机制尚未形成，行业缺乏高素质的科研开发、设备设计人才，更缺乏重大科技创新项目的“承担者”与“领军者”。

7. 服装制造业与云计算及大数据时代发展要求严重脱节

继物联网技术和云计算云制造技术之后兴起的大数据时代，给人们带来思维、商业和管理决策上的变革。如今数据成为生产和生活的重要因素，治理国家、管理企业、个人生活都离不开数据。因为有了大数据才有了信息平台时代、移动互联网时代、微传播时代、智能手机时代、电商时代以及工业4.0时代等，这些时代的出现对服制造业来说本质上只有一个，那就是在两化深度融合环境下实现服装制造的智慧制造与智能生产。现在我国众多服装制造企业还远远跟不上时代的变化，制造与时代脱节。

三、发展趋势

（一）多网融合时代生产企业经营模式必然改变

多网融合主要是指在互联网基础上，近年发展起来的移动互联网、物联网、视联网、无线网、传感器网等的融合。多网融合为人类创造了人与人、人与物、物与人之间的信息交流互动以及相应感知

信息互动；为我们人类创造了各行各业所需的大数据云，特别是人们各种所需的云服务平台；为我们人类创造了全球网络智能联盟制造、并行制造、协同制造成为可能。因为这样，我国服装制造企业才有了网上电子商务的营销渠道的不断发展，才有了网上层出不穷的、各式各样的服装云服务平台，才有了网上未来发展的资源和优势整合的全球服装网络联盟制造与协同制造。

（二）个性化与批量化定制生产模式迅速发展

我国现有30%的人买不到合身的衣服，全球有20亿移动笔记本PC机、移动智能手机和IPAD的APP用户，面对这样大的客户群，未来个性化与批量化定制生产模式一定会得到迅速发展，要求我国规模以上企业中有20%以上的企业转型为批量定制生产模式也一定能够达到。

（三）以机器换人时代来临，服装制造无人化

前面说过由于服装制造业面临人工成本急剧上升，企业缺人状态已持续了多年，因此近几年来自动化服装加工设备得到了服装制造业的青睐，我国有的省市为了解决企业用工难问题，提出了以机器换人和购买信息化和自动化设备政府给予补贴的政策。这些政策不但促进了服装制造业的转型升级，还促进了我国缝制设备企业开发信息化自动化设备的进程。2014年下半年以来，我国缝制设备企业不但开发自动裁剪系列机、智能平缝机、智能包缝机、智能吊挂线、自动缝制单元系统、模板自动缝制系统等，而且已有近十个企业开始研制缝纫机器人，以实现服装缝制的无人化。

（四）工业4.0时代的智慧工厂与智能生产到来，服装制造将全球化、全面智能化

工业4.0是继蒸汽机的应用、规模化生产和电子信息技术三次工业革命后，以信息物理融合系统（CPS）为基础，以生产高度数字化、网络化、机器自组织为标志的第四次工业革命。工业4.0旨在建设集成计算、通讯和控制于一体的新一代智能制造系统，本质上是一个具有控制属性的网络。工业4.0项目主要有两个研究主题，一个是“智能工厂”，重点研究智能化生产系统及过程以及网络化分布式生产设施的实现；一个是“智能生产”，主要研究整个制造企业的生产物流管理、人机互动以及3D技术在工业生产过程中的应用等。

基于CPS系统实现的新的智能化制造方式具有现时制造所没有的特点，工业4.0特别注重吸引中小企业参与，制造方式特别灵活，可以进行国际间的标准化，我国的服装制造业如果不能跟上工业4.0发展的脚步，做一个领头CPS系统服装制造工厂，那么将再次成为发达制造国家工业4.0制造的打工者。

四、服装行业的努力方向

（一）进一步推进规模以上企业两化深度融合，在产品设计、生产制造、企业管理、行业服务等方面实现高水平信息化

规模以上企业要应用先进制造技术，实现服装生产加工的信息化、数字化、自动化、智能化；要具有为全球个性客户服务的大规模定制生产系统；要进一步研制以射频识别技术RFID为核心的物联网技术、视联网技术在服装企业管理、企业仓储、物流配送、产品营销中的应用；要从“制造产品”向“制造服务”延伸，学会以服务为主导的MRO管理。实现企业的“云计算与云制造”，逐步实现从“中国制造”向“中国智造”转型，使我国服装产业全面实现两化深度融合，在行业中起到示范、带动、辐射作用。

（二）有步骤、分层次推广先进制造技术

先后在规模以上企业和全行业中，有步骤、分

层次推广应用3D－CAT/3－2/CAD/CAM集成系统技术，单件衣片自动输送技术，智能吊挂系统＋自动缝制单元＋模板自动缝制系统＋部分缝纫机器人，以RFID技术为核心的柔性整烫系统，以RFID技术为核心的自动立体仓储物流配送系统，现代仓储物流配送管理系统WMS软件，个性定制和批量定制数字化技术，集成式的云计算云制造云服务系统等先进制造技术。

（三）加快推进电子商务，创新销售模式，尤其是O2O在服装行业中的应用

服装服饰是现今整个网购市场中交易额最大的商品类别。网上服装直销（网上订货）和网上服装促销等新的销售模式和管理方式，大大提高了销售量，同时降低了销售成本。近几年来，网上服装销售量增长迅速，网上服装销售在整个服装销售中所占比例将会越来越高。阿里巴巴、淘宝网、当当网等一批电子商务网站的崛起，证明了电子商务是企业发展的助推器，它的高速发展必将使未来的服装制造业发生一场变革。服装电子商务要注意以下几个问题：

1. 多种类电子商务并行、创新商务模式

电子商务模式有多种多样，B2B、B2C、C2C、ABC、O2O等，其中ABC模式和O2O模式是最新型电子商务模式。ABC模式是继阿里巴巴B2B模式、京东商城B2C模式、淘宝C2C模式之后电子商务的第四大模式。它是由代理商（Agents）、商家（Business）和消费者（Consumer）共同搭建的集生产、经营、消费为一体的电子商务平台，三者之间可以转化、相互服务、相互支持，形成一个利益共同体；O2O是近年来新兴起的第五种电子商务模式，即将线下商务的机会与互联网结合在一起，让互联网成为线下交易的前台，线下服务可以用线上来揽客，消费者可以用线上来筛选服务，成交可以在线结算，很快达到规模，该模式最重要的特点是推广效果可查，每笔交易可跟踪。当然也不排斥其他形式的电子商务创新模式，如山东红领集团所展开的C2M、C2B等。

2. 分步实现电子商务超越式发展

如今电子商务高速发展，为迎合业已到来的网络经济所引起的产品营销模式的变革，企业电子商务超越式发展要分步进行：

（1）规模以上企业完成企业级电子商务建设。

（2）主要服装产业区域电子商务平台建设。

（3）面向产业集群的电子商务公共服务平台建设。

（4）有条件的地区建设服装电子商务园区并向多行业、多业态电子商务园区发展。

（四）加快以RFID为核心技术的全自动化立体仓储物流配送系统的建设

我国服装制造业缝后工段特别是仓储物流配送系统相对于缝前工段和缝纫中段来说信息化程度较低。在我国1.5万规模以上企业中，具有全自动化立体仓储物流配送系统的企业不到2‰，特别在无人全自动仓储产品、出仓全自动配套分拣配箱以及自动输送物流部分自动化程度低。“十三五”结束时，我国拥有全自动化立体仓储物流配送系统的企业至少要达到10%。

（五）要大力推广个性化定制和批量定制（MC）生产方式

基于全球20亿移动终端的休闲性消费、全球VIP客户参与定制设计互动的欲望、客户对个性定制成本承受能力，服装制造业由标准化大规模批量生产模式转型为个性化定制和批量定制（MC）生产方式势在必行。

（六）进行大类服装无人或全自动缝制车间研究

由于我国东南沿海地区劳动力短缺，服装产品缝制品质要求越来越高，我国服装发达省市已公开提出要以机器换人，并且还在政策上支持以机器换人的企业。例如，我国浙江省及下属各市县都已提出：凡以机器换人，以自动化设备和机器人设备进行企业设备改造的企业，可以在政策上、资金上给予优惠支持。

在“十三五”期间，行业要紧抓大类服装缝制生产流水线做文章。

（1）完成由智能吊挂和自动缝制单元组成的衬衫自动生产流水线改造。

（2）完成由缝制辅件为主的自动缝纫机组成的牛仔裤自动生产流水线改造。

（3）完成由全自动模板缝制系统和机器人组成的牛仔裤全自动无人生产流水线改造。

（七）以两化深度融合发展为出发点，建设好云制造服务平台，在行业大型企业集团公司和产业集群地真正实现云服务、云制造

我国服装大型企业集团公司大都在全国各地区设有自己的下属公司、各种形式的营销店铺以及各种形式的制造资源供应商；我国的服装产业集群集结了一大批中小微服装制造企业和相关资源供应商，因此打造好云制造服务平台特别重要。通过平台向它们提供一体化支撑服务，可以为广大中小微企业在线上线下（O2O）、个性化定制（C2M）、产业化推广（M2M）以及产品营销等方面提供基于云平台的服装制造服务。

云制造服务平台采用面向服务的开放架构，提供的服务可以分为三类：基础设施服务、平台服务和软件服务。基础设施服务 IaaS 为用户提供制造所需要的硬件资源，包括高性能计算设备、存储设备等；平台服务 PaaS 向技术开发人员提供 API 开发端端口和环境，用户可以通过这类服务开发制造所需要的应用程序；软件服务 SaaS 为用户提供制造所需要的软件，用户可以通过平台申请在线应用。

云制造服务平台由云制造服务供应商 CSP、云服装制造应用者 CSD 和云制造服务平台三者组成。云制造服务提供商通过云制造服务平台提供相应的服装制造资源、存储与计算服务或者设计服务；云制造服务应用者通过云服务平台提出服务请求；云服务平台根据用户的服务请求，在相应技术的支持下寻找符合用户需求的服务，并反馈给服务请求者。云制造系统整合了服装制造所需要的硬件资源、软件资源和设计资源等。云设计系统是开放的系统，云设计系统的供应商和应用者之间的角色可以存在交叉关系。

（八）沿着工业 4.0 的步伐，开展 3D 缝制机器人和全面智能化服装制造

工业 4.0 是两化深度融发展的必然结果，德国把它作为国家发展战略，美国则把它作为再工业之路的重要方面，反映在传统的服装制造业上，发达国家研发的重点分别为“成衣加工自动化”（德国）、“机器人裁缝”（美国）、“机器人模特”（日本）。工业机器人、仿人机器人和服务机器人是工业 3.0 时代的产物，早在 2012 年就有了以机器人为主的成衣缝纫加工无人车间。现在由于移动互联网、感知物联网的发展，使得人与物、物与人的交互信息及互动成为可能，因此工业 4.0 提出信息物理生产系统 CPS，以完成全智能化的、可自组织、自切换、自控制、灵活的、模块式的加工制造工作站，使工厂变为智能工厂，社会变为智能生产社会。

中国服装行业人才发展状况研究

CFW 中国服装人才网　CFW 人力资源研究机构　俞乐

中国服装产业历经从高速发展到增速放缓，行业正处于从劳动密集型、粗放管理向细分、专精、协作化的品牌化建设、知识密集型产业迈进，这就激励着行业通过人才，通过知识、智慧，解决研发问题、技术问题、品牌问题、环境问题、提升效率问题、扩大市场问题。企业人才队伍的“转型升级”成为了形势倒逼的焦点，同时也是行业是否实现服装强国的关键所在。

面对新形势、新任务、新要求，面对深刻变化的世情国情和全面深化改革的历史重任，在强化全球视野和战略思维的同时，中国服装行业的人才队伍建设，必须与时俱进、改革创新、转型发展，构建高素质、专业化、多层次、复合型，包括科技创新、研究开发、设计创意、管理创新等高水平人才在内的人力资源体系。

一、当前中国服装行业人才发展现状

（一）中国服装企业家队伍现状

相对于其他行业，中国的服装企业家带有更强烈的草根特点，目前仍活跃在市场上的骨干企业应该说其企业家都是成功的，但当今快速变化的外界条件加速着企业家的更替和综合素质能力的提升，也让我们发现目前企业家们在素质结构层面存在的可优化性。

当前，中国服装行业企业家队伍，从年龄分布上，主要集中于 40 ~ 60 岁，年龄层次偏高；从文化程度上看，多为大学以下文凭。这批朴实无华的企业家虽具丰富社会阅历、实践经验，但其面对的突出问题是如何向新时代下的战略型企业家转型。

此外，服装企业家因整体年龄层次偏高，第一代的创业者正面临着集体退出企业舞台的尴尬，这些企业同时面临着企业家传承的问题，这是所有中国民营企业“成长的烦恼”，也是中国服装发展亟待破解的难题。

值得庆幸的是，服装行业正逐渐涌现出一批“80 后”企业家，特别是“85 后”甚至是“90 后”也创建起了自己的品牌，其中，具备海外经验的年轻企业家回国发展的热情愈发高涨。这批企业家拥有更好的教育基础，他们的特点是“快”、“敢”，思维敏捷，敢想敢做，具备创新性思维及快速反应的灵活力，但略欠缺实操经验及行业经验，缺少具体操作的系统性和准确度，这些都需要时间和磨砺。

（二）中国服装行业人才发展现状

纺织服装行业作为劳动密集型产业，人才的重要性早已被服装企业所重点关注。面临服装行业的转型升级与经济增速提质，对于人才的诉求也越来越大。在中国服装产业迈向价值链高端的进程中，除了需要行业优秀领军人物外，更需要一批优质的专业、经验、创新的多元化、复合型人才。

“人才总量不足，缺口持续放大”、“高层次、多元化优秀人才缺乏”、“人才队伍整体素质不能适应企业发展的需要”成为当前中国服企人才队伍建设的三大突出问题。

1. 行业供求总况

目前行业人才供给储备最多的职位主要集中于

服装设计、服装技术、销售和开发、生产管控、渠道拓展、市场管理等岗位类别，尤其是设计师助理、服装制板/样板师、女装设计师、外贸跟单、销售和开发、生产管控等职位人才储备量最多（图2-24）。

2014～2015年度，中国服企雇主发布频率最高、需求量最大的岗位，“服装设计师”及“设计师助理”依旧是企业招聘热门；随着欧美经济持续复苏，外销需求有所恢复，“外贸单证员”岗位发布排序第四；中国服装原创设计的持续推动及对技术工艺提出的更高要求，“技术工艺员”依然保持高位需求。另有“电子商务运营”、“销售和开发”、“品牌运营”、“生产管理和质量控制”等专业型人才需求依然排名靠前（图2-25）。

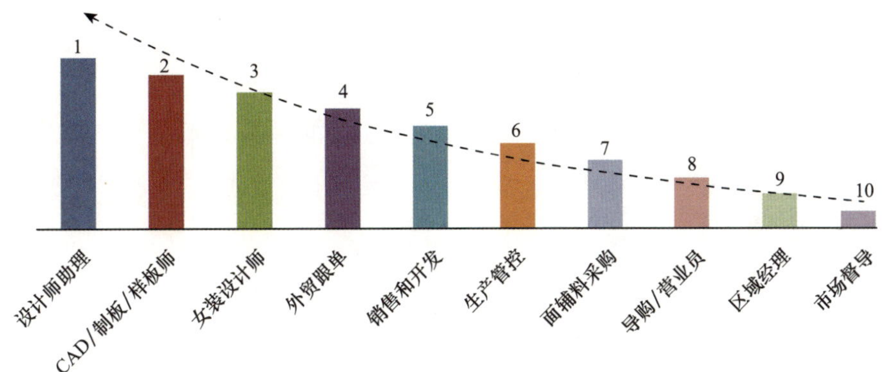

图2-24 中国服装行业人才供给TOP职位榜

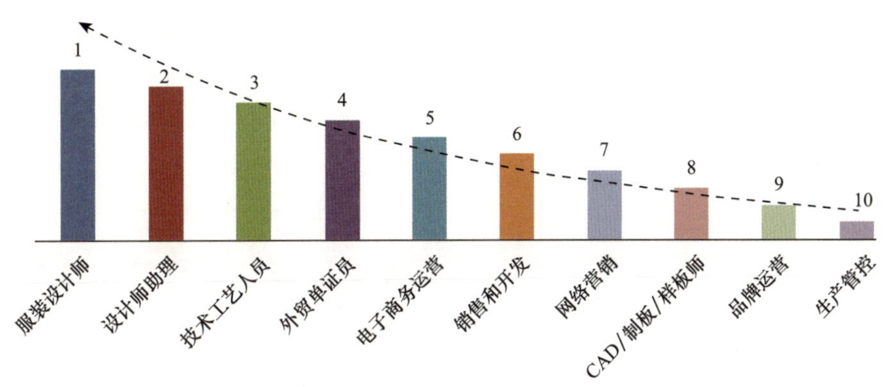

图2-25 中国服企人力资源需求TOP职位榜

由以上供求数据看出，设计开发、技术工艺、销售和开发、生产管控等岗位类别人才储备较充足，企业招聘需求强烈，似乎总体供求都可得到满足，但具体分析可得知，总体供求中存在的主要问题还是能力素质的匹配存在错位。如设计开发中，资历浅、经验缺乏的服装设计师、设计师助理人才不乏其数，但企业需求的复合型设计管理人才、主力及资深设计人才、高素质买手人才引进难度极高。

2. 地区人才存有量总况

中国服装行业人才存储量最多的十大省份依次为广东、浙江、江苏、上海、北京、福建、山东、四川、湖北和河南。以长江三角洲、珠江三角洲、环渤海三大经济圈为辐射中心，广东、浙江、江苏、福建、山东等中国服装产业主产区及京、沪两大服装发展商圈，一直是汇聚全国服装产业人才的最集中地区，而四川、湖北、河南等中西部服装产业强省的快速提升也为人才储备奠定了良好基础。

京、沪两大直辖市虽然土地面积不及其他各省份，但因其优越的地理位置条件，成熟的服装产业链，特别是优秀的时尚发展环境，吸引了沿近或海外品牌的入驻。例如，上海地区本地服装企业多，并且贸易型企业也占据很大的比重，一方面如优衣库、zara、H&M 等国外品牌在上海设立运营总部；另一方面，江苏、浙江、福建等地区的品牌也常将运营设立在上海，以便进行更好地研发设计和运营销售的工作（图 2－26）。

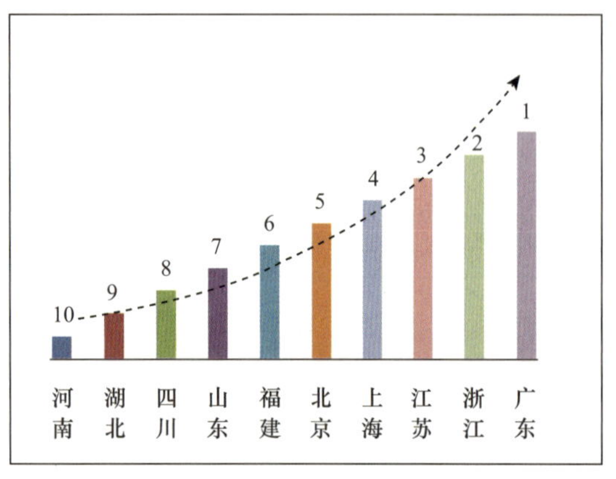

图 2－26　中国服装行业人才存有量最多省份 TOP 榜

另据监测数据显示，中国服装行业人才存储量最少的十大省份依次为山西、云南、内蒙古、贵州、海南、甘肃、新疆、宁夏、青海、西藏。与长三角、珠三角及东部服装强省相比，中西部服装产业由于发展滞后、地域因素制约等使得人才吸引力一直比较落后，人才储备量基数较低，而以上十大省份又因是中西部地区中服装产业发展较为落后省份，以致人才存储更为薄弱，想要引进、招聘人才难度很高（图 2－27）。

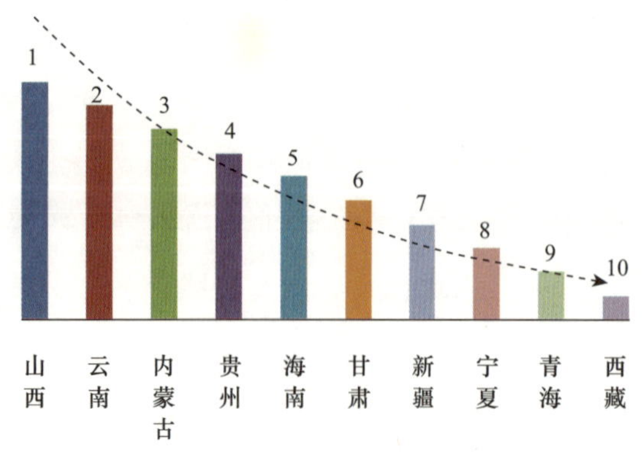

图 2－27　中国服装行业人才存有量最低省份 TOP 榜

二、中国服装行业人才发展趋势预测

（一）中国服装行业人才战略环境分析

展望未来，全球服装产业要素资源的进一步调整布局，产业多元化和全球化的发展新格局，信息化技术的迅猛发展，国与国、地区与地区之间的竞争将更加激烈，这对中国服装行业人才工作提出了更新更高的目标要求。

未来，中国服装行业人才发展将面临两方面的挑战：

一是来自国内的挑战。主要表现在受劳动环境和待遇的制约以及人口老龄化进程加快，服装工业劳动力结构性短缺问题短期内将难以彻底解决，特别是行业建设急需的高层次、高技能和复合型人才短缺加剧，如随着“互联网＋”行动计划的制订，深入推动移动互联网、云计算、大数据、物联网等与现代制造业的结合是服装行业产业发展的一大重要契机，届时行业专业技术人才的短缺问题将接受更大挑战。随着产业转移步伐加快，中西部地区本地就业数量增加并对人才需求提出更多要求，同时向东部服装企业输出的劳动力数量逐步减少，东部企业劳动力短缺明显。另有在行业人力资源建设上，行业整体水平稳步提高同时，随着世界人力资源管理水平的更新提升，差距将依然存在。

二是来自国际的挑战。人才短缺已然成为一种世界性现象，短期内虽有改善但不能完全解决，全球各国将展开更为激烈的人才争夺战。随着全球产业要素资源的进一步调整布局，发达国家实行“再工业化”战略，其在价值链高端领域仍占据强势和主导地位，必然也是人才流动的主流向地，另因其不断在人才吸引方面出台新举措，对人才流入吸引力巨大。而以东南亚、南亚国家和地区为主的发展中国家，依然是中国服装工业传统优势的有力竞争者，其也将会带来人才流向的选择性变动。

（二）中国服装行业人才结构发展预测

1. 学历结构走势

服装行业作为劳动密集型企业，人才学历结构素质并不高，约占三分之一的人才以“高中/中专/技校及以下”为主。随着行业人才队伍建设的推进、高校教育改革的深入及国内外行业交流频繁，未来行业人才队伍平均学历水平将得到一定提升。同时，随着“中国制造”到“中国创造”的演变，一批本科类院校将服装及纺织，特别是如服装设计、时尚买手、制板工艺等技术性含量高的专业作为重点培养对象，本科专业人才输出以及学生自主选择热度将增高（图2－28）。

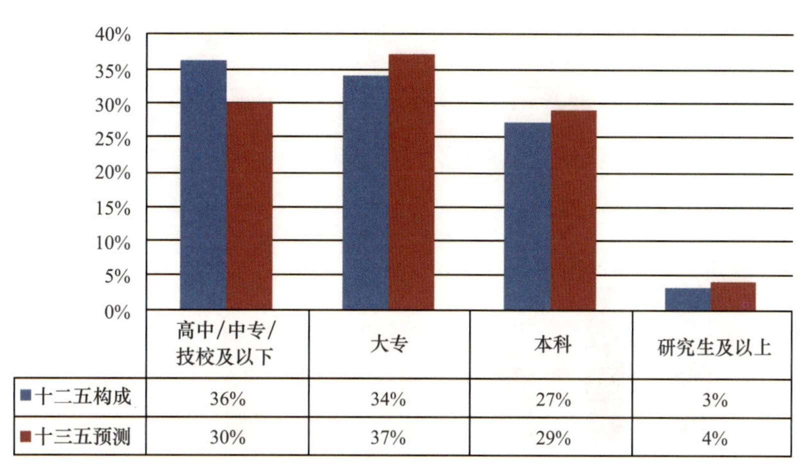

	高中/中专/技校及以下	大专	本科	研究生及以上
十二五构成	36%	34%	27%	3%
十三五预测	30%	37%	29%	4%

图2－28 中国服装行业人才学历构成占比

2. 地域流向走势

以长三角、珠三角两大经济圈为辐射中心以及京、沪两大服装发展商圈，一直是汇聚全国服装产业人才的最集中地区。其中广州、上海、深圳、北京、杭州、宁波、武汉等服装产业核心城市是求职群体职业规划发展的高热度区域，今后这些地区的服装产业也将获持续的人力支持、技术支撑与稳步发展，人力资源流动依然活跃。

一线城市仍为人才求职主流向地，但热度下降。随着高房价、高压力、高生活成本的影响以及北上广等一线城市人力资源的集中甚至饱和，人才竞争激烈程度持续加剧，在面临个人发展前景抉择衡量的时候，越来越多的人才将会理性分析选择。

二三线城市人才回流持续，且吸引力增加。随着二三线城市服装产业的发展，巨大市场资源的开拓以及产业结构的逐步优化升级，从珠三角到长三角，从渤海湾到中西部，二三线城市充满了经济发展张力，就业岗位呈逐年增加趋势。另有逐步提升的工资水平、个人发展的巨大潜力空间、居住环境的优化以及求职者就业观念的变化等也为二三线城市带来机会（图2－29）。

3. 人才总体缺口岗位预测

据CFW平台监测数据及人力资源机构调研统计，当前行业从业人员约1800万，而作为劳动密集型产业，除却流动性较高的技术一线及终端一线人员，员工的平均离职率高达15.8%，人才缺口一直存在。伴随着人才战略的重视度提升以及人力资源体系的建设完善，“十二五”期间的部分缺口型职能人才将在“十三五”期间获得改善，但随着人口红利的逐渐消退，市场竞争的愈加激烈化，行业战略转移的持续推进，整个行业仍普遍存在求贤若

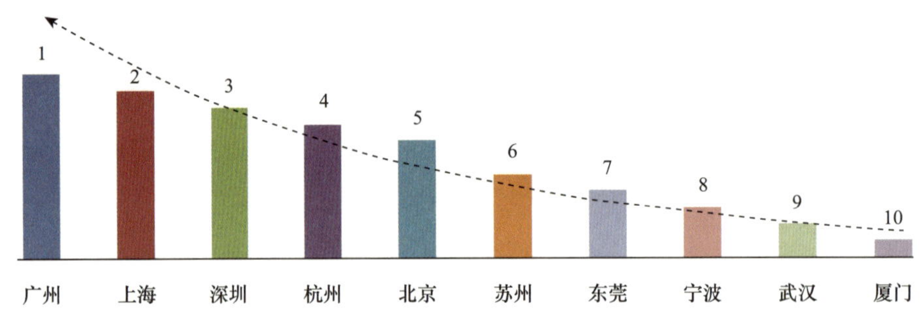

图 2－29　中国服装行业人才流动 TOP 城市榜

渴的现象，预计缺口将达 400 万，主要表现为：高层次人才缺少；专业型人才缺少；创意型人才缺少；技能型人才缺少。按照职能类别具体表现依次为：设计开发类、市场营销类、电子商务/渠道开拓类、技术工艺类、工业工厂类及经营管理类（图 2－30）。

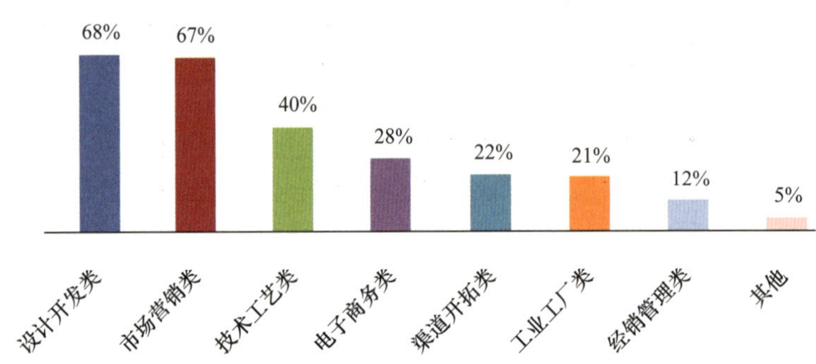

图 2－30　中国服装行业企业人员紧缺职能类别统计占比

（1）设计开发类

买手：国内目前有专业买手的服装企业不足 10%，而在岗位上的时尚买手大多数是由企业雇主、设计师、设计总监、营销岗位等转型而来。但据统计，没有经过系统训练的买手要初步达到买手的基本要求，至少要花费 5 年的实践时间。行业内正缺乏具时尚美感，还要有财务知识、营销观点、品牌认知、谈判技巧等各方面的综合素质买手。

面料开发/面料设计师：未来行业中最为紧缺的专业人才之一。随着我国服装纺织领域对面料自主开发、自主创新需求的提升，纺织面料设计师需求进一步旺盛。我国目前从事面料设计的人员主要分布于服装纺织行业发达的浙江、江苏、山东、广东、福建等省。但是，我国服装纺织企业的面料开发和设计能力总体还比较薄弱，与法国、意大利、英国、美国、日本等服装纺织业发达的国家相比还缺少一批专业水平高、富有创新能力的面料设计师。

配饰设计师：发展潜力巨大，未来需求旺盛。但在我国的服装专业院校中，开设配饰设计专业方向的学院屈指可数，只有北京服装学院、浙江理工大学等师资力量雄厚的大学在陆续开设此项专业，并且每年招收的学生人数也很少。相对整个国内市场来说，仅靠几个大学培养出来的若干名专业人才是远远不够的。

色彩搭配设计师：国内此前一直没有专门的色彩专业技术人员，更没有这个专门职业。在色彩方面从配色的理论及技能教育、色彩应用技术的开发和重视、企业战略中的色彩营销技巧都基本空白，也不受重视，所以行业此类人才基数薄弱。据统计，目前我国经过培训的色彩搭配设计师只有30多万人，而在日本，这一数字达到100多万。

图案设计师：对于图案、花型等的创意设计早已是时尚界关注的热点，但目前行业从业人员较少。设计领域的细分化岗位是必然趋势，图案设计师供需两旺。

定制服务类人才：追求个性和品位的风潮下，“私人定制”成了当下服装行业的热词，由此带动从量体、挑款、选面料、打板、做样衣，到试穿、客户服务等一条龙的复合型人才。这种懂设计、会制板和制作的复合型人才目前在市场上很紧缺，将是未来缺口型较大的人才。

（2）市场营销类

终端销售管理、市场拓展/推广、直营管理类人才：随着服装产业零售渠道的不断下沉、企业终端直营化的探索推进及线下市场争夺加剧，店长、督导、区域经理等终端销售管理、直营管理类人才及市场拓展/推广人员的需求将保持热度。未来的服装营销人才除要知晓市场营销，还需了解服装设计、服装市场甚至是国际服装潮流，才能为服装营销作出准确判断。

陈列师/橱窗设计：随着行业企业终端建设的发展推进，相关人才需求将持续保持热度。但陈列设计在我国是一门新兴的行业，对于陈列师专门人才的培养还处于起步阶段，相对比较滞后，成熟人才缺少，用人单位要招聘到有三年以上经验的资深人才比较困难。

海外拓展/管理人才：企业内迁外移步伐将越发频繁，由此将产生大量的海外拓展/管理人才的缺口。

（3）电子商务、新渠道类

电商运营人才：电商企业对人才的需求方向中，高级综合人才、技术性人才、运营人才是三大主要需求。在最急需的人才调查中，电商运营人才排名第一，而有3~5年大型电商企业管理经验，能独立完成企业电商部门或店铺综合管理的高级综合人才又是一将难求。

数据分析人才：未来，商业智能、数据分析和大数据仍将大行其道。但是企业的这些项目需要员工具备扎实的业务知识、统计专长和演示技巧，而许多IT专业人员并不具备这些技能。数据分析高端人才的需求仍在迅速扩张和增加，数据分析人才的供应量远远赶不上需求量，缺口巨大。而在中国能理解与应用大数据的创新人才更是稀缺资源。

新渠道运营人才：如微博、微信以及未来可能出现的新渠道，这类人才将成为持续型的缺口。

（4）技术工艺类

服装制板师：服装制板师的人才存有量并不少，但据统计，我国将近七成企业缺少合格的服装制板师，资深、高级制板师更是少之又少。

服装工艺师：随着越来越多的服装企业对于品牌重要性的认知以及市场对于高端定制服装的认可和追捧，服装工艺师被更多的企业认可。作为产品开发、生产过程中的灵魂人物，经验型、高级别工艺人才需求将会更加强劲。

样衣工：有经验的样衣工越来越吃香，五年以上样衣工尤为紧缺。样衣工是个十分精细的技术工种，愿意从事这个方向的行业人才又呈递减趋势，所以导致企业对此类人才很难招聘。

（5）工业工厂类

生产管理人才：服装企业对生产管理类专业人员，从生产总监、生产部经理等高端岗位到现场一线生产管理人员的需求一直保持一定热度。

品质/质量管理人和：生产过程中品质管理、质量控制等越来越受到重视，企业对相关人员的需求量不断增长。

IE/IE高级工程师：由于早期忽视了工业工程的开发和应用，中国的IE专业迟迟未能开设，所以工业工程人才严重匮乏。但随着能源缺乏、原料上涨、工人短缺、国际市场竞争日趋剧烈等问题普遍受到注意，高级 IE 工程师必将成时代宠儿。

（6）经营管理类

企业经营管理类人才，是企业发展的中坚力量。目前行业很多企业管理人员一方面年龄层次偏高，传统型思维较重；另一层面，专业知识比较单一，全面管理的经验比较欠缺，难以适应新形势下企业发展的需要。此外很多企业对现有管理人才的培养、知识更新等方面缺乏力度，投入不够。以上都造成了高层次、复合型经营人才紧缺。

“十三五”期间，中国服装企业将继续由人力成本驱动向创新驱动转变，做大做强自主品牌，升级运营模式，从生产优势转向品牌优势，以上种种都将对优秀的品牌管理、设计管理、运营管理类人才供应提出更大挑战。

2014年服装鞋帽上市公司分析

中国纺织建设规划院　余湘频

一、我国服装鞋帽上市公司分布情况

截至2014年12月31日，我国（不含台湾省）有122家服装鞋帽企业在全球主要证券市场上市。其市场、行业及企业实际总部分布如图2－31～图2－33所示。

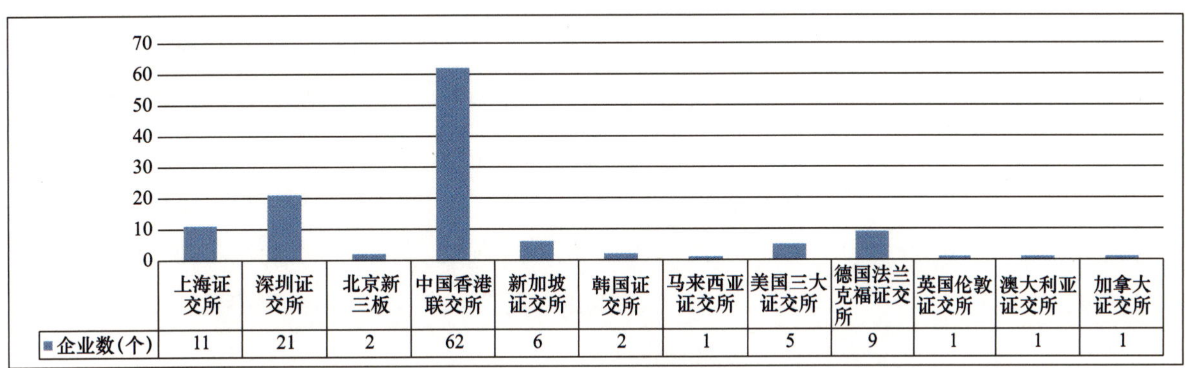

图2－31　截至2014年底我国（不含台湾省）服装鞋帽上市企业在全球主要证券市场的分布

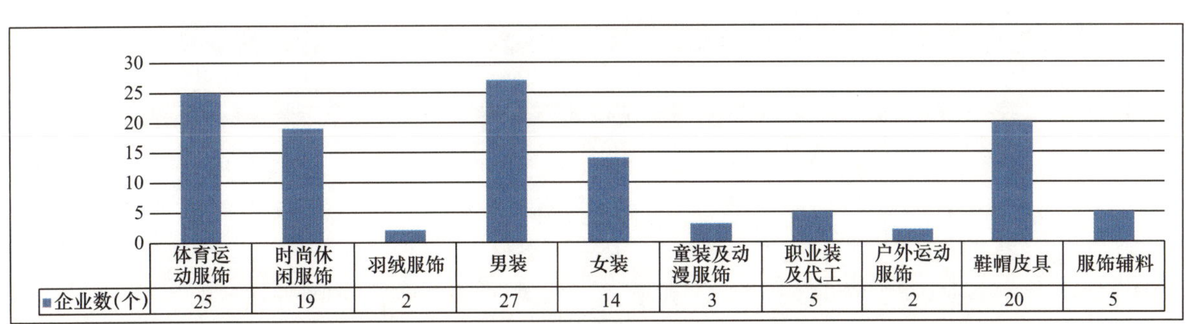

图2－32　截至2014年底我国（不含台湾省）在全球证券市场上市的服装鞋帽企业行业分布

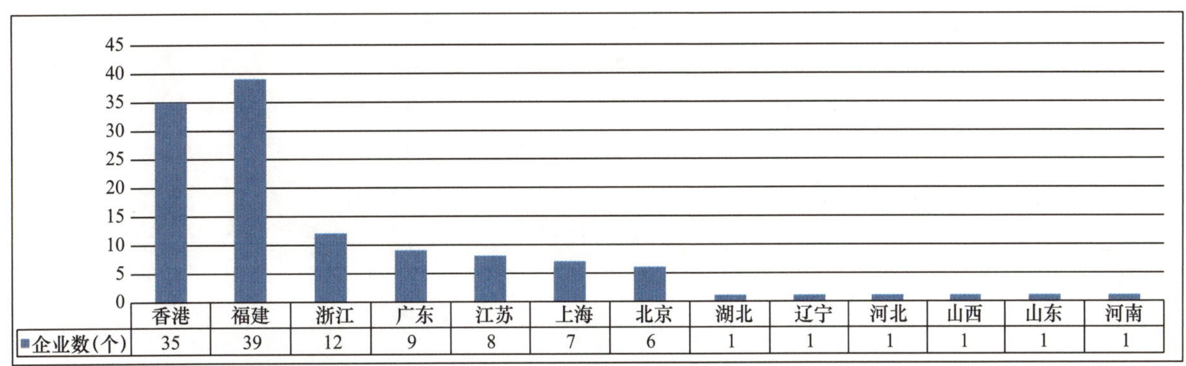

图2－33　截至2014年底我国（不含台湾省）在全球主要证券市场上市的服装鞋帽企业地区（实际总部地）来源分布

二、2014 年服装鞋帽上市公司业绩分析

以在上海、深圳、香港三个交易所（简称沪、深、港三地交易所）上市的 94 家企业为样本，从零售终端数、营业收入、净利润三项基本指标来看，服装鞋帽行业上市公司整体业绩下滑的趋势在 2014 年仍然没有得到有效和比较系统的遏制。

从统计数据和实际调研的情况来看，以运动服饰公司为代表的、以存货和应收账款大量而且持续增加，导致公司业绩出现断崖式且持续下滑的现象，在服装鞋帽各细分行业中有传导效应，其传导的路径是：2011 年首先出现在体育运动服饰行业，代表企业是李宁公司；2012 年传导到休闲服饰，代表企业是美特斯·邦威；2013 年传导到男装，代表企业包括报喜鸟、九牧王、七匹狼和利郎等；2014 年传导到女装，代表企业包括宝姿和朗姿；2015 年有可能传导到童装行业，从我们实地调研的情况来看，类似的风险正在童装企业聚积。

1. 运动服饰行业

截至 2014 年底，在沪、深、港三地交易所上市的运动服饰企业有 13 家，包括两家香港代工企业和一家台资品牌代理企业。2012 年前后，运动服饰上市公司先后出现由存货和应收账款导致的业绩下滑。面对急剧变化的市场，运动服饰上市公司采取了应对措施，比如李宁公司启动了“渠道变革计划”，安踏公司启动了“以零售为导向的转型行动”。从实际运行的结果看，以安踏公司为代表的晋江运动服饰上市公司，在 2014 年实现了止跌企稳，但李宁公司等公司依然没有企稳的迹象，特别是中国动向业绩增长点已经转移到了服饰主业以外的行业上（表 2－21～表 2－23）。

表 2－21　运动服饰上市公司历年零售终端数

（单位：个）

人民币核算										
代码	公司简称	2006 年	2007 年	2008 年	2009 年	2010 年	2011 年	2012 年	2013 年	2014 年
HK02331	李宁公司		5，233	6，245	7，249	7，915	8，255	6，434	5，915	5，626
HK03818	中国动向	1，138	1，945	2，808	3，511	3，751	3，119	2，009	1，183	860
HK02020	安踏体育		4，716	5，781	7，222	8，891	9，527	9，208	9，054	9，369
HK01368	特步国际		4，647	5，532	6，564	7，490	7，646	7，610	7，560	7，310
HK00953	美克国际	267	565	877	1，318	1，865	1，859	1，197	562	306
HK01968	匹克体育			5，179	6，206	7，224	7，806	6，483	6，012	6，004
HK01998	飞克国际（停牌）				1，146	1，813	2，160	1，574	893	
HK02200	浩沙国际			505	522	666	1，212	1，330	1，356	1，408
HK01361	361 度			4，632	6，055	6，927	7，681	9，672	9，157	9，461
SH603555	贵人鸟				1，847	4，027	5，067	5，400	5，560	5，026
合计		1，405	17，106	31，559	41，640	50，569	54，332	50，917	47，252	45，370
港币核算										
代码	公司简称	2006 年	2007 年	2008 年	2009 年	2010 年	2011 年	2012 年	2013 年	2014 年
HK02368	鹰美国际（代工）									
HK03322	永嘉集团（代工代理）	1，046	1，285	1，480	1，300	600	93			
美元核算										
代码	公司简称	2006 年	2007 年	2008 年	2009 年	2010 年	2011 年	2012 年	2013 年	2014 年
HK03813	宝胜国际（代理）			8，236	9，737	8，174	8，436	7，375	7，316	7，962

表 2－22　运动服饰上市公司历年营业收入

人民币核算（单位：亿元人民币）										
代码	公司简称	2006 年	2007 年	2008 年	2009 年	2010 年	2011 年	2012 年	2013 年	2014 年
HK02331	李宁公司	31.81	43.49	66.90	83.87	94.79	89.29	66.76	58.24	67.28
HK03818	中国动向	8.59	17.11	33.22	39.70	42.62	27.42	17.72	14.14	12.62
HK02020	安踏体育	12.50	31.82	47.70	58.75	74.08	89.05	76.23	72.81	89.23
HK01368	特步国际		13.65	28.67	35.45	44.57	55.40	55.50	43.43	47.78
HK00953	美克国际	1.81	3.29	3.66	4.99	7.13	6.33	3.31	2.31	1.63
HK01968	匹克体育	6.24	10.15	20.42	30.95	42.49	46.47	29.03	26.13	28.41
HK01998	飞克国际（停牌）	1.21	1.68	4.14	8.49	12.90	15.43	10.92		
HK02200	浩沙国际				1.59	3.48	6.95	8.48	10.22	12.17
HK01361	361 度		3.73	13.17	34.47	43.31	54.61	49.51	35.83	39.06
SH603555	贵人鸟				6.05	15.35	26.49	28.55	24.06	19.20
合计		62.16	124.92	217.88	304.32	380.71	417.44	346.02	287.17	317.37
港币核算（单位：亿港元）										
代码	公司简称	2006 年	2007 年	2008 年	2009 年	2010 年	2011 年	2012 年	2013 年	2014 年
HK02368	鹰美国际（代工）		5.19	8.60	10.71	10.61	11.65	14.46	14.44	14.84
HK03322	永嘉集团（代工代理）	24.88	33.22	34.87	28.88	30.82	33.13	30.88	30.32	35.75
合计		24.88	38.42	43.48	39.59	41.43	44.78	45.34	44.76	50.59
美元核算（单位：亿美元）										
代码	公司简称	2006 年	2007 年	2008 年	2009 年	2010 年	2011 年	2012 年	2013 年	2014 年
HK03813	宝胜国际（代理）		5.56	9.60	11.42	13.24	15.90	21.82	17.77	19.81

表 2－23　运动服饰上市公司历年净利润

人民币核算（单位：亿元人民币）										
代码	公司简称	2006 年	2007 年	2008 年	2009 年	2010 年	2011 年	2012 年	2013 年	2014 年
HK02331	李宁公司	2.95	4.74	7.27	9.69	11.32	4.11	－19.55	－3.59	－7.44
HK03818	中国动向	3.06	7.34	13.68	14.60	14.64	1.06	1.94	2.03	9.13
HK02020	安踏体育	1.47	5.38	8.95	12.49	15.46	17.24	13.56	13.30	17.33
HK01368	特步国际		2.22	5.08	6.48	8.14	9.65	8.07	6.03	4.86
HK00953	美克国际	0.23	0.57	0.56	0.95	1.16	0.56	－1.51	－2.55	－1.65
HK01968	匹克体育	0.86	1.66	3.76	6.28	8.22	7.78	3.11	2.44	3.21
HK01998	飞克国际（停牌）	0.23	0.29	0.66	1.35	1.73	2.14	0.31		
HK02200	浩沙国际				0.29	0.94	2.74	3.31	3.70	4.03
HK01361	361 度		0.23	1.79	6.32	9.15	11.89	7.15	2.15	4.05
SH603555	贵人鸟				0.79	2.22	4.08	5.28	4.23	3.12
合计		8.81	22.43	41.76	59.24	72.99	61.25	21.67	27.75	36.65
港币核算（亿港元）										
代码	公司简称	2006 年	2007 年	2008 年	2009 年	2010 年	2011 年	2012 年	2013 年	2014 年
HK02368	鹰美国际（代工）		0.78	1.25	1.64	1.50	1.31	1.20	0.73	0.22
HK03322	永嘉集团(代工及代理)	2.83	3.35	0.27	1.07	0.73	1.41	1.20	1.16	0.17
合计		2.83	4.12	1.51	2.71	2.23	2.72	2.40	1.89	0.39
美元核算（亿美元）										
代码	公司简称	2006 年	2007 年	2008 年	2009 年	2010 年	2011 年	2012 年	2013 年	2014 年
HK03813	宝胜国际（代理）		0.44	0.80	－0.06	0.20	0.55	－0.68	－0.38	0.06

2. 时尚休闲服饰行业

截至2014年底，在沪、深、港三地交易所上市的时尚休闲服饰企业有18家，代表型企业主要来源于以香港为核心的“省港地区”和以温州为核心的“浙沪地区”，无论是“省港地区”的老品牌还是“浙沪地区”的新兴品牌，在2012年都出现增长瓶颈，业绩出现大幅度下滑，其特征和背后的原因与运动服饰行业的特征和原因是一样的。从2014年的数据看，除森马服饰凭借其“巴拉巴拉”童装实现较为强势的增长外，行业还没有出现业绩下滑被遏制的迹象（表2－24～表2－26）。

表2－24　时尚休闲服饰上市公司历年零售终端数

（单位：个）

人民币核算										
代码	公司简称	2006年	2007年	2008年	2009年	2010年	2011年	2012年	2013年	2014年
SZ002269	美邦服饰	1，573	2，106	2，698	2，863	3，659	4，164	5，220	5，000	4，000
SZ002563	森马服饰		2，903	4，060	5，159	6，683	7，000	7，728	7，500	7，082
SZ002503	搜于特		257	552	810	1，166	1，521	1，784	1，815	1，802
SZ002640	百圆裤业			1，088	1，292	1，523	1，696	1，827	1，640	1，385
合计		1，573	5，266	8，398	10，124	13，031	14，381	16，559	15，955	14，269
港币核算										
代码	公司简称	2006年	2007年	2008年	2009年	2010年	2011年	2012年	2013年	2014年
HK00122	鳄鱼恤		512	450	396	358	316	329	205	149
HK00294	长江制衣（代工）									
HK00321	德永佳（班尼路）		3，787	3，828	4，126	3，855	4，118	4，295	4，054	3，589
HK00330	思捷环球（ESPRIT）		13，973	15，287	14，868	13，409	12，845	11，892	10，272	9，035
HK00375	YGM贸易（品牌代理）		344	339	321	303	320	320	300	275
HK00393	旭日企业（真维斯）	1，594	1，892	2，234	2，541	2，907	3，156	3，030	2，785	2，523
HK00483	包浩斯（bauhaus）		99	138	182	193	234	244	314	214
HK00540	迅捷环球（ODM为主）				87	93	81	90	24	13
HK00592	堡狮龙国际		1，051	1，056	1，178	1，361	1，475	1，314	1，017	962
HK00643	恒富控股（代工）									
HK00709	佐丹奴国际	1，769	1，895	2，006	2，114	2，353	2，671	2，648	2，642	2，452
HK01682	福源集团（代工）									
合计		3，363	23，553	25，338	25，813	24，832	25，216	24，162	21，613	19，212
美元核算										
代码	公司简称	2006年	2007年	2008年	2009年	2010年	2011年	2012年	2013年	2014年
HK0031	联泰控股（代工）									
HK00787	利标品牌（品牌代理）									

表2－25　时尚休闲服饰上市公司历年营业收入

人民币核算（单位：亿元人民币）										
代码	公司简称	2006年	2007年	2008年	2009年	2010年	2011年	2012年	2013年	2014年
SZ002269	美邦服饰	19.84	31.57	44.74	52.18	75.00	99.45	95.10	78.90	66.21
SZ002563	森马服饰		18.22	33.23	42.50	62.87	77.61	70.63	72.94	81.47

续表

人民币核算（单位：亿元人民币）										
代码	公司简称	2006 年	2007 年	2008 年	2009 年	2010 年	2011 年	2012 年	2013 年	2014 年
SZ002503	搜于特		1.13	2.56	3.79	6.33	11.00	16.12	17.38	13.06
SZ002640	百圆裤业			2.12	3.27	4.03	4.87	4.85	4.46	8.42
合计		19.84	50.92	82.65	101.73	148.23	192.92	186.71	173.67	169.16

港币核算（单位：亿港元）

代码	公司简称	2006 年	2007 年	2008 年	2009 年	2010 年	2011 年	2012 年	2013 年	2014 年
HK00122	鳄鱼恤		4.41	4.50	4.32	4.58	5.15	5.06	4.99	5.02
HK00294	长江制衣（代工）		17.25	15.40	16.26	13.10	14.16	17.51	13.33	10.74
HK00321	德永佳（班尼路）		82.99	96.69	99.98	105.38	118.62	137.66	112.51	98.60
HK00330	思捷环球（ESPRIT）		296.4	372.27	344.85	337.34	337.67	301.65	259.02	242.27
HK00375	YGM 贸易（品牌代理）		10.23	11.10	9.72	9.91	11.55	13.78	13.64	12.46
HK00393	旭日企业（真维斯）	43.97	47.84	55.74	57.68	61.87	68.42	71.87	70.48	58.55
HK00483	包浩斯（bauhaus）		5.09	6.18	7.46	7.94	10.12	11.60	12.94	14.27
HK00540	迅捷环球（ODM 为主）				8.30	11.04	11.68	10.34	11.85	12.64
HK00592	堡狮龙国际		25.68	23.17	22.54	23.06	26.42	27.44	25.17	25.48
HK00643	恒富控股（代工）	12.12	10.57	8.80	7.33	7.35	6.02	1.23	1.46	1.53
HK00709	佐丹奴国际	43.72	49.5	50.48	42.33	47.31	56.14	56.73	58.48	55.45
HK01682	福源集团（代工）			14.31	12.84	8.94	9.03	9.10	10.71	9.37
合计		99.81	549.96	658.64	633.60	637.82	674.96	663.94	594.58	546.38

美元核算（单位：亿美元）

代码	公司简称	2006 年	2007 年	2008 年	2009 年	2010 年	2011 年	2012 年	2013 年	2014 年
HK0031	联泰控股（代工）	6.62	8.01	8.32	7.75	7.94	9.56	9.90	12.29	12.24
HK00787	利标品牌（品牌代理）						28.09	31.19	32.88	34.54
合计		6.62	8.01	8.32	7.75	7.94	37.65	41.09	45.17	46.78

表 2－26　时尚休闲服饰上市公司历年净利润

人民币核算（单位：亿元人民币）										
代码	公司简称	2006 年	2007 年	2008 年	2009 年	2010 年	2011 年	2012 年	2013 年	2014 年
SZ002269	美邦服饰	0.68	3.64	5.87	6.04	7.58	12.06	8.50	4.05	1.46
SZ002563	森马服饰		1.50	4.43	6.86	10.01	12.23	7.61	9.02	10.88
SZ002503	搜于特		0.12	0.30	0.54	0.91	1.73	2.73	2.74	1.23
SZ002640	百圆裤业			0.21	0.29	0.43	0.69	0.51	0.29	0.29
合计		0.68	5.26	10.82	13.73	18.93	26.71	19.34	16.10	13.85

港币核算（单位：亿港元）

代码	公司简称	2006 年	2007 年	2008 年	2009 年	2010 年	2011 年	2012 年	2013 年	2014 年
HK00122	鳄鱼恤		0.22	0.21	1.43	1.63	0.85	0.85	2.37	1.06
HK00294	长江制衣（代工）		0.96	1.42	0.72	1.04	1.14	1.04	0.56	0.11
HK00321	德永佳（班尼路）		6.26	9.59	8.91	11.01	12.58	9.67	6.81	5.89

续表

港币核算（单位：亿港元）										
代码	公司简称	2006 年	2007 年	2008 年	2009 年	2010 年	2011 年	2012 年	2013 年	2014 年
HK00330	思捷环球（ESPRIT）		51.8	64.5	47.45	42.26	0.79	8.73	-43.88	2.1
HK00375	YGM 贸易（品牌代理）		1.20	1.76	0.79	1.98	2.88	6.37	2.25	2.22
HK00393	旭日企业（真维斯）	3.14	5.53	0.98	2.76	3.57	3.10	1.33	1.17	1.22
HK00483	包浩斯（bauhaus）		0.57	0.67	0.61	0.83	1.16	0.76	0.99	1.25
HK00540	迅捷环球（ODM 为主）				0.23	0.22	0.84	0.55	0.21	0.24
HK00592	堡狮龙国际		0.09	0.64	0.50	0.90	1.30	0.16	0.22	1.27
HK00643	恒富控股（代工）	0.69	0.54	-0.42	0.00	-0.53	-0.50	-0.72	-0.30	-0.15
HK00709	佐丹奴国际	2.18	3.04	3.17	2.99	5.67	7.79	8.88	7.30	4.66
HK01682	福源集团（代工）			0.56	0.48	0.41	0.21	0.08	0.07	0.12
合计		6.00	70.22	83.08	66.89	69.00	32.13	37.69	-22.24	19.99
美元核算（单位：亿美元）										
代码	公司简称	2006 年	2007 年	2008 年	2009 年	2010 年	2011 年	2012 年	2013 年	2014 年
HK0031	联泰控股（代工）	0.05	0.20	0.23	0.19	0.19	0.38	0.40	0.50	0.16
HK00787	利标品牌（品牌代理）						1.00	0.28	1.14	1.04
合计		0.05	0.20	0.23	0.19	0.19	1.38	0.67	1.64	1.21

3. 男装行业

截至 2014 年底，在沪、深、港三地交易所上市的男装企业有 19 家，浙江和福建是上市公司比较集中的省份。整个行业在 2013 年开始出现较大幅度的业绩下滑，如果剔除雅戈尔、杉杉股份、红豆股份等由于房地产和金融投资带来的效益增长外，其他企业在 2014 年业绩依然处在下滑过程中（2014 年新上市的公司除外）（表 2-27～表 2-29）。

表 2-27 男装上市公司历年零售终端数

（单位：个）

人民币核算										
代码	公司简称	2006 年	2007 年	2008 年	2009 年	2010 年	2011 年	2012 年	2013 年	2014 年
SZ002029	七匹狼	1，457	1，976	2，769	3，249	3，525	3，976	4，007	3，502	2，821
SZ002154	报喜鸟	551	585	637	665	715	821	875	902	871
SZ002485	希努尔		521	547	577	587	592	653	697	614
SZ02569	步森股份									
SZ002656	卡奴迪路				201	267	318	443	531	465
SH600107	美尔雅									
SH600177	雅戈尔		1，624	1，808	1，922	2，145	2，302	2，719	2，935	3，082
SH600272	开开实业									
SH600400	红豆股份									
SH600884	杉杉股份									
SH601566	九牧王		2，010	2，325	2，525	2，710	3，140	3，264	3，124	2，845
HK00238	长兴国际		167	242	259	325	422	432	420	368

续表

人民币核算										
代码	公司简称	2006 年	2007 年	2008 年	2009 年	2010 年	2011 年	2012 年	2013 年	2014 年
HK01146	中国服饰			633	663	886	1，102	1，312	1，304	1，281
HK01234	中国利郎	2，002	2，186	2，491	2，456	2，885	3，268	3，479	3，455	3，079
HK01353	诺奇时装（停牌）					225	366	420	490	
HK02030	卡宾服饰					637	965	958	1，027	1，052
HK02399	虎都控股						1，085	1，205	1，300	1，452
	合计	4，010	9，069	11，452	12，517	14，907	18，357	19，767	19，687	17，930
港币核算										
代码	公司简称	2006 年	2007 年	2008 年	2009 年	2010 年	2011 年	2012 年	2013 年	2014 年
HK00533	金利来	926	1，008	1，085	1，079	1，152	1，349	1，348	1，290	1，174
HK00891	利邦控股				354	410	460	486	451	399
	合计	926	1，008	1，085	1，433	1，562	1，809	1，834	1，741	1，573

表 2－28 男装上市公司历年营业收入

人民币核算（单位：亿元人民币）										
代码	公司简称	2006 年	2007 年	2008 年	2009 年	2010 年	2011 年	2012 年	2013 年	2014 年
SZ002029	七匹狼	4. 88	8. 76	16. 53	19. 87	21. 98	29. 21	34. 77	27. 73	23. 91
SZ002154	报喜鸟	2. 2	4. 7	9. 4	10. 9	12. 6	20. 3	22. 5	20. 2	22. 7
SZ002485	希努尔		8. 83	8. 88	8. 50	10. 03	11. 48	11. 79	12. 59	10. 29
SZ02569	步森股份			4. 43	4. 64	5. 37	7. 15	6. 53	6. 51	4. 82
SZ002656	卡奴迪路			1. 45	2. 49	3. 37	4. 61	6. 36	7. 99	7. 00
SH600107	美尔雅	2. 20	2. 46	3. 16	3. 78	4. 35	5. 77	6. 17	6. 59	5. 40
SH600177	雅戈尔	61. 28	70. 34	107. 80	122. 79	145. 14	115. 39	107. 33	151. 67	159. 03
SH600272	开开实业	7. 27	6. 79	7. 11	8. 66	8. 67	7. 97	8. 18	8. 59	8. 83
SH600400	红豆股份	12. 18	11. 51	11. 17	10. 53	21. 39	17. 65	16. 07	23. 94	28. 42
SH600884	杉杉股份	15. 95	21. 84	24. 91	21. 32	28. 41	30. 02	37. 56	40. 48	36. 59
SH601566	九牧王			12. 30	14. 04	16. 75	22. 57	26. 01	25. 02	20. 68
HK00238	长兴国际		1. 93879	3. 40	4. 09	6. 00	7. 57	7. 49	6. 94	5. 48
HK01146	中国服饰			5. 06	6. 49	9. 10	12. 48	14. 08	12. 47	10. 94
HK01234	中国利郎	4. 18	8. 86	11. 36	15. 60	20. 53	27. 08	27. 93	22. 99	24. 33
HK01353	诺奇时装（停牌）					3. 22	4. 68	5. 72	6. 82	
HK02030	卡宾服饰					2. 92	8. 90	9. 40	9. 43	10. 98
HK02399	虎都控股						8. 18	11. 09	14. 53	16. 72
	合计	110. 12	146. 02	226. 96	253. 70	319. 80	341. 01	359. 01	404. 48	396. 18
港币核算（单位：亿港元）										
代码	公司简称	2006 年	2007 年	2008 年	2009 年	2010 年	2011 年	2012 年	2013 年	2014 年
HK00533	金利来	7. 98	10. 73	14. 30	13. 96	14. 97	18. 02	18. 63	18. 75	15. 41
HK00891	利邦控股	9. 19	14. 61	18. 66	16. 45	20. 11	26. 07	28. 01	26. 96	26. 24
	合计	17. 17	25. 34	32. 96	30. 41	35. 09	44. 09	46. 64	45. 71	41. 65

表 2-29　男装上市公司历年净利润

人民币核算（单位：亿元人民币）										
代码	公司简称	2006 年	2007 年	2008 年	2009 年	2010 年	2011 年	2012 年	2013 年	2014 年
SZ002029	七匹狼	0.54	1.01	1.64	2.17	2.89	4.15	5.66	3.77	2.94
SZ002154	报喜鸟	0.17	0.83	1.23	1.85	2.43	3.59	4.69	1.59	1.34
SZ002485	希努尔		0.72	1.05	1.11	1.44	1.99	1.40	0.71	-0.47
SZ02569	步森股份			0.28	0.33	0.42	0.53	0.40	0.06	-1.03
SZ002656	卡奴迪路			0.19	0.40	0.65	1.09	1.77	1.48	0.13
SH600107	美尔雅	0.40	0.23	0.16	0.25	0.30	0.45	0.36	0.23	0.08
SH600177	雅戈尔	8.83	26.51	17.92	34.94	29.34	20.59	16.58	13.59	32.15
SH600272	开开实业	-0.38	0.09	0.55	0.40	0.27	0.39	0.61	0.26	0.37
SH600400	红豆股份	0.52	0.87	0.44	0.29	0.77	0.40	0.22	0.44	0.74
SH600884	杉杉股份	1.06	1.50	1.45	1.05	1.21	1.47	1.38	1.55	3.29
SH601566	九牧王			1.97	2.58	3.61	5.18	6.68	5.37	3.51
HK00238	长兴国际		0.49	0.60	1.05	1.53	1.90	1.55	0.77	-0.34
HK01146	中国服饰			0.91	1.48	2.64	4.11	4.60	3.84	2.03
HK01234	中国利郎	0.33	0.97	1.54	3.03	4.19	6.23	6.27	5.16	5.55
HK01353	诺奇时装（停牌）					0.46	0.68	0.82	0.82	
HK02030	卡宾服饰					-0.07	0.78	1.30	1.95	2.36
HK02399	虎都控股						8.18	11.09	14.53	16.72
合计		11.46	33.21	29.93	50.93	52.07	61.73	65.38	56.12	69.35
港币核算（单位：亿港元）										
代码	公司简称	2006 年	2007 年	2008 年	2009 年	2010 年	2011 年	2012 年	2013 年	2014 年
HK00533	金利来	1.67	3.26	2.92	2.99	4.02	4.23	5.03	4.15	4.21
HK00891	利邦控股	1.91	1.45	1.04	1.80	3.41	5.13	5.40	3.08	1.61
合计		3.58	4.71	3.96	4.79	7.43	9.36	10.43	7.23	5.82

4. 女装行业

截至 2014 年底，在沪、深、港三地交易所上市的女装企业有 13 家，公司来源地主要分布在香港、深圳、上海、北京及江苏和广东，另外有一家生产裘皮及裘皮服装的华斯股份来源于河北。女装品牌企业采取的销售模式主要是直营或与商场联营为主，存货压力较大，这种压力在 2012 年已经开始显现。到 2014 年，市场需求持续疲弱，旧的存货还没有处理完，更多的新的存货又大量堆积。同时，频繁的打折促销也对品牌造成伤害，使市场上正店的销售业绩出现大幅度下滑，特别是利润下滑幅度更大。2014 年，除珂莱蒂尔、拉夏贝尔、维格娜丝 3 家当年上市公司和生产裘皮服装的华斯股份外，其他企业都出现了利润的大幅下滑（表 2-30 ~ 表 2-32）。

表2-30　女装上市公司历年零售终端数

（单位：个）

人民币核算										
代码	公司简称	2006 年	2007 年	2008 年	2009 年	2010 年	2011 年	2012 年	2013 年	2014 年
SZ002239	金飞达（ODM）									
SZ002425	凯撒股份					290	431	457	462	372
SZ002494	华斯股份（裘皮代工）									
SZ002612	朗姿股份			223	248	308	388	521	573	586
SH603518	维格娜丝	75	115	143	171	272	346	361	361	335
HK00589	宝姿时装	357	360	358	356	353	389	392	352	310
HK03709	珂莱蒂尔						119	177	254	338
HK06116	拉夏贝尔						1，841	3，340	5，384	6，887
合计		432	475	724	775	1，223	3，514	5，248	7，386	8，828
港币核算										
代码	公司简称	2006 年	2007 年	2008 年	2009 年	2010 年	2011 年	2012 年	2013 年	2014 年
HK00130	慕诗国际		123	131	125	123	112	114	109	107
HK00518	同得仕		83	125	91	138	197	223	298	343
HK00990	荣晖国际（Theme）									
HK01173	威高国际		206	249	288	253	245	218	207	183
HK08309	时尚环球（代工）									
合计			412	505	504	514	554	555	614	633

表2-31　女装上市公司历年营业收入

人民币核算（单位：亿元人民币）										
代码	公司简称	2006 年	2007 年	2008 年	2009 年	2010 年	2011 年	2012 年	2013 年	2014 年
SZ002239	金飞达（ODM）	5. 29	7. 16	8. 37	4. 03	4. 18	4. 16	4. 08	4. 73	4. 50
SZ002425	凯撒股份		2. 24	2. 64	3. 16	3. 76	4. 15	5. 32	5. 06	5. 42
SZ002494	华斯股份（裘皮）		2. 56	2. 95	3. 55	4. 13	4. 70	5. 19	6. 39	8. 34
SZ002612	朗姿股份			2. 23	3. 09	5. 59	8. 36	11. 17	13. 79	12. 35
SH603518	维格娜丝			1. 41	2. 01	3. 13	5. 05	5. 98	7. 46	8. 47
HK00589	宝姿时装	10. 55	13. 55	14. 89	15. 38	17. 18	19. 85	20. 98	21. 37	18. 79
HK03709	珂莱蒂尔						3. 27	4. 85	7. 02	10. 37
HK06116	拉夏贝尔						18. 64	38. 72	62. 25	78. 14
合计		15. 84	25. 51	32. 48	31. 23	37. 97	68. 19	96. 29	128. 08	146. 38
港币核算（单位：亿港元）										
代码	公司简称	2006 年	2007 年	2008 年	2009 年	2010 年	2011 年	2012 年	2013 年	2014 年
HK00130	慕诗国际		3. 52	4. 15	4. 23	4. 40	4. 86	4. 56	4. 19	4. 59
HK00518	同得仕		22. 76	22. 52	20. 13	15. 77	17. 32	16. 01	14. 76	13. 73
HK00990	荣晖国际（Theme）	2. 87	3. 17	3. 03	2. 39	0. 95	1. 00	0. 90	0. 87	0. 77
HK01173	威高国际		6. 42	7. 54	7. 90	8. 86	11. 11	12. 80	14. 09	16. 19
HK08309	时尚环球（代工）						3. 06	3. 31	3. 61	3. 80
合计		2. 87	35. 88	37. 25	34. 65	29. 97	37. 36	37. 57	37. 52	39. 08

表 2－32 女装上市公司历年净利润

人民币核算（单位：亿元人民币）										
代码	公司简称	2006 年	2007 年	2008 年	2009 年	2010 年	2011 年	2012 年	2013 年	2014 年
SZ002239	金飞达（ODM）	0.54	0.73	0.58	0.33	0.10	0.11	0.10	0.53	0.06
SZ002425	凯撒股份		0.47	0.51	0.65	0.66	0.65	0.48	0.32	0.02
SZ002494	华斯股份（裘皮）		0.04	0.21	0.37	0.53	0.61	0.70	0.81	0.96
SZ002612	朗姿股份			0.74	0.90	1.52	2.09	2.31	2.34	1.21
SH603518	维格娜丝			0.22	0.20	0.54	0.91	0.95	1.36	1.38
HK00589	宝姿时装	2.54	3.97	4.22	4.68	4.71	4.30	3.54	2.98	0.73
HK03709	珂莱蒂尔						0.19	0.28	0.80	1.28
HK06116	拉夏贝尔						1.23	2.60	4.13	5.11
合计		3.08	5.21	6.47	7.14	8.07	10.10	10.96	13.27	10.75
港币核算（单位：亿港元）										
代码	公司简称	2006 年	2007 年	2008 年	2009 年	2010 年	2011 年	2012 年	2013 年	2014 年
HK00130	慕诗国际		0.78	0.52	0.20	0.54	0.79	1.07	0.20	0.28
HK00518	同得仕		1.06	0.97	0.49	0.15	0.27	－0.22	－0.21	－0.57
HK00990	荣晖国际（Theme）	－0.07	－0.26	－0.33	－0.22	－0.48	－0.65	－0.43	－0.15	－0.22
HK01173	威高国际		0.37	0.78	0.18	0.29	0.67	0.61	0.54	0.46
HK08309	时尚环球（代工）						0.09	0.23	0.14	0.26
合计		－0.07	1.96	1.95	0.65	0.51	1.17	1.26	0.51	0.20

5. 童装及动漫服饰行业

目前在沪、深、港三地交易所上市的童装企业只有两家，而且都在港交所，如果按照内地的审核标准，大部分童装企业都达不到标准，这也是目前在沪深两地没有一家单独的童装企业上市的主要原因。童装业务这几年发展非常快，但大多是作为成人服饰品牌的副线产品在运作发展，也正因为如此，竞争非常激烈，经营模式也基本沿用成人服装的模式，粗放式的增长之后，也就难免走入成人装主品牌同样的困境。

博士蛙公司 1996 年成立于上海，在进行外贸代工与自有品牌童装运营数年后，公司获得华纳兄弟公司对哈利波特品牌的授权，负责开发、制造和销售该品牌 4 岁到 14 岁儿童的服饰及配饰产品，2010 年 9 月 29 日公司在香港联交所上市。但公司上市仅仅一年多即停牌。另据公司 2014 年 10 月 17 日公布的未经审计的 2011 年、2012 年、2013 年财务报告显示：公司店铺数分别为：1734 个、1437 个、813 个；公司营业收入分别为：18.14 亿元、8.5 亿元、4.4 亿元；毛利额分别为：7.4 亿元、2.42 亿元、1.27 亿元；净利润分别为：－3.5 亿元、－8.49 亿元、－5.57 亿元；而存货分别为：3.43 亿元、4.99 亿元、3.63 亿元；应收账款分别为：10.46 亿元、9.27 亿元、7.39 亿元。公司分析导致业绩不佳的原因是：受中国服装行业疲软态势影响，造成大量库存积压。

米格国际控股有限公司前身为 2000 年 1 月在泉州成立的红孩儿（福建）轻纺发展有限公司，2014 年 1 月 15 日在香港联交所主板上市，属于当年上市公司，从公开数据分析公司运营情况尚好，但应收账款周转期达 134 天，值得注意。

美盛文化是国内主要的动漫服饰制造商之一，产品主要应用于万圣节、狂欢节、圣诞节等西方传统节日以及装扮舞会等场合，属于一次性演出服。目前公司发展势头良好（表 2－33～表 2－35）。

表 2-33　童装及动漫服饰上市公司历年零售终端数　（单位：个）

人民币核算										
代码	公司简称	2006 年	2007 年	2008 年	2009 年	2010 年	2011 年	2012 年	2013 年	2014 年
SZ002699	美盛文化（动漫服）									
HK01247	米格国际					476	560	594	601	626
HK01698	博士蛙（停牌）			585	890	1，555	1，724			
	合计			585	890	2，031	2，284	594	601	626

表 2-34　童装及动漫服饰上市公司历年营业收入

人民币核算（单位：亿元人民币）										
代码	公司简称	2006 年	2007 年	2008 年	2009 年	2010 年	2011 年	2012 年	2013 年	2014 年
SZ002699	美盛文化（动漫服）			0.93	1.25	1.91	2.17	2.05	2.31	4.56
HK01247	米格国际					3.27	3.92	5.20	6.61	7.96
HK01698	博士蛙（停牌）			3.26	6.30	14.08				
	合计			4.18	7.55	19.26	6.10	7.25	8.93	12.52

表 2-35　童装及动漫服饰上市公司历年净利润

人民币核算（单位：亿元人民币）										
代码	公司简称	2006 年	2007 年	2008 年	2009 年	2010 年	2011 年	2012 年	2013 年	2014 年
SZ002699	美盛文化（动漫服）			0.09	0.22	0.47	0.48	0.49	0.41	0.98
HK01247	米格国际					0.76	0.77	1.15	1.30	1.38
HK01698	博士蛙（停牌）			0.41	1.21	2.51				
	合计			0.50	1.44	3.74	1.26	1.64	1.71	2.36

6. 职业装行业

截至 2014 年底，在沪、深、港三地交易所上市的职业装企业有 4 家，由于职业装基本都是按订单生产，从财务数据分析 4 家企业经营都比较稳健，除际华集团在上市之前由于资源整合导致企业扩张非常快以外，其他 3 家企业基本保持平稳发展（表 2-36、表 2-37）。

表 2-36　职业装及代工上市公司历年营业收入

人民币核算（单位：亿元人民币）										
代码	公司简称	2006 年	2007 年	2008 年	2009 年	2010 年	2011 年	2012 年	2013 年	2014 年
SZ002044	江苏三友	5.94	5.66	4.13	5.10	5.54	7.76	6.91	7.69	7.16
SZ002687	乔治白				3.02	4.16	5.90	6.41	5.82	6.58
SH600233	大杨创世	6.52	8.19	8.95	8.72	10.86	9.64	8.56	8.08	9.19
SH601718	际华集团		75.36	88.93	110.28	156.90	195.06	264.86	267.18	222.41
	合计	12.46	89.21	102.01	127.11	177.46	218.36	286.75	288.78	245.34

表 2-37　职业装及代工上市公司历年净利润

人民币核算（单位：亿元人民币）										
代码	公司简称	2006 年	2007 年	2008 年	2009 年	2010 年	2011 年	2012 年	2013 年	2014 年
SZ002044	江苏三友	0.28	0.27	0.14	0.17	0.24	0.58	0.59	-0.45	0.45
SZ002687	乔治白				0.41	0.72	0.94	0.96	0.65	0.81
SH600233	大杨创世	0.64	1.34	0.75	1.39	1.77	1.46	1.05	0.77	0.70
SH601718	际华集团		4.10	4.66	4.53	5.10	6.26	8.31	9.46	11.32
	合计	0.92	5.72	5.55	6.50	7.83	9.25	10.91	10.43	13.27

7. 户外服饰行业

截至2014年底，在沪、深、港三地交易所上市的户外服饰企业有2家，分别是自主品牌探路者和中国香港国外品牌代理商联亚集团，联亚集团本身是一家服装代工和贸易企业，后来逐步发展国外品牌在中国内地的代理及分销业务，其中最成功的就是代理了德国的户外服饰品牌"Jack Wolfskin"在中国内地市场的拓展，其发展势头较好。

在所有服装服饰子行业里，户外服饰是目前能够保持稳健增长的为数不多的子行业之一（表2－38～表2－40）。

表2－38　户外运动服饰上市公司历年零售终端数

（单位：个）

人民币核算										
代码	公司简称	2006年	2007年	2008年	2009年	2010年	2011年	2012年	2013年	2014年
SZ300005	探路者	186	273	392	481	666	1，041	1，395	1，614	1，677
港币核算										
代码	公司简称	2006年	2007年	2008年	2009年	2010年	2011年	2012年	2013年	2014年
HK00458	联亚集团				270	420	600	870	1，070	1，160

表2－39　户外运动服饰上市公司历年营业收入

人民币核算（单位：亿元人民币）										
代码	公司简称	2006年	2007年	2008年	2009年	2010年	2011年	2012年	2013年	2014年
SZ300005	探路者	0.73	1.19	2.12	2.94	4.34	7.54	11.06	14.45	17.15
港币核算（单位：亿港元）										
代码	公司简称	2006年	2007年	2008年	2009年	2010年	2011年	2012年	2013年	2014年
HK00458	联亚集团	28.58	29.13	34.92	28.29	30.35	32.73	33.88	36.00	35.80

表2－40　户外运动服饰上市公司历年净利润

人民币核算（单位：亿元人民币）										
代码	公司简称	2006年	2007年	2008年	2009年	2010年	2011年	2012年	2013年	2014年
SZ300005	探路者	0.03	0.11	0.26	0.44	0.54	1.07	1.68	2.41	2.82
港币核算（单位：亿港元）										
代码	公司简称	2006年	2007年	2008年	2009年	2010年	2011年	2012年	2013年	2014年
HK00458	联亚集团	1.20	1.32	1.02	－1.02	1.97	2.50	1.09	0.43	1.48

8. 鞋帽皮具行业

截至2014年底，在沪、深、港三地交易所上市的鞋履、制帽企业18家。从财务数据看，鞋帽企业和其他服饰企业一样，从2012年开始就感受到了存货和应收账款的压力以及由此而带来的业绩下滑。

百丽国际是鞋帽行业的标杆企业，不仅因其规模大，更主要的是其稳健性和成长性。我们分析了该公司的主要财务数据，公司在保持高速成长的同时，也保持了存货和应收账款周转效率的稳定，这一点是许多企业，特别是在2011年以后这几年里难以做到的（表2－41～表2－43）。

表 2－41 鞋帽皮具上市公司历年零售终端数

（单位：个）

人民币核算

代码	公司简称	2006 年	2007 年	2008 年	2009 年	2010 年	2011 年	2012 年	2013 年	2014 年
SZ002291	星期六	619	1，177	1，205	1，409	1，713	1，961	2，351	2，363	2，327
SZ002517	泰亚股份（鞋材）									
SH603001	奥康鞋业				3，218	3，869	4，512	5，315		
HK01028	千百度			928	1，045	1，289	1，748	2，166	2，286	2，297
HK01096	动感集团					1，336	2，040	2，334	2，511	1，884
HK01121	宝峰时尚（拖鞋代工）					520	900			
HK01819	富贵鸟					1，820	3，031	3，231	3，359	3，144
HK01880	百丽国际		6，143	9，384	9，798	12，139	15，112	17，712	19，233	19，333
合计		619	7，320	11，517	15，470	22，686	29，304	33，109	29，752	28，985

港币核算

代码	公司简称	2006 年	2007 年	2008 年	2009 年	2010 年	2011 年	2012 年	2013 年	2014 年
HK00210	达芙妮国际	2，238	2，859	3，642	4，225	5，199	6，165	6，881	6，702	6，757
HK00264	卓高国际（皮具）		4	4	4	4	5	6	7	6
HK00738	利信达集团		292	280	403	568	766	921	984	928
HK01100	飞达帽业（代工及零售）									
HK01170	信星鞋业（代工）									
HK01223	新洋集团（代工及零售）									
HK01386	盈进集团		350	577	738	790	893	1，059	1，029	995
合计		2，238	3，505	4，503	5，370	6，561	7，829	8，867	8，722	8，686

美元核算

代码	公司简称	2006 年	2007 年	2008 年	2009 年	2010 年	2011 年	2012 年	2013 年	2014 年
HK00551	裕元集团（代工及代理）		5，530	7，704	5，828	8，174	6，412	5，935	5，928	6，952
HK00676	创信国际（代工）									
HK01836	九兴控股（代工及零售）		83	173	256	324	416	457	376	332
合计			5，613	7，877	6，084	8，498	6，828	6，392	6，304	7，284

表 2－42 鞋帽皮具上市公司历年营业收入

人民币核算（单位：亿元人民币）

代码	公司简称	2006 年	2007 年	2008 年	2009 年	2010 年	2011 年	2012 年	2013 年	2014 年
SZ002291	星期六	3.80	6.06	7.69	8.80	11.43	13.48	15.69	18.44	17.58
SZ002517	泰亚股份（鞋材）			2.32	3.04	3.27	3.54	3.92	3.39	3.48
SH603001	奥康鞋业			10.79	16.67	22.11	29.66	34.55	27.96	29.65
HK01028	千百度			11.11	13.17	15.93	20.44	24.32	24.30	28.21
HK01096	动感集团			1.62	2.31	4.12	6.07	6.79	7.93	5.84
HK01121	宝峰时尚（拖鞋代工）		4.29	4.99	5.89	8.33	11.18	13.52	6.24	1.97
HK01819	富贵鸟					10.70	16.52	19.32	22.94	23.23
HK01880	百丽国际		116.72	178.56	197.62	237.06	289.45	328.59	362.49	430.67
合计		3.80	127.08	217.08	247.49	312.95	390.33	446.71	473.70	540.64

续表

港币核算（单位：亿港元）										
代码	公司简称	2006年	2007年	2008年	2009年	2010年	2011年	2012年	2013年	2014年
HK00210	达芙妮国际	30.93	38.54	52.89	58.32	66.24	85.77	105.29	104.47	103.56
HK00264	卓高国际（皮具）		2.82	3.22	3.12	2.51	2.22	1.96	1.88	1.31
HK00738	利信达集团		7.24	7.82	9.10	10.00	13.20	15.45	17.62	20.39
HK01100	飞达帽业（代工及零售）	7.43	5.39	6.11	5.16	6.79	7.51	7.67	9.23	9.18
HK01170	信星鞋业（代工）		11.57	13.18	14.64	12.90	15.04	16.55	18.09	19.23
HK01223	新沣集团（代工及零售）	18.62	18.49	20.51	17.85	19.47	24.78	19.68	15.65	2.64
HK01386	盈进集团		6.89	9.30	10.44	11.38	12.99	14.51	13.75	12.99
合计		56.97	90.94	113.02	118.62	129.28	161.51	181.11	180.69	169.30
美元核算（单位：亿美元）										
代码	公司简称	2006年	2007年	2008年	2009年	2010年	2011年	2012年	2013年	2014年
HK00551	裕元集团（代工及代理）		41.14	49.20	50.17	57.88	70.45	72.98	75.82	80.13
HK00676	创信国际（代工）	1.41	1.50	1.48	1.07	0.72	1.02	0.96	0.75	0.78
HK01836	九兴控股（代工及零售）	7.79	9.37	11.02	10.09	12.94	14.95	15.50	15.41	16.63
合计		9.21	52.01	61.70	61.32	71.54	86.42	89.44	91.99	97.54

表2-43 鞋帽皮具上市公司历年净利润

人民币核算（单位：亿元人民币）										
代码	公司简称	2006年	2007年	2008年	2009年	2010年	2011年	2012年	2013年	2014年
SZ002291	星期六	0.48	0.86	1.03	1.14	1.00	0.99	0.57	0.36	0.39
SZ002517	泰亚股份（鞋材）			0.17	0.25	0.34	0.38	0.40	0.63	0.05
SH603001	奥康鞋业			0.43	2.00	2.80	4.57	5.13	2.74	2.58
HK01028	千百度			1.06	0.80	1.70	2.90	3.24	2.34	2.47
HK01096	动感集团			0.05	0.32	0.71	1.12	0.73	0.72	-1.30
HK01121	宝峰时尚（拖鞋代工）		0.69	0.58	0.70	1.14	1.61	1.54	0.68	-0.31
HK01819	富贵鸟					1.19	2.54	3.24	4.44	4.51
HK01880	百丽国际		19.79	20.03	25.30	34.25	42.38	43.25	44.65	51.28
合计		0.48	21.33	23.35	30.51	43.13	56.50	58.09	56.55	59.66
港币核算（单位：亿港元）										
代码	公司简称	2006年	2007年	2008年	2009年	2010年	2011年	2012年	2013年	2014年
HK00210	达芙妮国际	2.95	3.89	4.97	4.01	6.12	9.45	9.75	3.34	1.82
HK00264	卓高国际（皮具）		0.40	0.52	0.37	0.22	0.17	0.07	-0.03	-0.39
HK00738	利信达集团		1.06	0.78	0.72	1.23	1.69	1.95	1.79	2.89
HK01100	飞达帽业(代工及零售)	0.84	0.42	-0.30	-0.53	0.06	0.21	0.08	0.06	0.30
HK01170	信星鞋业（代工）		0.34	0.50	0.53	1.05	1.22	0.54	0.94	0.68
HK01223	新沣集团(代工及零售)	2.15	0.98	-2.30	0.18	0.88	0.36	-2.24	-0.09	0.002
HK01386	盈进集团		0.83	0.95	-0.90	0.02	0.23	-0.12	-0.95	-2.30
合计		5.93	7.91	5.12	4.38	9.57	13.33	10.02	5.07	3.00
美元核算（单位：亿美元）										
代码	公司简称	2006年	2007年	2008年	2009年	2010年	2011年	2012年	2013年	2014年
HK00551	裕元集团(代工及代理)		3.69	4.91	4.62	4.96	4.84	5.00	4.29	3.43
HK00676	创信国际（代工）	0.031	0.021	0.016	0.011	-0.025	-0.041	0.022	0.014	0.014
HK01836	九兴控股(代工及零售)	0.91	1.15	1.25	1.02	1.21	1.43	1.53	1.23	1.20
合计		0.94	4.86	6.17	5.65	6.15	6.22	6.55	5.53	4.64

9. 服饰辅料行业

截至2014年底，在沪、深、港三地交易所上市的服饰辅料企业有3家，分别是伟星股份、浔兴股份和开易控股，这三家企业是行业里的优势企业，即使在行业整体不够景气的这几年，也基本能做到保持平稳（表2-44、表2-45）。

表2-44 服饰辅料上市公司历年营业收入

人民币核算（单位：亿元人民币）										
代码	公司简称	2006年	2007年	2008年	2009年	2010年	2011年	2012年	2013年	2014年
SZ002003	伟星股份	8.50	11.86	14.78	13.95	18.29	19.34	18.56	17.72	18.49
SZ002098	浔兴股份	6.56	8.61	8.61	7.60	10.11	10.38	9.34	10.06	10.50
合计		15.06	20.46	23.39	21.55	28.41	29.71	27.89	27.78	28.98
港币核算（单位：亿港元）										
代码	公司简称	2006年	2007年	2008年	2009年	2010年	2011年	2012年	2013年	2014年
HK02011	开易控股		0.92	1.17	1.61	1.99	1.90	1.57	1.61	1.65

表2-45 服饰辅料上市公司历年净利润

人民币核算（单位：亿元人民币）										
代码	公司简称	2006年	2007年	2008年	2009年	2010年	2011年	2012年	2013年	2014年
SZ002003	伟星股份	0.72	1.21	1.60	1.74	2.62	2.00	1.72	2.12	2.34
SZ002098	浔兴股份	0.57	0.70	0.23	0.34	0.58	0.68	0.36	0.61	0.78
合计		1.29	1.92	1.82	2.09	3.20	2.68	2.09	2.72	3.13
港币核算（单位：亿港元）										
代码	公司简称	2006年	2007年	2008年	2009年	2010年	2011年	2012年	2013年	2014年
HK02011	开易控股		0.274	-0.021	0.403	0.308	0.204	0.008	0.029	0.034

10. 七大服饰跨国公司

在我国服饰企业普遍业绩下滑的同时，我们也看到了国际跨国公司的稳健增长（表2-46～表2-48）。

表2-46 七大服饰跨国公司历年零售终端数 （单位：个）

美元核算										
代码	公司简称	2006年	2007年	2008年	2009年	2010年	2011年	2012年	2013年	2014年
NKE	耐克公司（直营店）	418	486	556	674	689	756	826	753	858
GPS	GAP			3,263	3,231	3,246	3,263	3,407	3,539	
COL	Columbia									
欧元核算										
ADS	阿迪达斯	875	1,003	1,884	2,212	2,270	2,401	2,446	2,740	
ITX	Inditex集团	2,341	3,487	4,025	4,346	4,760	5,438	5,652	5,946	
瑞典克朗核算										
H&M	H&M集团	1,324	1,522	1,738	1,988	2,206	2,472	2,848	3,132	3511
日元核算										
HK06288	迅销集团	1,632	1,828	1,961	2,258	2,203	2,088	2,222	2,449	2,449

表2－47　七大服饰跨国公司历年营业收入

美元核算（单位：亿美元）										
代码	公司简称	2006年	2007年	2008年	2009年	2010年	2011年	2012年	2013年	2014年
NKE	耐克公司	149.55	163.26	186.27	191.76	190.14	208.62	233.31	253.13	277.99
GPS	GAP			145.26	141.97	146.64	145.49	156.51	161.48	
COL	Columbia					14.84	16.94	16.70	16.85	21.01
欧元核算（单位：亿欧元）										
ADS	阿迪达斯	100.84	102.99	107.99	103.81	119.90	133.44	148.83	144.92	145.34
ITX	Inditex集团	81.96	94.35	104.07	110.84	125.27	137.93	159.46	167.24	
瑞典克朗核算（单位：亿瑞典克朗）										
H&M	H&M集团	684.00	783.46	885.32	1013.93	1084.83	1099.99	1207.99	1285.62	1514.19
日元核算（单位：亿日元）										
HK06288	迅销集团（UNIQLO优衣库）	4,488.19	5,252.03	5,864.51	6,850.43	8,148.11	8,203.49	9,286.69	11,430.03	13,829.35

表2－48　七大服饰跨国公司历年净利润

美元核算（单位：亿美元）										
代码	公司简称	2006年	2007年	2008年	2009年	2010年	2011年	2012年	2013年	2014年
NKE	耐克公司	13.92	14.92	18.83	14.87	19.07	21.33	22.11	24.72	26.93
GPS	GAP			9.67	11.02	12.04	8.33	11.35	12.80	
COL	Columbia					0.77	1.03	1.00	0.94	1.37
欧元核算（单位：亿欧元）										
ADS	阿迪达斯	4.96	5.55	6.44	2.45	5.68	6.70	5.24	7.90	4.96
ITX	Inditex集团	10.10	12.58	12.62	13.22	17.41	19.46	23.67	23.82	
瑞典克朗核算（单位：亿瑞典克朗）										
H&M	H&M集团	107.97	135.88	152.94	163.84	186.81	158.21	168.67	171.52	199.76
日元核算（单位：亿瑞典克朗）										
HK06288	迅销集团（UNIQLO优衣库）	404.37	317.75	435.29	497.97	616.81	543.54	716.54	903.77	708.22

三、行业增长滑坡倒逼企业转型升级

为了应对行业性的增长瓶颈，各企业都在结合自身情况寻找解决方案。特别是抓住“互联网＋”时代的机遇期，依托互联网技术谋求自身的转型升级。

美特斯·邦威服饰定向增发股票，计划募集资金90亿布局“互联网＋”大数据建设，继续、全面推进互联网化转型发展。

搜于特以自有资金3.24亿元战略入股汇美服装，汇美服装为国内多品牌互联网时尚服装龙头企业之一，目前拥有了超过700万人的会员基数，建立了针对服装电商消费人群的需求分析体系，开发了符合服装电商行业的快速供应链条，形成了生产规模经济和与平台议价的能力，具备了成功孵化一批特色互联网时尚服装品牌的能力。同时搜于特公司为适应服饰消费市场小众化、个性化、差异化的发展趋势，决定从2015年起向市场推出10个服饰潮品牌，作为公司品牌转型升级的路径和方向。

百圆裤业在完成收购“环球易购”以后，即将跨境电商业务作为公司发展的重点领域。跨境电商业务的收入已成为公司营业收入的重要来源。公司并于2015年6月12日，将公司名称变更为“跨境通宝电子商务股份有限公司”（简称“跨境通”）。

希努尔推出男装高级定制品牌“普兰尼奥”，公司计划着重发挥公司在三四线城市渠道布点密集的优势，以平价高品质和改善客户体验为重点，推进公司全系列产品定制服务。公司还将积极推进“互联网+”计划，将高端定制与O2O、智能制造相融合。

报喜鸟增资持有乐裁网络30%股权，积极布局私人定制，进一步开拓私人量体定制业务的营销渠道。

七匹狼深入推进零售战略，优化商品企划、创新营销方式、推行合伙人机制（除了极致单品合伙人，公司规划的合伙人机制范围较广：在该机制下，店长可以参与门店收入分成，子公司、分公司如果经营得好可以享有公司股权。公司推广该机制的核心在于互联网背景下商业模式的转变，即粉丝经济、人脉营销模式的兴起，未来以微信群为代表的自媒体模式可能替代传统的淘宝、天猫渠道）、提升产品性价比、增强渠道内生增长能力。

九牧王通过与景林投资合作设立互联网时尚产业基金，积极拓展多品牌业务及服装相关产业的投资。

卡奴迪路拟使用4.43亿元用于“时尚买手店O2O项目”。该项目主要包括线上时尚电子商务平台和线下时尚买手店，并通过O2O商业模式统一运营，通过该项目的建设，公司将围绕“互联网+”背景，构建卡奴迪路时尚集团的全球时尚生态链。

服装行业的转型升级与智能制造

中国科学院软件研究所　钟康

一、市场现状

随着社会经济与文化水平的不断发展，我国服装产业站在了新的拐点上。服装产业是永恒的朝阳产业，然服装企业却不是永恒的朝阳企业，服装企业亦需要跟随时代前进的步伐不断改进生产模式，革新商业模式。墨守成规的服装企业终将因无法适应市场新需求而步履维艰甚至惨遭淘汰。

伴随行业成本的刚性上涨、电商交易的飞速发展以及国外“快时尚”品牌的进入，我国大量服装企业都面临着新市场环境下的重重挑战，如高库存、低利润以及持续发展等由于现有生产模式以及商业模式无法适应新形势下的市场需求而引发的一系列问题。

一方面，现今国内服装市场随着人们生活观念的改变和消费程度的进步已然形成了买方市场格局，消费者购买服装从单纯的穿衣需求转而追求新、奇、美的个性化、多样化的消费需求。这种需求变化下，传统大批量的期货式生产模式势必造成库存积压现象，加大库存开销，而企业为清库存回流资金所采取的大幅打折促销等手段不仅损伤了品牌形象，更降低了品牌的持续盈利能力。调查显示，终端销售1%折扣即造成净利润7%的损失。

另一方面，电子商务的飞速发展在拓宽销售渠道的同时，也对传统实体渠道形成了巨大冲击，电商渠道和实体渠道的平衡难以把握，企业左右为难。由于国内电商环境造成电商渠道与实体渠道的销售价格呈现较大差距，不但使得企业通过电商的销售利润大大降低，甚至产生亏损，也影响了线下实体店的价格体系，进而对整个品牌盈利能力造成影响。究其本质，电商渠道的拓展并没有改变品牌企业的商业模式，仍然是期货生产，仍然缺少快速返单生产机制，无法有效解决企业库存及持续盈利问题。

面对消费需求以及渠道多样化带来的改变，国内服装企业为建立新形势下的核心竞争力，谋求持续发展而不得不探索适合自身的转型升级道路，从问题产生的源头着手去解决库存问题、缺货问题、盈利问题等问题，变革传统的商业模式和生产模式以适应新的市场环境。

二、服装产业的转型升级

服装个性化消费浪潮已然来临，服装行业的转型升级与智能制造发展势在必行。粗放型的大批量生产管理模式以及品牌批发型商业模式已无法应对个性化定制、快速响应的市场新需求，不论自有品牌型服装企业还是代加工型服装企业，都面临转型问题。

以红领为代表的企业所开展的定制生产模式，ZARA、H&M 等品牌所开展的快时尚经营模式作为目前已被证明成功的转型方向，为国内广大的服装企业提供了参考目标。而以贴牌生产为主的代工型企业也在通过先进的缝制设备等不断提高生产智能性以缩短生产周期，提高生产灵活性，并降低升本，形成订单竞争优势。据相关调查显示，目前国内涌现出越来越多的私人及团体定制，国内高端服装定制市场规模每年正以25%～35%的速度快速增长，而主动转向的快时尚品牌公司也都采用单季多次换款的销售方式，门店销售越加趋向于快时尚、多款式。

企业的成功转型除了需要定位的准确以外，还涉及供应链的诸多环节，需要各个环节都能适应现代化市场的要求，以满足网络时代消费者个性化需求为目的而展开的定制生产模式由于消费者个性化需求的差异性大。加之消费者的需求量又少，在实行定制生产时就必须使得管理、供应、生产以及物流配送等各个环节上都适应这种小批量、多品种、短交期的生产和销售变化。同样，快时尚经营模式实行一切从市场需求出发的拉式生产模式，要求企业的整个供应链统一配合销售终端的销售以最大限度地减少产品滞销和过量库存现象，这就要求企业拥有较强的设计能力、销售端实时数据获取和分析、符合小批量多品种的生产要求，从仓储到配送系统的快速响应能力等。

三、一体化智能供应链

服装企业的转型，不论是定制生产方向，还是快时尚方向，都是对传统品牌批发型模式的颠覆。传统品牌批发型商业模式下，品牌商不直面终端消费者，而是由各级代理商控制渠道，导致品牌商无法实时跟踪市场需求的变化。加之，期货式的量性生产组织模式下由于生产计划来源于代理商预测、缺乏快速灵活的返单生产机制等原因极易造成畅销缺货、直销库存的问题，更加重了品牌营销的压力，难以快速响应的多样化消费市场需求。

针对品牌批发型模式逐渐暴露出来的诸多弊端，品牌零售型商业模式日渐受到青睐，无论是定制生产模式，还是快时尚模式，都是该模式下的具体实现。与传统品牌批发型模式相比，品牌零售型商业模式最大的特征在于终端的把控能力，品牌商直面终端消费者，以市场销售拉动生产执行拉式供应链管理，根据市场实时反馈调整产品，减少库存，持续释放品牌盈利能力。

为了适应品牌零售型商业模式下对供应链提出的更高的要求，垂直一体化的智能供应链集成优化平台建设首当其冲，是为实现基础。一体化的智能供应链完全由市场销售拉动，实时响应实际需求，分散控制了灵活性和适应性。通过平台，企业不仅能够通过分析实时获取的线上线下终端销售数据快速发现爆款与滞销款，并直接反馈到供应链中的上下游企业，及时调整生产计划，还能够随时随地反馈市场调研情况，快人一步完成信息分析，迅速抢占市场先机。平台通过各类供应商与生产企业之间信息的实时互通，能够实现多个环节的智能分析与决策，若每个环节节省两天，得到的就是供应链优势。

围绕新兴品牌零售型商业模式，建设的一体化智能供应链根据市场需求柔性组织生产，采取拉式补货和库存缓冲管理，能够优化终端门店的货品结构，大幅减少门店滞销品库存数和畅销品缺货数，提升品牌形象，建立品牌行业竞争优势。

四、智能制造

新型商业模式下的一体化供应链建设需要供应链各个环节都能适应小批量、多品种、多款式、短交期的市场变化，作为供应链最重要组成环节的生产制造环节首当其冲面临改革大考，传统的存货式量性生产组织模式已无法适应新的市场需求，生产过程高度可控、生产灵活性大幅提高、生产周期大幅缩短是定制生产等愈加契合市场的新兴商业模式对生产环节提出的更高的要求。

伴随机电一体化技术的成熟及物联网技术的应用，服装生产过程中能够实现智能化的部分不断被提取，缝制设备的自动化程度和性能得以不断提升，自动包缝机、自动裤带环机等“机电一体”的自动缝制单元不断涌现，解决面料定位与抓取问题的“智能化服装缝制机器人”研究提上日程，智能缝制设备向着“一人多机”方向发展。缝制设备单机智能性的不断提升使得实现服装生产低成本、高效率、高可控成为可能。

然而，单个环节效率的提升与整体效率的提升是非线性关系，服装生产的任一环节都有可能成为制约生产的因素，企业效率最大化和利润最大化的实现需要完全覆盖的信息化制造网络的支撑。物联网技术支撑下，智能缝制设备联网，并结合以吊挂生产线等为代表的智能物料传输设备，进一步实现设备、人员、物料的协同管理，是目前实现服装智能制造的可行路径之一。

单机智能性的提升降低了相关工序的加工时间，而以组为单位的智能吊挂生产线的使用进一步解决了传统生产模式下的物料传输、资源动态调度以及生产流程管理等“瓶颈”问题，将服装生产从前道到后道各环节的物料传输无缝衔接起来，极大提高了整体生产效率，这是实现智能制造的必要条件。智能缝制设备联网，结合智能吊挂生产线构建覆盖服装生产各个环节的信息化制造网络，并在诸如“云道智造”等面向服装行业的智能制造平台管控下，融入行业知识对生产大数据及工人加工行为进行分析，指导工人加工行为并反馈控制智能缝制设备的行为，消除人所造成的不确定性，支持各环节无缝衔接，实现企业间制造资源和制造能力的协同，帮助企业进行改进生产与业务流程，优化资源配置和调度，提高生产效率，降低运营成本，缩短供应链周期，真正意义上实现服装智能制造。

当今服装产业的市场竞争焦点更加集中于服装企业对市场的响应速度、服装品牌以及服装企业技术创新能力方面。一些服装发达国家在快速供应链支持下能够在七天内完成新产品的设计制造到上柜售卖的完整过程。围绕品牌零售型商业模式开启的服装企业的转型升级都需要一体化供应链及智能制造的配合，生产制造的高度可控、供应链周期的大幅缩短、快速的市场响应能力等都是服装个性化消费潮流下服装企业建立核心竞争力的基本要求。

第三部分　观点篇

新常态下中国经济的动力转换[1]

潘建成

一、经济增长换挡减速

新常态下中国经济，这是一个大课题，这里只讲其中三个方面。第一，目前我们经济增长在下滑，那么增长下滑的背后是什么样的故事？第二，如何理解中国经济的新常态以及动力的切换？2014年中国经济增长速度是24年来的最低点，很多人对此表示担忧。那么，究竟是否需要担忧呢？事实上，跟24年前相比，今天的中国经济的产出，是24年前的10倍，打个比方，过去车载了1吨的货在爬坡，而现在是10吨。

按道理来讲，经济增长率每年都应该是不一样的，因为它的分母在变化。在过去的10年间，我国钢铁产量增长了4倍，汽车增长了8倍。希望10年后钢铁还有这样的增长是荒唐的。同样，中国经济也不可能一直保持很高的增长速度，中国经济已经走过了高速增长的阶段，该换挡了。而事实上，换挡并没有那么明显，从目前微观的情况来看，销售利率虽然有所下滑，但也不是很剧烈。为什么人们对经济减速换挡如此敏感？我认为有以下几个原因。

第一，工业品的价格，也就是企业产品的价格连续36个月下跌，与此同时，农民工的工资在不断上涨，企业家的压力与日俱增。第二，各个行业分化非常严重。为什么有些产业如此困难？首先是过去扩张得太快，导致现在产能严重过剩；第二是遇到节能减排的压力。事实上，我们可以看到很多与消费和产业结构升级相关的行业还是比较稳定的，从地区的情况也能看到这一点。去年以来，下滑最明显的是黑龙江、山西、河北等省，都是对于资源密集型产业非常依赖的地区。黑龙江对能源工业、山西对煤炭业、河北对钢铁行业，都有非常高的依赖程度。比如河北钢铁，从全球钢铁产量上来说，中国第一，河北第二，唐山第三。唐山一个地方的钢铁产出已经相当于整个欧洲。另外，是因为持续多年活跃的房地产产业进入了调整期。对于中国经济产生如此巨大影响的产业出现了调整，给大家构成了压力。

还有一个非常重要的原因，这是我特别想讲的，就是大家的心态不适应目前这样一个转换。

过去那么多年，财政收入保持20%左右的年增长，这其实是极不正常的。我们经常说，新常态对应一个旧常态，这个旧常态的“常”，是过去经常发生的，通常发生的、频繁发生的状态，但它不是正常的状态。而我们今天讲的新常态，不但应该是新时期“经常”发生的，同时又应该是“正常”的。

我们对于过去这样一个快速的增长习惯了，所以，心态无法适应新常态这样一个状态。事实上，最近这几年，经济增长是相当平稳的，也就是说，金融危机以来，整个趋势是往下的，但是最近两三年波动并不大。所以，现在的压力，一半来自客观因素，一半是我们的心态不适应造成的。

[1] 根据国家统计局中国经济景气监测中心副主任潘建成在2015年中国服装论坛上的演讲整理。

二、合理增长的支撑动力

那么，为什么在这样一个巨大的压力下，经济依然保持相对平稳的增长？我说巨大的压力，是三期叠加：结构调整的阵痛，经济增长的换挡和前期政策的消化，房地产市场的调整和国际经济的不确定性。中国经济依然保持了相对平稳的增长，说明背后还是有支撑的力量的，这个力量就是第三产业，它标志着中国经济开始逐步摆脱对工业增长、尤其是重工业增长的过度依赖。2014 年，第三产业比重扩大的趋势在延续。

另一个支撑的力量是内需。目前，我们出口占 GDP 的比重在下降，内需作为推动中国经济的内在动力在增强。而且出口的结构的优化，一般贸易的比重在上升，加工比重在下降。出口的目的地国也在优化，出口欧洲、美国的份额在减弱。

当前，世界经济仍处于深度调整当中，不确定因素增多。我国的出口压力仍然较大，在出口受到制约的背景下，农民工的工资持续上涨，意味着出口企业的压力仍然非常大。当然，我们也有一些主动的措施来促进出口，比如税收政策、出口退税等，还有“一带一路”。不过“一带一路”是一个长远的战略，对于中国经济的影响和对中国企业走出去、中国产品走出去的帮助，一定是渐进的，不会像当年的“四万亿”，很快就能把经济刺激上去。

我认为，政府对于全球的形势分析是到位的，世界经济仍处于深度调整当中，不确定因素增多。所以，2015 年中国出口的增长不会太多，但是，在推动经济增长的力量里面，消费发挥的作用将越来越重要。2014 年，消费对经济增长的贡献明显在增强。而 2015 年收入分配制度改革的进一步深化，资本市场的回暖，这些因素对消费都将产生促动作用，所以消费对经济增长的贡献可望进一步增强。

通过调查我们发现，2014 年中国老百姓的消费观念在不知不觉中发生变化，消费的意愿已经超过了储蓄的意愿，这是非常值得关注的现象。尤其是消费结构的升级，消费结构升级的一个典型标志就是服务型消费的比重上升。比如快递行业，有数据统计，因为网购的习惯，现在网居的消费增长了 30%，而网购推动了快递业连续四年以 50% 以上的年业务量增长。这表明我国整个经济处于分化的状态，下滑的主要是制造业，而第三产业还是比较稳定的。

为什么制造业投资增长下滑？因为产能过剩。产能过剩现在来看是非常严峻的，未来还会更严峻，因为消化产能是一个很漫长的过程。比如房地产行业，现在全国绝大多数地方，包括北京、上海、深圳等上线城市的房地产市场都出现了调整，背后的原因其实很简单，是房地产供求格局发生了根本性的转变。

我们可以看到，实际上很多开发商的拿地积极性早在两三年前就在减弱，当时他们就已经看到了供求格局的变化。它背后的原因是需求接近饱和。中国目前城镇住房拥有率已经达到 90%，远远高于全球的水平。2013 年的相关调查显示，10 个购房者里，有 4 人是已经有住房的了，有的甚至已经拥有两套以上。我认为，这是一个巨大的泡沫，从目前来看，这个泡沫在萎缩，这其实不是坏事。

我们可以看到，现在房地产业，竣工和施工面积在增加，说明供给依然在增加，但是销售面积在下降。成群的在建楼盘，如何去消化？目前中国房地产的价格是比较稳定的，我觉得，我们要感谢消费者，大家的预期有人认为是涨，有人认为是跌，有人认为是平稳的。我们特别需要稳定这样的预期，因为预期会改变供求，我们一定不能让房地产的预期有比较大的变化。

同时，我们还可以看到有支撑投资增长的动力，就是生产性服务业的投资在高速增长，这代表着中国产业结构生产正在进行中。目前我国整个经济分化的现象是非常严重的。投资总体来说会有下滑，但是从新开工项目来看，下滑没有那么显著，还是比较温和的。企业家对于短期的判断都不是很乐观，其中一个重要的原因，是目前处在去库存的阶段，甚至是加速去库存的阶段。去库存和价格下跌形成了一个交相辉映的情况，对于经济的拖累是比较大的。

虽然经济不很乐观，但还是有相当多的支撑因素，2015 年 7% 的增长还是可以达到的，关键是我们怎么来认识新常态。过去 30 多年，中国经济增长的特点是，第一，平均速度很高；第二，大起大落，波动厉害。我们要改变这样一个状态，首先要认识的一个重要问题是，中国经济增长是不是真的很慢。从全球来看，中国的经济增长不仅远远高于欧洲、美国、日本，也比印度等发展中国家高。

三、放慢速度，提高质量

但也不能说没有问题，问题出在 GDP 上。GDP 是一个国家新增加产出的综合，比如两辆汽车在高速公路上相撞，那么 GDP 瞬间产生了：汽车厂有生意了，修理厂有生意了，医院也有生意了。我们的 GDP，有太多是依靠大拆大建，是狗熊掰棒子，我们只鼓励狗熊掰得快，而不管它有多少棒子能拿回去，有多少棒子烂在地里了。

第二个原因是政府支出过于庞大，对于 GDP 形成了保驾。反腐败的八项规定，在一定程度上减轻了政府支出对 GDP 的保证。

第三个原因是很多人都认为中国经济增长慢了就会影响就业，我觉得这个问题值得商榷。中国是一个什么样的就业状况？中国有 2.6 亿农民工，多数都不能保证一周休息两天，每天工作八小时。如果都能按照这样的工作时间工作，那就可以吸纳更多的就业。

根据调查，企业认为，当前经济最困难的是人工成本的上升。人工成本上升背后，意味着就业困难，意味着企业产品价格上不去。企业产品价格下跌，是因为竞争激烈；竞争激烈，是因为生产同类产品的企业多；生产同类产品的企业多，是因为产能过剩；而产能过剩，是因为过去的投资增长过快。

当年四万亿下去，多少年投资高增长，现在我们终于明白，今天的痛苦一定程度上是昨天的快乐带来的。我们必须要清楚，目前面临的困境不会短期消失，所以我个人认为，我们真正要领会国家的意思。习主席前年在哈萨克斯坦的讲话非常精彩，“既要绿水青山，也要金山银山，宁要绿水青山，不要金山银山，而绿水青山就是金山银山。”

中央政治局会议落实了习主席的讲话，协同推进新兴工业化、城镇化的发展。我们要真正理解习主席提出新常态的意思：要正确认识我们经济发展的阶段性特征，进一步增强信心。三年前，有媒体问我，中国经济会硬着陆吗？我说，不会硬着陆，但是任重而道远。但我们不能总是任重道远。转型太困难了。为什么困难？因为我们对有些问题过度关注，影响了长期问题的解决。

我们整天去救火，火永远是救不完的，我们让小火烧一烧，忍住阵痛，把防火墙建起来，就不会造成大火的蔓延。中国经济是一个马拉松，过去这么多年，其实我们是在用百米冲刺的速度跑马拉松，我们已经把 PM2.5 跑出来了，把黑污水跑出来了，我们要用马拉松的跑步方式替代过去的百米冲刺，靠的就是结构、制度和技术。所谓结构，包括新五化、整个产业向中西部转移等；所谓制度，就是坚持深化改革、释放改革红利；所谓技术，就是创新的力量，习主席在 2014 年中国科学院第十七次院士大会、中国工程院第十二次院士大会上的讲话中指出，科技是国家强盛之基，创新是民族进步之魂。科技实力决定着世界政治经济力量对比的变化，也决定着各国各民族的前途命运。对于深化体制改革、加快创新驱动，我们要认真学习，要有紧迫感。

从企业的调查结果来看，创新驱动确实在增强。我认为，中国经济到了“治病”的关键时刻，我们不能惊慌无措，要有耐心、有信心，也要有决心。所以，我们不要过多地关注 GDP，GDP 只是一个数字，没有那么重要；真正重要的，也是我们要关注的，是人民的幸福。

我们每个国人也要调整好自己的心态，我们没有必要每天那么着急，匆匆忙忙。我们要有耐心，不要急于求成，少一点躁动，多一点从容。中国的经济，包括中国的每一个人可以走得慢一点，但是微笑可以多一点。

中国经济和企业的新常态[1]

许小年

一、解读新常态

中国经济将要进入一个中速的或者中高速的增长时期。对于这样一个新常态，各方面的解读不尽相同。我本人的理解，新常态的意思是，第一，政府不再以经济的高速增长为政策目标。经济增长速度将从两位数下降到8%，从8%降到7%，并且这个增速将长期存在。

第二，政府不再用刺激性和扩张性的财政政策和货币政策来保住7、保住8。经济发展自有它的规律，应该进入到一个自然增长的阶段，完全没有必要人为地设置增长目标，我甚至认为7%都没有必要作为目标。

第三，增长靠改革来实现改革红利。当然，在进入新常态的状态转换过程中，政府、企业都有不适应的地方，比如货币政策出现松动的迹象，政府也又开始批项目，似乎是新常态下，旧的思维仍然在徘徊，而且时刻影响我们经济政策的制订。我希望在这个时候，我们应该坚持新常态，并且坚持在新常态下的新思维，不能是新常态旧思维，因为旧思维已经不能适合中国经济发展的需要。

对于企业来说，我们经济提到经济增长就会提需求，认为经济增长放慢了，需求就不足了，其实这是我们的一种习惯性的思维。经济增长不是靠需求，而是靠价值的创造；而价值的创造不在需求方，需求只是消耗价值，不创造价值。创造价值的是供给方，是在企业这一方。我们以为经济增长是靠需求拉动，不是这样的，经济增长靠供给推动，而消费、投资、外需，传统上所谓的三驾马车，只是在消耗我们创造出来的价值。但需求创造价值的观点，已经在我们头脑中根深蒂固。

所以，在经济增长一旦弱化的情况下，大家马上想到的是到哪里去找需求？如何去刺激需求？其实我们完全搞错了。在经济增长放缓的情况下，我们更应该关注供给方。我们的政策，应该关注如何帮助企业去更快地创造价值。只有企业创造了价值，老百姓的收入才能提高；收入提高了，才有消费；有了消费，企业才能盈利；企业盈利赚钱，才有资金去投资。所以，供给创造价值，决定着经济发展，而我们研究的关注点，政策的关注点也应该放在供给方上。

二、新常态下的企业转型

那么在经济的新常态下，企业应该怎么做？企业必须要适应新常态。国家经济在转型，企业的经营管理也要转型。现在很多企业在经济增长下行的时候，茫然不知所措，因为它们已经习惯了过去的高速增长，习惯了高速增长中的经营方式。

所以要转型。现在很多企业都认为，不转型是等死，而转型是找死，就像几年前，我们在谈论国家经济改革的时候，有的观点认为，不改革是等死，改革是找死。为什么会产生这样的疑问和心理状态呢？这就是我们传统的经营方式和传统商业模式带来的思维惯性，这种惯性归根到底是存在于企

[1] 根据中欧国际工商学院经济学和金融学教授许小年在2015年中国服装论坛上的演讲整理。

业家的头脑之中。

而这种思维惯性是有支撑的，并非空穴来风。我们企业过去的成功，助长了这样的思维惯性。但是我们需要意识到，过去的成功不能够保证企业在新常态下继续成功，因为我们过去成功的前提条件都发生了根本的变化。我们的企业，特别是传统制造企业，过去的成功有两个前提条件。第一，是有着未饱和的市场，也就是说，有着广阔的市场空间。第二，是生产资料比如土地、劳动、资金等可以长时期保持低成本。所以我们过去企业的成功模式，是用尽量少的时间，尽快地组织起低成本的资源进行低成本的扩张，抢占市场，但是这个时代已经过去了。放眼望去，各行各业都是过剩产能，供给能力已经远远超过了需求，市场早已饱和。同时，成本特别是人力成本在不断上升。在这样一个情况下，我们过去那种低成本扩张的模式就不能适应新的形势。

但是，我们现在的企业家由于过去的成功，仍然沉醉在这种老旧的模式中，不能适应新情况。当市场饱和的时候，企业怎么办？只有两个办法，第一，创造新的市场。我们说需求不足，其实不是需求不足，而是对现有的老产品的需求不足。现有老产品的供应已经很充分了，当然需求不足，但并不是说没有新的需求，新的需求在哪里？新的需求不在消费者手上，而是在企业自己手上。

市场是可以不断被创造出来的，而创造市场需求的人，不是消费者，而是企业，是企业家。消费者等着企业拿出新产品，如果拿不出新产品，企业会陷入非常被动的局面。所以我们要注意区分，是什么样的需求不足。据我观察，都是对现有的产品需求不足，因为已经饱和了。

我经常讲，一个平庸的企业创造供给，跟随客户走；而一个优秀的企业创造需求，引导客户走。新常态下，企业就要从跟随客户变为引导客户，从创造供给转向创造需求。新的市场需求如何创造，需要企业拿出新的产品、技术和服务来。

比如手机，当苹果手机准备进入市场的时候，市场是诺基亚和摩托罗拉的天下，已经饱和了。但苹果手机依然发现了需求不足，这个需求不足是对过去带键盘的非智能化的旧产品的需求不足，于是苹果推出了触屏式的智能手机，创造了新的需求。

有一个故事：苹果手机上市之前，有人建议去做市场调研，了解市场对智能手机的需求到底是多少。而乔布斯说，没有必要做调研，因为对智能手机的需求还不存在，对于根本没有的产品，无法知道需求是什么。这就是优秀的企业创造出来的需求。那么，企业依靠什么拿出可以创造需求的产品？需要我们的企业从传统的经营制造转向创新。

从生产能力的扩张，转向研究与开发，这对我们企业是一个非常大的挑战，很多企业做制造，做成本控制，做生产管理，都非常好，可是，对于如何做研发却没有思路。而在未来的市场竞争中，如果不能够转型，就会非常被动。

在经济的新常态下，保持良好的政府关系、敏锐的市场嗅觉、灵活的生产经营、严格的成本控制等，依然是企业成功的要素，但已经不是成败的关键要素。企业成败的关键，是在于能不能够高效地进行创新。

三、新常态下的企业家心态

我们的企业为什么会在创新上感到困难重重？我认为，创新困难，困难不在市场上、不在公司里、不在员工身上，而是难在企业家个人的头脑中，难在企业家的思维方式上。长期以来，市场上流行一种机会主义的经营路线。有一句话，把这种机会主义的经营路线很生动地总结出来：只要找准了风口，连猪都能飞上天。这是典型的中国式机会主义。

做企业不是找准风口，做企业、企业家的责任不是找风口。对于这种观点，马云的回答是：猪飞上天了，风停了怎么办呢？风停了，首先摔死的是猪。现在，中国经济的这种两位数增长的“大风”，即便不是停了，也是放缓了。猪能不能继续飞？猪如果还想继续飞，怎么办？所以转型之困难，我认为首先是我们的思维方式要转型，要彻底地克服那种机会主义的经营思路。

其次，我们不能否认，中国企业是有创新的，尽管这些创新或多或少都带有着些许模仿的意味，属于一种模仿的创新。但这种创新和国外企业相比较，不论从数量上还是质量上，都是明显落后的。这与我们制度的层面和企业家有着非常大的关系。当中外企业进行对比时可以发现，中国企业之间的模仿非常多。

中国的传统的制造业，一搞就是一大片。在河北，可以找到很多钢铁之乡、水泥之乡；而南方，则是众多的鞋帽之乡、箱包之乡，关键在于这些地区相互模仿。一些相似的小公司往往集中在一个小区域，因为它们缺乏创新能力，但却具有很强的模仿能力。模仿给我们带来了极大的困扰，创新者耗费了大量的人力物力财力进行的创新，一旦被模仿，利益马上就会被侵蚀掉。

为什么我们创新落后，而模仿能力却非常强？我个人的观察，是因为我们中国企业家普遍内心世界缺乏。产品有特性，首先人必须有个性，没有个性的人，也制造不出有特性的产品。和国外企业家相比，我们的企业家相对内心世界的缺乏，或者内心世界的虚弱，这是我们创新能力低下的一个很重要的原因。造成内心世界缺失的原因，是因为他们个人价值观严重地趋同。

有一些企业家，他们做企业，似乎不是为自己做的，似乎不是享受做企业的过程，似乎不是因为做了一家企业，为客户和消费者创造了价值而感到一种由衷的愉悦。这些企业家，做企业的标准千篇一律。他们认为，个人价值是有外在客观的一致标准的，而不是内在的主观成就感。而这个外在一致的成功的客观标准，就是“利润”。

企业规模大、赚钱多，企业家自己身价高，住洋房开豪车，对于这些，我并不反对。但是，我认为个人价值的体现并非仅此条。个人的价值主要是来自于这个人的内心，在人生有限的几十年里，是否有意义。只要是企业家，就都是追逐利益的，但是，有些人把“钱”作为终极目标，而有些人没有把它作为人生的终极目标，仅仅把“钱”作为实现他个人价值的工具。

所以我们看到，一些国内的企业家，永远处于一种焦虑的状态，他们总是认为，企业没有做大，钱没有赚足，不算是成功，他们在意别人的看法，而不是自己内心的感受。这一点，在和国外的一些企业家进行比较的时候，非常明显。国外的很多企业家，更多考虑的是能否把企业做好，而不是做大。比如在德国，有很多几十人几百人的中小企业，也已经经营了上百年，直到今天，仍然在市场上有自己的独到之处。而我们，经常说把企业做大做强，实际上，人们的关注点普遍是“大”而非“强”，把“大”视为“强”的同义词。

在德国宝马公司的协作商里，是众多的中小企业，拥有自己的技术积累，宝马离开它们，可能就没法生产出产品。为什么这些企业家能把几十人的小企业长期做下去？据我观察，他们在做企业的过程中，找到了自己一生的意义，他们更多是在乎自己内心的感受，而不是用一种统一的、外在的客观尺度来衡量自己成功与否。而在外在的客观一致的标准衡量之下，中国的企业家就陷入了攀比与模仿的竞赛之中，因为标准一样，所以行为都一样，追求的全都是规模，同样的思路，同样的产品，同质化的竞争。说到底，什么叫做企业家的成功？我个人认为，没有标准。成功与失败，全在自己的内心。

如果不把这样一种价值观扭转过来，我们就都会去追求规模，快速地相互模仿抄袭，结果就是产品的同质化。而没有创新，就不可能有技术积累。

四、新常态下的价值创造

那么，建立了自己的内心世界，就可以渡过难关了吗？当然不是。但是，只有把自己的价值观从外在的客观标准转向自己内心世界的时候，才能够创新，才能够创造价值。而当你创造价值的时候，利润就是一个自然的结果，而不再是追求的目标。这个自然的结果，是通过创造价值得来的，所以，企业家不要关注自己赚了多少钱，而是要问问自己，是否创造了价值。

什么叫价值创造？我的定义有两点，第一，是给市场制造了前所未有的新产品和新服务。而在此之前，没有这样的产品或者服务。比如在苹果之前没有智能手机，苹果手机把智能手机带到了市场上，这就是价值。腾讯把微信带进了千家万户，给我们一种全新的服务，现在甚至我们离了微信，都不知道如何生活、如何工作，这就叫创造价值。第二，以更低的成本，向市场提供现有的产品和服务。不是新产品也没有关系，可以用更低的成本提供同类产品。但是，这里的更低的成本，必须是可持续的低成本，而不是我们看到的网络公司，是在投资人的补贴之下的虚假低成本。现在很多网络公司，为了培养所谓的生态圈，提高客户黏性，打价格战。打价格战实际上是亏损的，是不创造价值的。真正的创造价值，是可持续的低成本，要在生产上有创新，使生产成本持续地比对手低。这是两种价值创造的方式，如果创造了价值，那么企业赚钱是迟早的事。

如果没有创造价值，那么盈利不会长久。所以企业家要思考的是，如何去为市场、为社会创造价值，而不是每天想着赚钱。每天想着赚钱，这样的企业家反而赚不到钱，至少赚不到大钱。

我举一个价值创造的例子。最近，互联网行业很热，以至于提出了互联网思维。究竟有没有互联网思维？我个人是持否定态度的，我不认为有什么互联网思维，互联网是人类无数技术创新中的一项，不要把它夸大，上升为“思维”。在工业革命时代的一系列的技术创新中，我们知道第一个是蒸汽机，可是从来没有人说过蒸汽机思维；最具有思维能力的电脑，也没有人提出过电脑思维。互联网确实非常重要，是一个很有效的工具，但是不应该把它提高到“思维”的高度上来。

那么回到价值创造上，说说互联网金融。互联网金融曾经非常热，O2O、P2P 等。比如 P2P，它是否创造了价值？有没有创造价值决定了是否能盈利以及盈利模式有没有可持续性？互联网金融，还是金融互联网，这个问题我们得首先搞清楚。是不是一接上互联网，我的行业性质就被改变了？我认为，互联网不可能改变一个行业最根本的性质。互联网金融，它的实质依然是金融，而不是互联网。也就是说，是互联网金融，而不是金融互联网。同样，互联网和商业结合是电商，而不是商电，它并不改变我们传统行业最基本的商业特性。

在服装行业，我们接入互联网，也依然是服装业，并没有因为互联网的引入而发生根本性的改变，只不过使我们传统的服装业多了一个辅助的工具，可以从互联网上获取大数据，从中分析出市场的消费潮流和倾向。互联网可以直接和每一个消费者接通，提高了销售等环节的效率。仅此而已，服装还是服装，并没有因为互联网的引入而改变它的性质。

同样，金融也还是金融，并没有因为互联网的引入而改变了金融的性质。从经济学上讲，金融业的特征是信息不对称，也是让人感到最头疼的问题。比如，信息不对称没法贷款，企业知道自己的经营状况，但是不会告诉银行，因为一旦告诉银行，也许就拿不到贷款了；银行也知道这一点，所以不敢给企业贷款。这种信息不对称是金融业要解决最重要的问题，金融业是否创造价值，就看它是否在某种程度上有没有克服信息不对称。

那么我们看一下P2P。P2P把借方和贷方放在一起，放到互联网的平台上，让他们去交易，但是P2P没有解决信息不对称的问题，也就是没有创造价值。但是不能一概而论，有一些公司也创造了价值。比如阿里巴巴，它的创造的价值在于大数据。

在过去十几年间，阿里巴巴在网上交易中积累了众多商铺和客户的数据，并对这些数据进行分析。简单一些讲，就是通过大数据分析来评价出每一个网上交易者的信用评级、风险等级，从某种程度上解决了信息不对称问题。所以，它创造了价值。而那些既没有大数据，又没有分析手段，仅仅搭建一个平台，让人们到平台上相互交易的公司，它只是提供了一个服务，创造的价值十分有限。

综上所述，我们的企业要思考的问题，应该是如何创造价值，有没有创造价值以及价值创造的手段是什么。价值创造的手段是一个企业的核心竞争力，是独特的而别人不具备的优势，只有你能做到，别人做不到的。不仅如此，核心竞争力还是竞争对手难以模仿的优势，也就是有进入壁垒。

所以，我们做创新，就是要制造进入壁垒，形成局部的和暂时的垄断；有了垄断，才有定价能力；有了定价能力，才能获取更多利润。这也涉及另外一个我们在思考企业转型时候的重要概念：利润等于价格减成本，我们企业过去的长项是控制成本，今后在新常态下，成本也应该继续控制。但是，新常态下企业的竞争，转向了从成本控制到提高价格。一个好的企业，不是仅依靠简单地控制成本就可以在市场上顺利发展，还需要能够提高价格。

这个进入壁垒的形成，靠的是创新，靠的是差异化的产品服务和差异化的技术，而不是同质化的。而差异化的技术、产品、服务靠的是差异化的企业家，而不是同质化的企业家。所以在思考转型的时候，企业家应思考如何使企业尽快进入新常态。而这个新常态，是以创新、研究与开发为标志的，是以个人价值为基础的新常态。

中国时尚的未来[1]

山本耀司

我从事时装设计工作已经有近30年的时间。我想，在全世界的时装设计界，无论中国、日本，或是世界上其他国家，都有一个共同的话题，就是那些年轻的、立志要成为时装设计大师的设计师或者学生们，他们都非常痛苦，觉得看不到自己的未来。

说得现实一点，现在一个年轻人，要自己独立创立一个时装品牌，是非常困难的。首先他没有销售的场所，重要的大型百货商场，都不会引入年轻设计师的作品。其次，顾客也不愿意去购买年轻人设计的服装。在日本，有一些店铺愿意接受这些作品，以一种委托销售的方式，但是年轻设计师又不愿为此付出太多成本。这就是令现在年轻人非常苦恼的一个问题。为此，他们组成小团体，然后去巴黎、米兰做展览会。

巴黎、米兰时装周会吸引世界各国的时尚买手，如果有些买手时间宽裕，他们会参加其他很多展览会，也许会发现这些年轻人设计的时装，觉得它们很有创造性。当然他不会下大量订单，只会稍微尝试一下。

大家知道，成衣行业是需要先行投资的，也就是说，如果没有订单的情况下，自行设计、自行生产、自行销售，这是一种非常危险的商业操作手段，就像赌博。特别是在海外，如果年轻的设计师去海外发展，资源、资金、经验都比较欠缺，那么风险就会更大一些。

很多中国记者问我，中国的年轻设计师们为什么不能去做海外的拓展呢？为什么不能去进军海外呢？其实也是这样的原因。我认为，只有制造方和销售方双方达成平衡后，时装业才能更健康顺利地发展。

就时装业本身来说，首先应该给年轻的设计师们创造一些条件，让他们有一些余力可以充分地发挥自己的想象去创造作品。制作出作品后，他们还需要一个发展的平台，这是我走过20多年来的一个体会。在日本，这方面做得还不是很好，因为日本政府对这个产业是毫无兴趣的。

由于历史原因，日本的纤维产业受到了很大的冲击，学习这个专业的日本学生也受到了很大的影响，被迫去海外发展，首选的目的地是巴黎。因为法国对于文化，是不分人种、不分民族全都接受的，所以有很多人愿意到法国来发展。而在意大利则不同，时装产业中，意大利制造要占到99%，也就是说意大利的时装产业是受到国家的保护的。

中国是一个大国，在各个大城市都有时装周、时装节、服装论坛，我认为，中国不应该还处在这样一个国内相互竞争的时代了，而是应该团结一致。比如在只上海举办时装周，如果它能够成为一个很有名的时尚活动的话，那么全球的买手都会过来的。

中国一定会拥有世界闻名的时装周，引起全球的关注，因为中国的服装产业有强大的力量。不论在哪里，上海也好，北京也好，只要它能成为一个可以影响全球的活动就可以。如果真有那么一天的话，我愿意前来助兴。

[1] 根据世界服装设计大师山本耀司在2015年中国服装论坛上的演讲整理。

因为，我生长在第二次世界大战之后的战败国，我的父亲在战争中去世了。后来我到了巴黎，有没人知道我的名字，只是叫我“日本人”，在他们的报道中，也只是说，日本人在做这样的事那样的事。到最后的时候，他们用了一个定冠词，就是“这个日本人”、“那个日本人”。30 多年过去了，没有人叫我的名字，只是用“日本人”这个词来代指我，我心里的纠结一直没有过去。所以，从这个意义上来说，我认为我们都是亚洲的一个成员，我愿意跟中国朋友携起手来一起战斗，我们一起到欧洲去，到美国去，不要输给他们，来办我们自己真正成功的时装展！

有人说，我现在说的这些话，即使对我不利也没有关系，我是一个日本设计师，现在的主要对手是 LV。在 LV 看来，时装周只是一个他们用于推销包的活动，所以他们参加时装节时没有设计师。10 年前，比利时有两个非常有名的世界级大师，他们的设计成为了一个派系，在巴黎时装周上有很大的影响，曾经有过非常辉煌的时期。可是后来，不知是否江郎才尽，他们渐渐淡出人们的视野；还有一位很年轻的大师，他还不到 50 岁时突然自杀。他设计的服装，感觉非常好，能够让人心潮澎湃。这位大师的辞世，使我又少了一个对手。对我来讲，时装周不再是奥运会，不再是一个值得我投入全身心战斗的地方。

我所处的是一个没有竞争对手的空空赛场，我感觉心里非常空虚。但是，我仍然认为，正因为我在设计服装，我每一次都要告诉自己，我要做我迄今所没有做出来的最高水平的服装，所以每年我会开四次发布会，而且日程每天都安排得非常紧张。

有人问我，您过去所做的这么多服装设计当中，最中意的是哪件？我的回答一定是下一次才是我真正最中意的。所以我永远不会回顾过去，而是永远面向未来。也就是说，不能因为我成功过一次，就永远去沿袭过去的成功，我要做的就是不停地否定自己，不断地向前，向前，再向前。

如果大家认真探究一下就会发现，纪梵希、夏奈尔等，他们所做的事情也是这样的，他们永远在追求设计最大的潜能，他们一直在思考，一直在持续，一直在尝试新的设计。

我愿意像夏奈尔那样，不停地激发灵感，永远尝试新设计，给人们带来新的感动、新的兴奋，为这个事业奉献我的一生，直到走到我人生的终点。

所以，我想向中国服装业建议，中日之间，设计师、服装品牌，应该携起手来一起合作，我们要向全世界人民来展示我们新的潮流。

下面是我根据提问所回答的内容。

问：您的设计工作一定是分很多流程和步骤的，要涉及方方面面的工作，可能还要和很多人一起完成工作，比如工艺师、板型师。请问您认为哪个环节是最重要的开始？您是怎么做的？

答：我们公司在设计服装时，首先是有一个板型的，从来不用计算机辅助设计，每一个板型师都有一个自己的“原型”，是他们自己中意的，用纸做的容易使用的板型。任何一个设计，小到衬衫，大到风衣，都是从这个“原型”开始。如果用计算机辅助设计的话，有一些部位是无法完全体现的，比如女装胸部的设计。如果要夸张一点说的话，恰恰是肩到腋下这个部位，倾注了我毕生的设计心血。

在我的公司，无论新员工毕业于怎样的学校，都要从零开始学习。开始的三年，要做板型师的助手。在这三年当中，新员工要对设计、对时装有一个彻底的了解。在日本，有一个词叫“工匠”，或者“匠人”，就是技艺高超的手工业者，我想，服装就是一个考验手的工作，在制作过程中，你的情感会得到完全的表达。

问：您谈到板型师的工作和一些工作的方法，我觉得设计和管理这方面的工作，对中国服装的发展非常重要。请问您认为，从设计的前端一直到服装制作上市这样一个过程里，设计师参与的是哪个过程？另外，设计会与哪些人一起完成工作？

答：在我的公司里，在这方面是很简单、很单纯的，我担任所有板型师的老师。我大学毕业后，曾经帮助母亲从事裁缝的工作。那六年的经历，对我后来在板型方面知识的积累非常重要。

在我的公司，一个人做多项工作，大部分设计师同时也是板型师。那么其他还有什么人会参与到工作当中？比如，现在和服织染技艺的匠人已经所剩无几，而且他们只能是在京都才能织染出来和服需要的颜色。所以，我们会借助这样匠人之手，来打造我们的和服秀发布会。

问：中国的文化博大精深，我们中国什么时候能够出现一个像您一样伟大的设计师？

答：现在很多人都把孩子送到海外去留学，比如送去美国。但就时装设计来说，去美国留学是没有前途的。如果中国想培养年轻的设计师，那么要把他们送去欧洲，到那里学习几个世纪以来积累下来的服装的传统，到那样的一个环境当中去浸染，深深地呼吸传统的空气。

那么，去学习什么呢？是一种“软”的东西，一种感觉，一种灵感。它不是理论性的东西，这种感官的东西它最难掌握，也最难学到。这种对服装的感觉，必须用你的皮肤，用你的身体亲自去感受，而不是用理论可以去培训出来的。对于中国时装设计师，这可能是一条通往成功的捷径。

在中国的美学和审美观中，有我喜欢的东西，也有我不太喜欢的东西。比如在中国的庙宇中，到处是红色和金色，我不喜欢那种金碧辉煌的感觉，它让人觉得太过奔放，没有一丝的放松。时尚，不需要这种爆发性的美，而应该低调一些，需要积淀。这种美感是发自人们内心的，而不是强加上去的。

我的公司里也有很多中国年轻人就职，我从他们的身上也学习了解到很多，我觉得这种张扬的审美表达在他们身上很难去掉，他们要表达欲望，张扬欲望。所以，我希望大家能够到欧洲那个环境去洗刷一下这种偏好，不要过分地强调那种强劲有力的东西，而是把它打磨得更加柔和一些、更加低调一些，这对中国时装设计而言，可能是一个非常需要做的工作。

问：现在在我们实际的经营过程当中，女装品牌已经成为销售的主流，那么，如何使它们能够尽早地成为国际品牌，您有什么意见？

答：中国的公司，需要多多培养年轻人，积累他们的经验，等他们经验丰富、实力增强之后，让他们去参加海外的时装节。比如去巴黎，在那有很多高级成衣，还有公会，去开一个时装展会相对容易一些。所以我们的企业家，应该仔细看一看，自己的年轻设计师是不是有潜力，如果有的话，一定要给他们提供足够大的空间和舞台。这应该是全部中国服装品牌都要开展的工作。

问：中国服装品牌和设计师，有哪些基础和基本功必须要做好？

答：从世界服装板图来看，中国是服装生产国、出口国，更是一个庞大的市场。我认为，中国至少有几点力量可以推动服装业的发展：生产力量、销售的力量，那么还有什么欠缺呢？简单地说，就是中国已经有了庞大的设计师群体，只有一两个人能够脱颖而出，站上世界时尚舞台，就足够了。这一点，中国做得还不够。我们要把他们推向世界的舞台，不要去拖他们的后腿。我这样说可能有一些失礼，我在巴黎做时装秀，来自世界很多国家的买手都对“中国制造”不感兴趣。这是为什么呢？需要大家好好思考。

服装，是一个手工产业。不仅要用我们的手、用我们的指尖去编织产品，也要编织文化。如果不能编织出文化，那么制作出来的成衣是不能散发出时尚韵味的，而这一点，正是全世界的时尚买手都十分看重的。

中国年轻的服装设计师，必须要以一个一张白纸似的状态去感受其他国家的文化，特别是工匠手工制作的指尖上的文化，融会贯通，才能创造出真正属于中国的时尚。

第四部分　附录篇

附录 1：2015 年中国服装大奖

最佳商务男装品牌	最佳休闲男装品牌	最佳潮流男装品牌	最佳风格女装品牌	最佳时尚女装品牌
JOEONE 九牧王男装	HLA 海澜之家		DAZZLE	LANCY FROM 25

最佳青春女装品牌	最佳时尚运动品牌	最佳休闲时装品牌	最佳童装品牌	最佳内衣品牌
GOELIA 歌莉娅	TOREAD 探路者 勇敢的心	MARK FAIRWHALE	Balabala 童年不同样	Aimer

最具潜力品牌	最具创新品牌	最具创意品牌	产业推动大奖	行业支持大奖
Cotte	COCOON	珂蕾朵姆		北京服装学院 服装艺术与工程学院

附录 2：2014 年中国服装年度人物

顾小华　杭州市纺织服装电子商务行业协会秘书长

居红宇　海澜之家研发中心主管

李春亮　广东名瑞（集团）股份有限公司副总经理

林金场　石狮市经济局副局长

刘佩芳　上海服装行业协会《服装月刊》主编

刘铁毅　依文服饰股份有限公司生产设计总监

楼俏军　中捷缝纫机股份有限公司技术研发中心经理

施丽贞　福建柒牌集团有限公司副总经理

宋晓芳　即发成安（越南）服装有限公司车间主任

张文举/马云兰　浙江依爱夫游戏装文化产业有限公司服装缝纫工

附录 3：2014 年服装行业百强企业名单

2014 年服装行业“产品销售收入”百强企业名单

1 雅戈尔集团股份有限公司
2 海澜集团有限公司
3 红豆集团有限公司
4 杉杉控股有限公司
5 波司登股份有限公司
6 山东如意科技集团有限公司
7 太平鸟集团有限公司
8 即发集团有限公司
9 伟星集团有限公司
10 新郎希努尔集团股份有限公司
11 江苏东渡纺织集团有限公司
12 巴龙国际集团有限公司
13 浙江森马服饰股份有限公司
14 山东南山纺织服饰有限公司
15 青岛红领集团有限公司
16 迪尚集团有限公司
17 罗蒙集团股份有限公司
18 江苏虎豹集团有限公司
19 鲁泰纺织股份有限公司
20 雅鹿集团股份有限公司
21 万事利集团有限公司
22 鸭鸭股份公司
23 真维斯服饰（中国）有限公司
24 宁波狮丹努集团有限公司
25 太子龙控股集团有限公司
26 江苏澳洋纺织实业有限公司
27 报喜鸟集团有限公司
28 山东省标志服装股份有限公司
29 鑫缘茧丝绸集团股份有限公司
30 江苏华瑞国际实业集团有限公司
31 常州华利达服装集团有限公司
32 大杨集团有限责任公司
33 诸城市昊宝服饰有限公司
34 山东岱银纺织集团股份有限公司
35 法派集团有限公司
36 山东仙霞服装有限公司
37 山东桑莎制衣集团
38 石狮市大帝集团有限公司
39 际华三五零二职业装有限公司
40 浙江金三发集团有限公司
41 山东傲饰集团有限公司
42 欣贺股份有限公司
43 河南省雪鸟实业有限公司
44 深圳玛丝菲尔时装股份有限公司
45 九牧王股份有限公司
46 武汉红人实业集团股份有限公司
47 浙江神鹰集团有限公司
48 深圳影儿时尚集团有限公司
49 浙江巴贝领带有限公司
50 山东舒朗服装服饰股份有限公司

51 北京爱慕内衣有限公司
52 浙江乔治白服饰股份有限公司
53 宁波博洋服饰有限公司
54 宁波培罗成集团有限公司
55 步森集团有限公司
56 洛兹集团有限公司
57 地素时尚股份有限公司
58 耶莉娅集团
59 浙江华联集团有限公司
60 江苏亨威实业集团有限公司
61 江苏帝奥控股集团股份有限公司
62 虎都（中国）实业有限公司
63 江苏玉人服装有限公司
64 红黄蓝集团有限公司
65 浙江华城实业投资集团有限公司
66 浙江朗莎尔维迪制衣有限公司
67 湖南东方时装有限公司
68 东莞市搜于特服装股份有限公司
69 四川琪达实业集团有限公司
70 陕西伟志集团股份有限公司
71 朗姿股份有限公司
72 深圳华丝企业股份有限公司
73 安莉芳（上海）有限公司
74 富绅集团有限公司
75 宜禾股份有限公司
76 湖南省忘不了服饰有限公司
77 浙江达成凯悦纺织服装有限公司
78 国人西服有限公司
79 北京雪莲集团有限公司
80 江苏三润服装集团股份有限公司
81 北京卓文时尚纺织股份有限公司
82 达利（中国）有限公司
83 爱伊美集团有限公司
84 郑州领秀服饰有限公司
85 安正时尚集团股份有限公司
86 黑牡丹集团进出口有限公司
87 汉帛（中国）有限公司
88 维格娜丝时装股份有限公司
89 北京威克多制衣中心
90 际华三五三六职业装有限公司
91 江苏三友集团股份有限公司
92 江苏华佳控股集团有限公司
93 深圳市兴泰季候风服饰有限公司
94 浙江敦奴联合实业股份有限公司
95 浙江加佳领带服装有限公司
96 苏州工业园区天源服装有限公司
97 湖南派意特服饰有限公司
98 际华三五三四制衣有限公司
99 郑州市娅丽达服饰有限公司
100 云南奥斯迪实业有限公司

2014 年服装行业“利润总额”百强企业名单

1 海澜集团有限公司
2 雅戈尔集团股份有限公司
3 波司登股份有限公司
4 山东如意科技集团有限公司
5 巴龙国际集团有限公司
6 浙江森马服饰股份有限公司
7 红豆集团有限公司
8 江苏东渡纺织集团有限公司
9 新郎希努尔集团股份有限公司
10 山东南山纺织服饰有限公司

11 鲁泰纺织股份有限公司
12 青岛红领集团有限公司
13 伟星集团有限公司
14 深圳玛丝菲尔时装股份有限公司
15 杉杉控股有限公司
16 太平鸟集团有限公司
17 太子龙控股集团有限公司
18 江苏虎豹集团有限公司
19 欣贺股份有限公司
20 地素时尚股份有限公司
21 河南省雪鸟实业有限公司
22 罗蒙集团股份有限公司
23 九牧王股份有限公司
24 北京爱慕内衣有限公司
25 虎都（中国）实业有限公司
26 即发集团有限公司
27 山东省标志服装股份有限公司
28 宁波狮丹努集团有限公司
29 鸭鸭股份公司
30 深圳影儿时尚集团有限公司
31 安正时尚集团股份有限公司
32 江苏澳洋纺织实业有限公司
33 法派集团有限公司
34 常州华利达服装集团有限公司
35 万事利集团有限公司
36 郑州领秀服饰有限公司
37 江苏帝奥控股集团股份有限公司
38 报喜鸟集团有限公司
39 诸城市昊宝服饰有限公司
40 安莉芳（上海）有限公司
41 山东桑莎制衣集团
42 红黄蓝集团有限公司
43 江苏玉人服装有限公司
44 石狮市大帝集团有限公司
45 山东仙霞服装有限公司
46 维格娜丝时装股份有限公司
47 国人西服有限公司
48 迪尚集团有限公司
49 耶莉娅集团
50 东莞市搜于特服装股份有限公司
51 江苏亨威实业集团有限公司
52 北京威克多制衣中心
53 朗姿股份有限公司
54 浙江乔治白服饰股份有限公司
55 浙江朗莎尔维迪制衣有限公司
56 湖南东方时装有限公司
57 比音勒芬服饰股份有限公司
58 江苏华瑞国际实业集团有限公司
59 雅鹿集团股份有限公司
60 陕西伟志集团股份有限公司
61 山东舒朗服装服饰股份有限公司
62 山东傲饰集团有限公司
63 宁波培罗成集团有限公司
64 洛兹集团有限公司
65 大杨集团有限责任公司
66 浙江金三发集团有限公司
67 湖南省忘不了服饰有限公司
68 陕西羊老大服饰股份有限公司
69 北京卓文时尚纺织股份有限公司
70 富绅集团有限公司
71 江苏华佳控股集团有限公司
72 浙江华城实业投资集团有限公司
73 浙江依爱夫游戏装文化产业有限公司
74 浙江神鹰集团有限公司
75 武汉红人实业集团股份有限公司
76 苏州群鸿服饰有限公司
77 宜禾股份有限公司
78 达利（中国）有限公司
79 雷迪波尔服饰股份有限公司
80 郑州市娅丽达服饰有限公司

81 浙江达成凯悦纺织服装有限公司
82 咸阳雅尔艾服装有限公司
83 江苏三友集团股份有限公司
84 湖南派意特服饰有限公司
85 浙江华联集团有限公司
86 宁波博洋服饰有限公司
87 江苏三润服装集团股份有限公司
88 四川琪达实业集团有限公司
89 步森集团有限公司
90 浙江巴贝领带有限公司
91 际华三五三六职业装有限公司
92 长春际华三五零四职业装有限公司
93 浙江加佳领带服装有限公司
94 浙江敦奴联合实业股份有限公司
95 苏州工业园区天源服装有限公司
96 深圳华丝企业股份有限公司
97 爱伊美集团有限公司
98 珠海威丝曼服饰股份有限公司
99 云南奥斯迪实业有限公司
100 深圳万旗服饰有限公司

2014年服装行业“销售利润率”百强企业名单

1 深圳玛丝菲尔时装股份有限公司
2 地素时尚股份有限公司
3 欣贺股份有限公司
4 安正时尚集团股份有限公司
5 河南省雪鸟实业有限公司
6 郑州领秀服饰有限公司
7 虎都（中国）实业有限公司
8 维格娜丝时装股份有限公司
9 比音勒芬服饰股份有限公司
10 北京爱慕内衣有限公司
11 北京威克多制衣中心
12 陕西羊老大服饰股份有限公司
13 太子龙控股集团有限公司
14 浙江依爱夫游戏装文化产业有限公司
15 鲁泰纺织股份有限公司
16 浙江森马服饰股份有限公司
17 国人西服有限公司
18 安莉芳（上海）有限公司
19 雷迪波尔服饰股份有限公司
20 巴龙国际集团有限公司
21 郑州市晟宇服饰有限公司
22 深圳影儿时尚集团有限公司
23 山东南山纺织服饰有限公司
24 江苏东渡纺织集团有限公司
25 新郎希努尔集团股份有限公司
26 江苏帝奥控股集团股份有限公司
27 江苏华佳控股集团有限公司
28 东莞市搜于特服装股份有限公司
29 朗姿股份有限公司
30 红黄蓝集团有限公司
31 江苏玉人服装有限公司
32 青岛红领集团有限公司
33 江苏虎豹集团有限公司
34 四川祥和鸟服饰有限公司
35 湖南派意特服饰有限公司
36 波司登股份有限公司
37 安徽武鹰制衣有限公司
38 湖南东方时装有限公司
39 陕西伟志集团股份有限公司
40 珠海威丝曼服饰股份有限公司

41 山东如意科技集团有限公司
42 山东省标志服装股份有限公司
43 伟星集团有限公司
44 浙江朗莎尔维迪制衣有限公司
45 海安县联发制衣有限公司
46 江苏亨威实业集团有限公司
47 北京卓文时尚纺织股份有限公司
48 江苏三友集团股份有限公司
49 重庆梦之诗服饰有限公司
50 湖南省忘不了服饰有限公司
51 法派集团有限公司
52 广州初语服装设计有限公司
53 宁波狮丹努集团有限公司
54 常州华利达服装集团有限公司
55 江苏新雪竹国际服饰有限公司
56 山东桑莎制衣集团
57 富绅集团有限公司
58 罗蒙集团股份有限公司
59 石狮市大帝集团有限公司
60 浙江乔治白服饰股份有限公司
61 达利（中国）有限公司
62 陕西美神服装有限责任公司
63 浙江加佳领带服装有限公司
64 江苏澳洋纺织实业有限公司
65 浙江敦奴联合实业股份有限公司
66 际华三五三六职业装有限公司
67 南通富士美帽业有限公司
68 苏州工业园区天源服装有限公司
69 陕西金翼服装有限责任公司
70 卡尔丹顿服饰股份有限公司
71 鸭鸭股份公司
72 诸城市昊宝服饰有限公司
73 云南奥斯迪实业有限公司
74 山东仙霞服装有限公司
75 浙江达成凯悦纺织服装有限公司
76 雅戈尔集团股份有限公司
77 苏州群鸿服饰有限公司
78 宁波培罗成集团有限公司
79 山东舒朗服装服饰股份有限公司
80 南通泰慕士服装有限公司
81 太平鸟集团有限公司
82 南京海尔曼斯集团有限公司
83 报喜鸟集团有限公司
84 江苏刘潭集团有限公司
85 江苏三润服装集团股份有限公司
86 浙江华城实业投资集团有限公司
87 南京际华三五〇三服装有限公司
88 依文服饰股份有限公司
89 江阴苏派服装集团有限公司
90 四川琪达实业集团有限公司
91 浙江金三发集团有限公司
92 际华三五三四制衣有限公司
93 常州艾贝服饰有限公司
94 武汉红人实业集团股份有限公司
95 江苏华瑞国际实业集团有限公司
96 即发集团有限公司
97 爱伊美集团有限公司
98 浙江华联集团有限公司
99 深圳市兴泰季候风服饰有限公司
100 宁波博洋服饰有限公司

附录4：2014年行业经济运行数据汇总

2014年1～12月纺织行业经济指标完成情况汇总表
（规模以上企业）

序号	指标	1～12月累计（万元）	去年同期累计（万元）	同比（±%）
1	企业单位数（家）	38319	—	—
2	亏损单位数（家）	4412	3855	14.45
3	亏损面（%）	11.51	—	—
4	主营业务收入	672201172	629251836	6.83
5	主营业务成本	591897686	551977061	7.23
6	主营业务税金及附加	3568477	3221871	10.76
7	营业费用	13381195	12358913	8.27
8	管理费用	20085334	18752681	7.11
9	财务费用	7979808	7684782	3.84
10	其中：利息支出	7207101	6868826	4.92
11	利润总额	36627333	34515313	6.12
12	亏损企业亏损额	2118198	1883846	12.44
13	应交增值税	17150942	15790239	8.62
14	资产合计	433313113	398161176	8.83
15	其中：流动资产合计	233372384	221597383	5.31
16	其中：应收账款	47970103	44622963	7.50
17	存货	63256976	61488191	2.88
18	其中：产成品	28769520	27043451	6.38
19	负债合计	231289338	219828747	5.21
20	出口交货值	96641493	94546673	2.22

（**数据来源**：国家统计局）

2014 年1～12 月服装行业经济指标完成情况汇总表
（规模以上企业）

序号	指标	1～12 月累计（万元）	去年同期累计（万元）	同比（±%）
1	企业单位数（家）	15167		
2	亏损单位数（家）	1734		
3	亏损面（%）	11.43		
4	主营业务收入	207698285	192280796	8.02
5	主营业务成本	177469935	163443725	8.58
6	主营业务税金及附加	1320646	1175590	12.34
7	营业费用	6920841	6451727	7.27
8	管理费用	8312266	7783959	6.79
9	财务费用	1577147	1583214	-0.38
10	其中：利息支出	1290406	1234139	4.56
11	利润总额	12472753	11282812	10.55
12	亏损企业亏损额	515602	451683	14.15
13	应交增值税	5753758	5288100	8.81
14	资产合计	122697081	110168131	11.37
15	其中：流动资产合计	72852941	68432333	6.46
16	其中：应收账款	16955468	15831105	7.10
17	存货	19121661	18206239	5.03
18	其中：产成品	9405351	8478417	10.93
19	负债合计	59371407	55477855	7.02
20	出口交货值	51677305	50157690	3.03

（数据来源：国家统计局）

2014 年 1～12 月服装行业分地区经济指标完成情况表（一）
（规模以上企业）

地区	企业户数（个）	亏损面（%）	亏损率（%）	主营业务收入（万元）	利润总额（万元）	主营业务收入占比（%）	利润占比（%）
全　国	15167	11. 43	0. 25	207698285	12472753	100. 00	100. 00
北京市	147	32. 65	1. 55	1393590	97718	0. 67	0. 78
天津市	139	10. 79	0. 24	3453703	201518	1. 66	1. 62
河北省	241	5. 39	0. 11	3999137	271326	1. 93	2. 18
山西省	10	20. 00	0. 03	177260	12282	0. 09	0. 10
内蒙古	53	15. 09	0. 16	765204	29068	0. 37	0. 23
辽宁省	506	12. 06	0. 21	6894232	237319	3. 32	1. 90
吉林省	51	5. 88	0. 01	1038558	22783	0. 50	0. 18
黑龙江	19	5. 26	0. 01	316337	22550	0. 15	0. 18
上海市	444	34. 91	2. 56	4064993	21066	1. 96	0. 17
江苏省	2520	12. 22	0. 18	41163085	2963197	19. 82	23. 76
浙江省	2442	17. 24	0. 40	22682942	1337034	10. 92	10. 72
安徽省	925	8. 43	0. 12	8300899	416037	4. 00	3. 34
福建省	1178	5. 09	0. 08	16382350	1278037	7. 89	10. 25
江西省	676	2. 81	0. 01	12335071	880718	5. 94	7. 06
山东省	1271	8. 26	0. 13	22615253	1396478	10. 89	11. 20
河南省	508	1. 97	0. 11	9570223	722323	4. 61	5. 79
湖北省	517	5. 22	0. 16	8660292	437697	4. 17	3. 51
湖南省	206	2. 43	0. 02	2734151	128334	1. 32	1. 03
广东省	2936	12. 43	0. 31	35758483	1605187	17. 22	12. 87
广　西	67	11. 94	0. 06	1220832	99532	0. 59	0. 80
海南省	1	0. 00	0. 00	1862	10	0. 00	0. 00
重庆市	82	6. 10	0. 13	986960	87384	0. 48	0. 70
四川省	130	5. 38	0. 23	2006257	119816	0. 97	0. 96
贵州省	29	13. 79	0. 05	237773	9437	0. 11	0. 08
云南省	9	22. 22	0. 90	87357	5960	0. 04	0. 05
陕西省	32	6. 25	0. 01	489028	52582	0. 24	0. 42
甘肃省	8	12. 50	0. 05	76981	3477	0. 04	0. 03
青海省	10	0. 00	0. 00	231486	10616	0. 11	0. 09
宁　夏	2	0. 00	0. 00	13177	179	0. 01	0. 00
新　疆	8	12. 50	1. 88	40810	3088	0. 02	0. 02

（数据来源：国家统计局）

2014 年 1 ~12 月服装行业分地区经济指标完成情况表（二）
（规模以上企业）

地区	销售毛利率（%）	销售利润率（%）	主营业务收入增速（%）	利润增速（%）	出口交货值增速（%）	资产负债率（%）
全　国	14. 55	6. 01	8. 02	10. 55	3. 03	48. 39
北京市	31. 95	7. 01	－10. 08	－0. 59	－20. 72	57. 47
天津市	29. 96	5. 83	10. 73	22. 63	18. 50	63. 36
河北省	11. 60	6. 78	2. 34	1. 10	1. 44	45. 34
山西省	14. 67	6. 93	12. 73	－30. 20	0. 00	52. 07
内蒙古	18. 51	3. 80	－18. 80	－1. 45	－0. 41	54. 66
辽宁省	10. 18	3. 44	－11. 08	－33. 24	－10. 29	44. 27
吉林省	8. 05	2. 19	9. 35	－26. 18	16. 73	56. 09
黑龙江	11. 10	7. 13	10. 84	12. 19	－3. 26	28. 63
上海市	17. 23	0. 52	－6. 43	－76. 29	－10. 82	57. 41
江苏省	14. 71	7. 20	8. 76	23. 35	2. 70	51. 05
浙江省	16. 33	5. 89	1. 84	10. 43	0. 55	55. 34
安徽省	11. 74	5. 01	17. 03	8. 90	24. 97	50. 17
福建省	16. 44	7. 80	10. 38	8. 12	11. 69	38. 49
江西省	13. 27	7. 14	17. 52	24. 47	21. 37	29. 11
山东省	13. 14	6. 17	10. 83	5. 91	－6. 53	42. 86
河南省	12. 79	7. 55	23. 32	16. 90	22. 80	26. 05
湖北省	14. 03	5. 05	12. 25	4. 50	3. 71	44. 34
湖南省	14. 72	4. 69	5. 95	5. 77	8. 65	36. 42
广东省	13. 11	4. 49	6. 72	8. 81	3. 22	54. 00
广　西	24. 76	8. 15	23. 28	25. 11	13. 65	52. 09
海南省	31. 48	0. 55	－8. 46	－129. 48	－34. 79	64. 74
重庆市	22. 95	8. 85	6. 85	－6. 04	5. 98	43. 31
四川省	15. 00	5. 97	7. 13	－8. 06	8. 92	35. 49
贵州省	11. 12	3. 97	126. 59	154. 76	748. 32	36. 04
云南省	16. 74	6. 82	19. 18	32. 03	19. 56	59. 34
陕西省	23. 66	10. 75	0. 18	0. 00	16. 39	50. 08
甘肃省	14. 37	4. 52	14. 65	－19. 85	535. 99	45. 50
青海省	10. 28	4. 59	30. 73	11. 07	－49. 67	50. 92
宁　夏	20. 53	1. 36	－9. 15	－32. 11	－50. 25	74. 18
新　疆	22. 61	7. 57	0. 94	－0. 56	45. 51	103. 35

（**数据来源：**国家统计局）

2014年1～12月纺织分行业固定资产投资情况表（不含农户）

行业	实际完成投资（万元）	施工项目数（个）	新开工项目数（个）	竣工项目数（个）	实际完成投资比去年同期增长（%）	施工项目数比去年同期增长（%）	新开工项目数比去年同期增长（%）	竣工项目数比去年同期增长（%）
总　计	103625322	18069	13646	13558	13.37	-0.09	-0.52	6.30
纺织业	53064027	9301	7125	7098	12.93	-1.06	-0.68	5.74
棉纺织及印染精加工	25403007	3914	2948	2907	12.13	0.10	4.02	7.83
棉纺纱加工	17013396	2368	1741	1748	6.86	-5.62	-0.68	0.17
棉织造加工	5462072	1009	797	745	20.89	5.88	7.41	11.36
棉印染加工	2927539	537	410	414	32.09	19.87	20.94	46.81
毛纺织和印染精加工	3303195	545	405	402	11.28	-0.18	-7.32	4.15
毛条和毛纱线加工	1666745	227	182	166	37.41	4.61	7.06	0.61
毛织造加工	1315030	235	164	178	-6.03	-7.11	-17.17	1.71
毛染整精加工	321420	83	59	58	-9.73	9.21	-14.49	26.09
麻纺织及染整精加工	1106777	191	134	144	-3.43	-18.38	-25.56	-15.29
麻纤维纺前加工和纺纱	617340	101	72	81	0.70	-21.71	-25.00	-17.35
麻织造加工	431159	80	59	56	-4.19	-8.05	-18.06	-6.67
麻染整精加工	58278	10	3	7	-29.80	-44.44	-75.00	-41.67
丝绢纺织及印染精加工	1540979	396	278	300	1.24	-10.41	-17.01	2.04
缫丝加工	615175	185	128	142	-13.11	-12.74	-18.47	-4.05
绢纺和丝织加工	715991	161	115	122	9.03	-9.04	-13.53	8.93
丝印染精加工	209813	50	35	36	33.26	-5.66	-22.22	5.88
化纤织造及印染精加工	4534043	1025	811	829	-8.62	-18.97	-22.32	-17.92
化纤织造加工	3782332	818	639	654	-9.32	-23.77	-27.47	-23.86
化纤织物印染精加工	751711	207	172	175	-4.92	7.81	5.52	15.89
针织或钩针编织物及其制品制造	4765280	1111	902	921	12.56	-1.59	0.45	6.35
针织或钩针编织物印染加工	3749341	865	716	727	14.50	-1.93	0.00	5.06
针织或钩针编织物织造	316389	76	55	52	-22.05	-26.92	-21.43	-27.78
针织或钩针编织品制造	699550	170	131	142	26.51	18.88	16.96	39.22
家用纺织制成品制造	6755879	1150	907	883	34.71	12.97	13.52	25.07
床上用品制造	3240672	568	462	447	32.30	10.29	10.53	16.71
毛巾类制品制造	991189	167	121	119	22.27	24.63	11.01	38.37
窗帘、布艺类产品制造	494647	117	89	96	38.28	30.00	32.84	84.62
其他家用纺织制成品制造	2029371	298	235	221	45.25	6.81	14.63	19.46
非家用纺织制成品制造	5654867	969	740	712	25.99	13.07	14.37	21.71
非纺造布制造	2541937	398	308	292	44.15	25.95	32.19	38.39
绳、索、缆制造	509105	114	88	87	8.99	16.33	2.33	35.94
纺织带和帘子布制造	707140	95	72	69	45.54	-10.38	-5.26	-1.43

续表

行业	实际完成投资（万元）	施工项目数（个）	新开工项目数（个）	竣工项目数（个）	实际完成投资比去年同期增长（%）	施工项目数比去年同期增长（%）	新开工项目数比去年同期增长（%）	竣工项目数比去年同期增长（%）
蓬、帆布制造	533148	101	87	74	46.11	36.49	45.00	29.82
其他非家用纺织制成品制造	1363537	261	185	190	-3.09	-0.76	-3.65	3.83
纺织服装、服饰业	37042143	7351	5530	5485	18.45	2.13	0.86	7.23
机织服装制造	23325643	4612	3481	3418	22.99	3.50	3.20	7.48
针织和钩针编制服装制造	4909103	1065	811	808	10.62	4.00	-2.29	10.53
服饰制造	8807397	1674	1238	1259	11.94	-2.56	-3.28	4.57
化学纤维制造业	10811644	938	654	616	4.92	-1.26	-4.53	5.30
纤维素纤维原料及纤维制造	2090741	221	153	158	-6.79	-0.90	-12.07	11.27
化纤浆粕制造	310636	33	23	26	-36.95	-21.43	-25.81	-7.14
人造纤维（纤维素纤维）制造	1780105	188	130	132	1.70	3.87	-9.09	15.79
合成纤维制造	8720903	717	501	458	8.18	-1.38	-1.96	3.39
锦纶纤维制造	1611950	87	44	48	42.82	-9.38	-29.03	6.67
涤纶纤维制造	3168784	249	167	157	-13.51	-13.84	-16.50	-10.29
腈纶纤维制造	123305	14	10	7	234.55	40.00	66.67	75.00
维纶纤维制造	450701	16	8	7	149.60	6.67	-11.11	-12.50
丙纶纤维制造	219881	22	13	15	8.84	-21.43	-38.10	-11.76
氨纶纤维制造	485676	42	33	18	20.64	23.53	50.00	-10.00
其他合成纤维制造	2660606	287	226	206	8.73	12.55	18.32	18.39
纺织专用设备制造业	2707508	479	337	359	-4.57	-10.63	-10.37	5.28

（**数据来源：**国家统计局）

2014 年 1～12 月纺织服装、服饰业分地区固定资产投资情况表

地区	实际完成投资（万元）	施工项目数（个）	新开工项目数（个）	竣工项目数（个）	实际完成投资比去年同期增长（%）	施工项目数比去年同期增长（%）	新开工项目数比去年同期增长（%）	竣工项目数比去年同期增长（%）
全　国	37042143	7351	5530	5485	18.45	2.13	0.86	7.23
北　京	35182	9	1	1	-4.80	-47.06	-75.00	-88.89
天　津	330346	67	59	56	-21.35	-6.94	-10.61	-11.11
河　北	1265445	170	126	127	0.45	-16.67	-4.55	-21.60
山　西	49176	9	7	5	-50.76	-43.75	-12.50	-58.33
内　蒙	322820	39	35	32	104.44	18.18	34.62	6.67
辽　宁	1392260	222	166	158	-0.71	-1.33	-6.74	-3.07
吉　林	578060	70	66	57	166.36	118.75	120.00	159.09
黑龙江	54718	16	6	5	-82.72	-75.00	-89.09	-88.64
上　海	45536	20	11	4	-34.02	-33.33	-45.00	-50.00
江　苏	4559783	1045	925	907	27.67	5.56	3.58	5.22
浙　江	1602924	735	494	506	-0.30	-1.34	-0.60	16.59
安　徽	2909854	728	551	581	15.40	5.35	7.20	13.70
福　建	2009298	461	316	299	8.78	1.32	-7.87	4.91
江　西	3530375	799	575	647	-9.46	-5.33	-18.79	8.01
山　东	3639434	554	478	439	22.79	14.46	20.40	23.31
河　南	5498813	413	240	221	84.67	16.34	23.08	14.51
湖　北	2444484	282	215	184	31.87	-1.74	5.39	-9.36
湖　南	1073426	241	168	198	-0.60	-8.37	-17.65	14.45
广　东	3128305	854	658	690	15.40	11.05	16.67	21.91
广　西	726610	366	278	209	6.56	10.57	5.30	-9.91
海　南	0	0	0	0	—	—	—	—
重　庆	485948	61	37	38	20.83	-50.41	-50.67	-59.57
四　川	600382	87	48	57	18.63	7.41	-5.88	32.56
贵　州	186175	9	5	3	-0.32	50.00	400.00	50.00
云　南	14257	7	5	5	-67.76	-22.22	66.67	-28.57
西　藏	0	0	0	0	—	—	—	—
陕　西	214696	24	17	19	48.05	4.35	6.25	11.76
甘　肃	78021	17	13	12	-3.82	30.77	44.44	33.33
青　海	46320	6	3	3	-45.18	-40.00	-50.00	-25.00
宁　夏	76158	10	1	5	-35.97	-41.18	-92.86	-37.50
新　疆	143292	30	26	17	1953.19	400.00	333.33	750.00

（数据来源：国家统计局）

2014 年 1 ~ 12 月服装行业产量汇总表
（规模以上企业）

序 号	名 称	单 位	企业户数	12 月	1 ~ 12 月止累计	累计同比（±%）
1	服装	万件	10916	285626	2992060	1. 61
2	1. 机织服装	万件	7554	150395	1550700	0. 46
3	其中：羽绒服	万件	478	4186	34288	5. 10
4	西服套装	万件	650	5725	57292	-4. 39
5	衬衫	万件	691	10100	109972	-3. 83
6	2. 针织服装	万件	4224	135231	1441360	2. 88

（数据来源：国家统计局）

2014 年 1～12 月服装行业各省市产量情况表
（规模以上企业）

地区	服装（万件）			机织服装（万件）			针织服装（万件）		
	1～12 月累计	同比（±%）	占比（%）	1～12 月累计	同比（±%）	占比（%）	1～12 月累计	同比（±%）	占比（%）
全 国	2992060	1.61	100.00	1550700	0.46	100.00	1441360	2.88	100.00
北京市	8515	-15.67	0.28	3743	-20.67	0.24	4772	-11.28	0.33
天津市	19222	12.60	0.64	16939	10.01	1.09	2283	36.45	0.16
河北省	58916	3.93	1.97	46446	0.98	3.00	12470	16.61	0.87
山西省	1537	7.84	0.05	1274	6.80	0.08	263	13.20	0.02
内 蒙	4312	-1.62	0.14	2602	-6.48	0.17	1710	6.81	0.12
辽宁省	63033	-2.60	2.11	52117	-2.58	3.36	10916	-2.70	0.76
吉林省	26251	24.26	0.88	4015	9.96	0.26	22236	27.25	1.54
黑龙江	6386	5.91	0.21	6386	5.91	0.41	—	—	—
上海市	49975	-2.41	1.67	25196	5.03	1.62	24779	-8.98	1.72
江苏省	462853	2.22	15.47	336360	3.64	21.69	126492	-1.39	8.78
浙江省	398455	-0.47	13.32	167874	-1.52	10.83	230580	0.31	16.00
安徽省	109263	5.82	3.65	73136	4.59	4.72	36127	8.41	2.51
福建省	374528	7.56	12.52	126710	10.09	8.17	247819	6.32	17.19
江西省	122430	-31.15	4.09	67080	-36.59	4.33	55350	-23.17	3.84
山东省	306885	-1.00	10.26	105926	-0.74	6.83	200959	-1.13	13.94
河南省	138281	12.96	4.62	89817	16.62	5.79	48464	6.74	3.36
湖北省	106302	0.33	3.55	82398	4.54	5.31	23905	-11.91	1.66
湖南省	36158	12.18	1.21	16943	2.70	1.09	19215	22.12	1.33
广东省	636477	5.49	21.27	281080	-0.30	18.13	355397	10.57	24.66
广 西	21694	14.84	0.73	15275	11.90	0.99	6419	22.51	0.45
海南省	38	-27.49	0.00	—	—	—	38	-27.49	0.00
重庆市	10700	-4.18	0.36	4864	-13.89	0.31	5836	5.75	0.40
四川省	18559	10.01	0.62	15443	11.52	1.00	3116	3.07	0.22
贵州省	4289	82.20	0.14	3736	96.94	0.24	553	21.00	0.04
云南省	1697	37.92	0.06	1559	49.33	0.10	138	-25.92	0.01
西 藏	—	—	—	—	—	—	—	—	—
陕西省	2219	-3.18	0.07	2179	-3.39	0.14	40	9.72	0.00
甘肃省	692	63.13	0.02	454	242.76	0.03	238	-18.39	0.02
青海省	615	11.19	0.02	615	11.19	0.04	—	—	—
宁 夏	837	32.62	0.03	62	-1.11	0.00	775	36.36	0.05
新 疆	941	-2.93	0.03	470	4.71	0.03	471	-9.52	0.03

（**数据来源：**国家统计局）

2014 年 1 ~ 12 月服装行业分产品类别各省市产量情况表
（规模以上企业）

地区	羽绒服（万件）			西服套装（万件）			衬衫（万件）		
	1 ~ 12 月累计	同比（±%）	占比（%）	1 ~ 12 月累计	同比（±%）	占比（%）	1 ~ 12 月累计	同比（±%）	占比（%）
全　国	34288	5.10	100.00	57292	-4.39	100.00	109972	-3.83	100.00
北京市	238	-29.09	0.69	638	-26.29	1.11	456	-33.70	0.41
天津市	3807	20.04	11.10	582	-9.11	1.02	1246	13.62	1.13
河北省	200	-14.00	0.58	666	-7.63	1.16	6115	-9.14	5.56
山西省	0	-98.38	0.00	232	2.53	0.40	400	15.74	0.36
内　蒙	9	145.28	0.03	167	19.83	0.29	57	217.92	0.05
辽宁省	537	-19.75	1.56	1715	-9.05	2.99	2409	-15.13	2.19
吉林省	—	—	—	29	-72.44	0.05	93	-38.16	0.08
黑龙江	30	-60.70	0.09	54	28.76	0.09	5784	3.43	5.26
上海市	254	-2.04	0.74	774	-24.54	1.35	2356	-4.32	2.14
江苏省	8729	-3.49	25.46	15507	-1.93	27.07	29209	-9.39	26.56
浙江省	2642	-14.22	7.71	5127	2.90	8.95	27182	-4.92	24.72
安徽省	1172	20.09	3.42	939	-23.86	1.64	2466	30.23	2.24
福建省	1805	68.35	5.26	969	-6.42	1.69	1768	17.27	1.61
江西省	8716	10.73	25.42	2435	-27.55	4.25	2709	8.80	2.46
山东省	1755	4.30	5.12	5730	-6.07	10.00	4836	-15.00	4.40
河南省	1276	1.28	3.72	4887	1.32	8.53	1834	43.41	1.67
湖北省	690	6.33	2.01	1765	-10.00	3.08	1607	14.75	1.46
湖南省	266	7.14	0.78	10601	2.68	18.50	441	-15.98	0.40
广东省	1188	-2.98	3.46	2614	5.95	4.56	16193	1.57	14.73
广　西	—	—	—	240	25.00	0.42	1331	11.86	1.21
海南省	—	—	—	—	—	—	—	—	—
重庆市	143	19.23	0.42	334	-33.36	0.58	666	-30.09	0.61
四川省	420	79.55	1.22	560	-27.69	0.98	701	23.46	0.64
贵州省	213	19.78	0.62	—	—	—	—	—	—
云南省	—	—	—	34	-34.08	0.06	—	—	—
西　藏	—	—	—	—	—	—	—	—	—
陕西省	198	-6.58	0.58	246	24.39	0.43	46	92.41	0.04
甘肃省	—	—	—	31	42.81	0.05	—	—	—
青海省	—	—	—	395	-2.84	0.69	8	-14.46	0.01
宁　夏	—	—	—	6	-36.46	0.01	22	-13.65	0.02
新　疆	—	—	—	16	-13.24	0.03	37	-59.26	0.03

（**数据来源：**国家统计局）

2005~2014 年全国服装进出口贸易总值表

年度	项目	进出口（万美元）	出口（万美元）	进口（万美元）	贸易差额（万美元）	累计同比（%）		
						进出口	出口	进口
2005 年	服装	7517479	7356593	160886	7195707	19.05	19.4	5.08
	机织服装	3584672	3503162	81510	3421652	20.39	20.87	2.84
	针织服装	3156764	3087249	69515	3017734	19.38	19.65	8.27
2006 年	服装	9652780	9483048	169732	9313316	28.4	28.91	5.5
	机织服装	4459202	4372353	86849	4285504	24.4	24.81	6.55
	针织服装	4561751	4490076	71675	4418401	44.51	45.44	3.11
2007 年	服装	11704282	11507380	196902	11310478	21.25	20.89	14.71
	机织服装	4834351	4732114	102237	4629877	8.41	8.23	17.72
	针织服装	6212063	6133129	78934	6054195	36.18	36.59	10.13
2008 年	服装	12206496	11979032	227464	11751568	4.29	4.1	15.52
	机织服装	5363510	5241598	121912	5119686	10.95	10.77	19.24
	针织服装	6143696	6058346	85350	5972996	-1.1	-1.22	8.13
2009 年	服装	10889444	10705101	184343	10520758	-10.79	-10.63	-18.96
	机织服装	4773489	4671632	101857	4569775	-11	-10.87	-16.45
	针织服装	5439614	5376297	63317	5312980	-11.46	-11.26	-25.81
2010 年	服装	13199331	12947832	251499	12696333	21.21	20.95	36.43
	机织服装	5578571	5436727	141844	5294883	16.87	16.38	39.26
	针织服装	6752982	6671430	81552	6589878	24.14	24.09	28.8
2011 年	服装	15722998	15322009	400989	14921020	19.12	18.34	59.44
	机织服装	6546278	6307678	238600	6069078	17.35	16.02	68.21
	针织服装	8135546	8016844	118702	7898142	20.47	20.17	45.55
2012 年	服装	16498026	16015536	482490	15533046	4.93	4.53	20.33
	机织服装	6388781	6122473	266308	5856165	-2.41	-2.94	11.61
	针织服装	8839385	8704916	134469	8570447	8.65	8.58	13.28
2013 年	服装	18403418	17822369	581049	17241320	11.55	11.28	20.43
	机织服装	7139822	6826041	313781	6512260	11.76	11.49	17.83
	针织服装	9846355	9679775	166580	9513195	11.39	11.2	23.88
2014 年	服装	19474478	18781603	692875	18088728	5.82	5.38	19.25
	机织服装	8501110	8144970	356140	7788830	19.07	19.32	13.5
	针织服装	9406862	9200160	206702	8993458	-4.46	-4.95	24.09

（数据来源：中国海关）

2014 年服装行业出口总值表

类 别	2014 年出口数量（万件）	2014 年出口金额（万美元）	2014 年平均单价（美元/件）	2013 年出口数量（万件）	2013 年出口金额（万美元）	2013 年平均单价（美元/件）	数量同比（%）	金额同比（%）	单价同比（%）
五、服装及衣着附件	0	18781603	0	0	17822369	0	0	5. 38	0
1. 丝制	0	139423	0	0	170712	0	0	－18. 33	0
2. 毛制	0	449237	0	0	418307	0	0	7. 39	0
3. 棉制	0	6862246	0	0	7135390	0	0	－3. 83	0
4. 化纤制	0	7934821	0	0	6977298	0	0	13. 72	0
5. 未列名其他制	0	3395876	0	0	3120663	0	0	8. 82	0
服装合计	3268992	15168947	4. 64	3135903	14461135	4. 61	4. 24	4. 89	0. 65
1. 丝制	9085	102529	11. 29	31769	130789	4. 12	－71. 4	－21. 61	174. 03
2. 毛制	18818	415911	22. 1	17023	386202	22. 69	10. 55	7. 69	－2. 6
3. 棉制	1427190	6301873	4. 42	1452009	6581564	4. 53	－1. 71	－4. 25	－2. 43
4. 化纤制	1527717	6935072	4. 54	1369966	6050226	4. 42	11. 51	14. 63	2. 71
（A）针织服装及附件	0	9200160	0	0	9679775	0	0	－4. 95	0
1. 毛针织服装及附件	0	231726	0	0	201181	0	0	15. 18	0
2. 棉针织服装及附件	0	3919598	0	0	4669476	0	0	－16. 06	0
3. 化纤针织服装及附件	0	4036168	0	0	3880311	0	0	4. 02	0
（1）针织服装	2206912	7900635	3. 58	2252501	8429512	3. 74	－2. 02	－6. 27	－4. 28
1. 棉针织服装	995522	3418153	3. 43	1100207	4175048	3. 79	－9. 52	－18. 13	－9. 5
2. 化纤针织服装	981935	3486513	3. 55	920905	3341860	3. 63	6. 63	4. 33	－2. 2
3. 毛针织服装	13254	219901	16. 59	11383	187775	16. 5	16. 44	17. 11	0. 55
（B）机织服装及附件	0	8144970	0	0	6826041	0	0	19. 32	0
1. 丝绢机织服装及附件	0	111906	0	0	109134	0	0	2. 54	0
2. 毛机织服装及附件	0	217511	0	0	217126	0	0	0. 18	0
3. 棉机织服装及附件	0	2942648	0	0	2465914	0	0	19. 33	0
4. 化纤机织服装及附件	0	3925193	0	0	3124425	0	0	25. 63	0
（2）机织服装	1062080	7268312	6. 84	883402	6031622	6. 83	20. 23	20. 5	0. 15
1. 棉机织服装	431668	2883720	6. 68	351801	2406516	6. 84	22. 7	19. 83	－2. 34
2. 化纤机织服装	545782	3448560	6. 32	449062	2708366	6. 03	21. 54	27. 33	4. 81
3. 毛机织服装	5565	196010	35. 22	5640	198427	35. 18	－1. 34	－1. 22	0. 11
4. 丝绢机织服装	3860	75012	19. 43	3397	69211	20. 37	13. 62	8. 38	－4. 61

（数据来源：中国海关）

2014 年服装行业各省市出口情况表

序号	省份	出口金额（万美元）	金额同比（%）	出口数量（万件）	数量同比（%）	平均单价（美元/件）	单价同比（%）
1	广东省	3663222	9.99	758731	2.45	4.09	6.97
2	浙江省	3351304	4.48	562020	7.82	4.35	-3.52
3	江苏省	2563666	3.42	412990	1.54	5.19	1.88
4	福建省	1754451	3.95	393206	4.42	3.96	-1.53
5	上海市	1428125	1.02	175816	-0.97	6.37	0.77
6	山东省	1195414	4.88	219171	0.40	4.32	2.90
7	新疆维吾尔自治区	615655	1.79	90237	13.50	5.86	-11.56
8	江西省	467141	19.92	100542	13.76	4.15	6.40
9	河北省	458077	2.19	22411	-5.77	8.62	1.58
10	辽宁省	453365	-5.82	48094	-12.97	8.22	10.42
11	黑龙江省	343322	5.81	34951	12.28	7.32	-6.07
12	广西壮族自治区	334238	-30.79	50030	-30.34	5.43	-6.50
13	安徽省	255123	5.49	47185	4.23	4.49	3.46
14	湖北省	253115	25.99	115175	11.20	1.47	4.03
15	重庆市	191411	53.69	33491	49.67	5.04	8.72
16	四川省	190193	-3.81	29879	-4.62	5.53	2.29
17	北京	165700	-14.69	13812	-12.08	9.53	-3.78
18	湖南省	149342	172.05	26633	141.93	4.99	17.31
19	西藏自治区	144259	-4.01	15235	-15.02	8.42	11.66
20	河南省	138609	37.48	24706	20.20	4.60	17.61
21	天津市	132839	-8.39	16933	2.10	6.76	-3.78
22	贵州省	127830	112.52	21935	90.77	5.27	13.41
23	云南省	96781	32.5	15135	15.79	5.40	13.81
24	内蒙古自治区	84452	8.28	4908	80.08	13.57	-39.30
25	甘肃省	84450	30.24	12990	26.37	5.30	2.94
26	宁夏回族自治区	49677	34.97	5143	51.49	7.73	-18.91
27	吉林省	44328	-32.54	10212	-12.37	4.06	-20.55
28	陕西省	21072	69.35	3522	56.77	5.16	19.47
29	海南省	13284	-16.64	1780	-42.97	7.20	49.62
30	青海省	8303	-6.27	1815	45.39	3.14	-21.01
31	山西省	2855	-58.75	301	-79.23	7.27	87.81

（数据来源：中国海关）

2014 年我国服装出口分国别（地区）情况表（前50 名）

序号	国家/地区	出口金额（万美元）	金额同比（%）	出口数量（万件）	数量同比（%）	平均单价（美元/件）	单价同比（%）
1	美国	3361515	8. 02	579230	4. 01	4. 49	4. 04
2	日本	1975139	-10. 81	286710	-9. 91	5. 82	-2. 02
3	俄罗斯	1000854	7. 87	80720	8. 78	7. 15	-5. 06
4	英国	974568	25. 95	164827	23. 84	5. 02	4. 41
5	中国香港	891973	-16. 6	154521	-8. 79	4. 95	-10. 45
6	德国	887888	7. 22	139709	2. 59	5. 25	5. 82
7	越南	635610	12. 36	127557	10. 52	4. 38	2. 63
8	法国	530801	11. 2	75821	-0. 78	5. 72	13. 58
9	韩国	514937	28. 85	69350	6. 68	6. 34	21. 37
10	阿联酋	512237	8. 19	126674	-3. 22	3. 43	11. 53
11	荷兰	511125	31. 53	96311	29. 63	4. 48	3. 87
12	澳大利亚	413434	7. 7	74554	-0. 50	4. 78	8. 11
13	西班牙	407741	9. 12	70844	3. 20	4. 79	5. 38
14	意大利	358518	11. 97	49612	6. 97	5. 88	4. 85
15	加拿大	311578	-2. 27	44157	-4. 31	5. 45	1. 11
16	马来西亚	276588	-21. 41	60527	-13. 58	3. 71	-13. 85
17	哈萨克斯坦	267523	-17. 6	36111	-9. 39	6. 27	-13. 01
18	智利	255283	2. 72	57677	3. 80	3. 64	-0. 51
19	沙特阿拉伯	240805	12. 22	46639	3. 14	4. 56	11. 33
20	比利时	206354	21. 25	33273	9. 72	5. 05	12. 95
21	巴西	203948	16. 48	49681	15. 35	3. 49	2. 17
22	吉尔吉斯斯坦	202042	15. 55	32856	24. 61	5. 05	-6. 78
23	南非	185972	-5. 48	47995	-9. 46	3. 15	2. 92
24	新加坡	159176	-6. 58	40391	16. 25	3. 40	-21. 49
25	墨西哥	153128	41. 08	35883	43. 34	3. 45	2. 41
26	巴拿马	147797	-6. 87	59330	-2. 84	2. 24	-4. 91
27	尼泊尔	144528	4. 4	15193	-6. 50	8. 47	10. 38
28	丹麦	142768	13. 65	18114	13. 48	7. 07	1. 85
29	尼日利亚	136378	192. 55	30079	189. 70	3. 71	25. 65
30	印度尼西亚	121121	-8. 05	23051	-13. 99	4. 21	-1. 07
31	瑞典	118569	6. 03	14436	-0. 98	6. 38	4. 74
32	菲律宾	117607	-0. 99	33377	-2. 37	2. 62	-2. 39
33	波兰	116830	5. 62	20660	0. 70	4. 42	4. 10
34	以色列	115391	0. 4	27429	7. 77	3. 61	-7. 92
35	埃及	110162	-14. 25	23549	4. 11	3. 99	-20. 58
36	中国台湾	90848	25. 72	13735	12. 12	5. 55	12. 67

续表

序号	国家/地区	出口金额（万美元）	金额同比（%）	出口数量（万件）	数量同比（%）	平均单价（美元/件）	单价同比（%）
37	印度	90710	4.24	12878	7.55	4.80	-6.43
38	伊拉克	77249	7.92	16117	24.82	3.98	-16.74
39	新西兰	65691	10.68	11486	-2.39	4.89	13.56
40	泰国	63182	8.21	24481	6.06	1.89	-3.63
41	塔吉克斯坦	61631	41.23	6920	41.56	7.74	6.63
42	土耳其	59678	4.38	5506	12.12	7.50	-5.81
43	阿尔及利亚	58046	27.2	15089	28.94	3.40	3.45
44	伊朗	55258	95.53	11846	183.92	2.91	-14.32
45	肯尼亚	51465	154.09	17447	103.00	2.52	47.86
46	挪威	50926	5.42	6119	2.05	6.95	1.87
47	芬兰	49540	-5.4	5967	1.45	6.23	-7.30
48	蒙古	46002	-15.21	2100	-14.64	20.38	0.52
49	安哥拉	45500	83.73	9252	149.71	3.54	-9.63
50	约旦	43201	25.56	10444	3.65	3.57	34.16

（数据来源：中国海关）

2014 年服装行业各大洲及地区出口情况表

产品类别	地区名称	出口数量（万件）	出口金额（万美元）	平均单价（美元/件）	数量同比（%）	金额同比（%）	单价同比（%）
服装	亚洲	0	7023751	0	0	-2.77	0
	非洲	0	910950	0	0	30.68	0
	欧洲	0	5734186	0	0	11.85	0
	拉丁美洲	0	955442	0	0	6.69	0
	北美洲	0	3673118	0	0	7.06	0
	大洋洲	0	483979	0	0	8.01	0
	东盟	0	1411790	0	0	-1.67	0
	欧盟	0	4592291	0	0	14.85	0
	北美自由贸易区	0	3826221	0	0	8.1	0
	设限国家	0	7944042	0	0	11.9	0
	非设限国家	0	10837384	0	0	1.06	0
	亚太经合组织	0	10464333	0	0	0.91	0
	阿盟	0	1284429	0	0	5.54	0
（1）针织服装	亚洲	886893	3343057	3.77	-10.44	-18.38	-8.94
	非洲	144710	385127	2.66	6.62	1.25	-5
	欧洲	562516	2111381	3.75	6.52	5.43	-1.06
	拉丁美洲	178008	384281	2.16	0.41	-2.23	-2.7
	北美洲	376474	1462400	3.88	4.6	8.63	3.74
	大洋洲	58306	214377	3.68	-4.68	1.39	6.36
	东盟	229086	665465	2.9	-15.81	-34.93	-22.87
	欧盟	490464	1793929	3.66	8.49	8.7	0.27
	北美自由贸易区	404805	1530248	3.78	6.4	9.37	2.72
	设限国家	837993	3136386	3.74	7.3	9.29	1.91
	非设限国家	1368914	4764237	3.48	-6.97	-14.31	-7.94
	亚太经合组织	1164571	4394825	3.77	-4.68	-9.14	-4.8
	阿盟	218501	657460	3.01	-6.84	-12.82	-6.52
（2）机织服装	亚洲	348739	2553466	7.32	31.95	24.31	-5.79
	非洲	81618	357767	4.38	123.16	103.83	-8.75
	欧洲	281621	2380400	8.45	12.95	19.69	5.89
	拉丁美洲	74041	399127	5.39	16.61	18.69	1.7
	北美洲	246915	1376889	5.58	1.56	5.6	4.1
	大洋洲	29131	200518	6.88	9.58	16	5.85
	东盟	89973	512148	5.69	129.86	154.35	10.7
	欧盟	254245	2005677	7.89	15.01	24.23	8.08
	北美自由贸易区	254465	1432764	5.63	2.76	7.3	4.45
	设限国家	483663	3254817	6.73	8.44	16.76	7.68
	非设限国家	578401	4013349	6.94	32.24	23.72	-6.47
	亚太经合组织	566452	3915579	6.91	12.52	11.46	-1
	阿盟	73886	433707	5.87	29.31	54.46	19.55

（数据来源：中国海关）

附录5：全国十佳制版师

富怡·第二届全国十佳服装制版师大赛决赛结果

“十佳服装制版师”获奖名单

曹云霞　　山东如意科技集团服装公司
徐　琳　　厦门浪漫宣言制衣有限公司
张静梅　　江苏工程职业技术学院
袁　超　　中山市尚品服饰有限公司
莫志红　　江苏阳光控股集团有限公司
唐秀蓉　　上海乐欧服饰有限公司
张伟信　　上正服饰（杭州）有限公司
马耀霞　　希努尔男装股份有限公司
陈建华　　浙江海贝服饰有限公司
熊华平　　杭州坐标服饰有限公司

“优秀奖”获奖名单

罗　剑　　厦门凤飞服饰设计有限公司
刘国义　　浙江高氏杰服饰有限公司
李富蓉　　上海斯尔丽服饰有限公司
张玉堂　　汉帛（中国）有限公司
何静林　　中山市红歌服饰有限公司
周　斌　　杭州卡莱服饰有限公司
陈冬梅　　广州市白云技师学院
沈建江　　上海嘉麟杰纺织品股份有限公司
方丽萍　　广州市贸易职业高级中学
陈瑞霞　　青岛即发服饰销售有限公司
裴明凤　　美盛文化创意股份有限公司
谢玲莉　　重庆宝汇服装有限公司
郭　欣　　沈阳市服装艺术学校
姜新红　　上海纺织装饰有限公司
张周来　　江西服装学院南方服装研发中心
王兆红　　山东科技职业学院
周　莉　　西南大学
陆银霞　　浙江纺织服装职业技术学院
柳文博　　辽东学院
任　波　　晋城职业技术学院

“最佳平面制版奖”获得者

曹云霞　　山东如意科技集团服装公司

“最佳制作工艺奖”获得者

李　君　　辽宁轻工职业学院

“最佳立体造型奖”获得者

谢玲莉　　重庆宝汇服装有限公司

“优秀组织奖”获奖单位名单（排名不分先后）

广东省服装服饰行业协会
江苏省服装协会
浙江省服装行业协会
山东省服装行业协会
上海服装行业协会
吉林省纺织服装商会

辽宁省服装协会
湖北省服装行业协会
重庆市服装行业协会
陕西省服装行业协会
山西省服装协会
新疆维吾尔自治区服装（服饰）行业协会
深圳市纺织行业协会
中山市沙溪理工学校

富怡·第三届全国十佳服装制版师大赛决赛结果

“十佳服装制版师”获奖名单

徐寿松　海宁爱朗服饰有限公司
孙昌安　杭州恩鸿服饰有限公司
苏　铠　宁波雅戈尔时装有限公司
汪德兵　南京圣迪奥时装有限公司
杨志强　大杨集团大连洋尔特服装有限公司
卓开霞　浙江纺织服装职业技术学院
詹淑华　上海市东北虎皮草时装有限公司
曹　桢　杭州市西湖区路景服装缝纫店
尚祖会　奥菲欧（北京）制衣有限公司
常卫民　北京服装学院

“优秀奖”获奖名单

唐招河　杭州郃氏贸易有限公司
沈成龙　杭州妆妮服饰有限公司
杨　奇　凯迪服饰（上海）有限公司
史英杰　大连信和皮装有限公司
任　波　晋城职业技术学院
方春旺　杭州蕊妮服装有限公司
徐　强　闽江学院服装与艺术工程学院
吴凌云　江西服装学院
罗　剑　厦门凤飞服饰设计有限公司
胡殿一　大杨集团大连贸大时装有限公司
张周来　江西服装学院
周　俊　江苏华瑞国际实业集团有限公司
于　慧　大连爱米莉服饰有限公司
何先撑　宁波雅戈尔时装有限公司
赖伊萍　南昌毓秀泰德服装有限公司
杨　旭　辽宁轻工职业学院
王永林　北京金典今服装中心
孙　萍　上海斯珀制衣有限公司
杨　超　厦门集美职业技术学校
李　娟　长春市西装有限责任公司

“最佳平面制版奖”获得者

刘　剑　希努尔男装股份有限公司

“最佳制作工艺奖”获得者

唐招河　杭州郃氏贸易有限公司

“最佳立体造型奖”获得者

徐寿松　海宁爱朗服饰有限公司

“优秀组织奖”获奖单位名单（排名不分先后）

江苏省服装协会
浙江省服装行业协会
山东省服装行业协会
上海服装行业协会
辽宁省服装协会
重庆市服装行业协会
山西省服装协会
湖北省服装行业协会
江西服装学院

“支持大奖”获奖单位

富怡集团·天津宝盈电脑机械有限公司

附录6：2014年中国服装关联产业创新项目

2014年“中国服装关联产业年度优秀创新项目”名单

序号	项目名称	申报企业
1	生物质PTT复合弹力短纤维（舒弹丝）	海兴材料科技有限公司
2	力克专为时尚服装行业开发的综合解决方案	力克系统（上海）有限公司
3	高档薄型黑炭衬	宁波宜科科技实业股份有限公司
4	ZJ－AM－5770A－410自动运模机	中捷缝纫机股份有限公司
5	服装个性化定制产业链全面数字化解决方案	上海和鹰机电科技股份有限公司
6	汉麻纤维及纱线	宁波宜科科技实业股份有限公司
7	HX6800TA电脑直驱智能高速包缝机	上海富山精密机械科技有限公司
8	服装企业自媒体与O2O平台建设方案	信安物联网技术有限公司
9	服装行业O2O基础信息化建设	中国电信股份有限公司北京分公司
10	渤海商品交易所羽绒现货交易平台	浙江渤海羽绒电商有限公司

2014 年"中国服装关联产业年度创新项目"名单

序号	项目名称	申报企业
1	生物质 PTT 复合弹力短纤维（舒弹丝）	海兴材料科技有限公司
2	汉麻纤维及纱线	宁波宜科科技实业股份有限公司
3	高档薄型黑炭衬	宁波宜科科技实业股份有限公司
4	宾霸里布	宁波宜科科技实业股份有限公司
5	树脂纽扣	嘉善圆锦服装辅料有限公司
6	拓卡奔马 D8002 高层裁床	台州拓卡奔马机电科技有限公司
7	百联全自动称重充绒机	常熟市百联自动机械有限公司
8	ZJ－AM－5770A－410 自动运模机	中捷缝纫机股份有限公司
9	格柏新一代智能化裁剪系统	格柏（上海）工业数控设备有限公司
10	HX6800TA 电脑直驱智能高速包缝机	上海富山精密机械科技有限公司
11	力克专为时尚服装行业开发的综合解决方案	力克系统（上海）有限公司
12	服装个性化定制产业链全面数字化解决方案	上海和鹰机电科技股份有限公司
13	服装企业自媒体与 O2O 平台建设方案	信安物联网技术有限公司
14	服装三维测体试穿系统与跨平台云服务的开发及应用	上海嘉纳纺织品科技有限公司
15	服装行业 O2O 基础信息化建设	中国电信股份有限公司北京分公司
16	渤海商品交易所羽绒现货交易平台	浙江渤海羽绒电商有限公司
17	天策商机服装气象服务	富景天策（北京）气象科技有限公司
18	服装陈列策划管理	深圳市曲径上品陈列展示顾问有限公司

编　后

《2014～2015 中国服装行业发展报告》的编撰，旨在总结2014年中国服装行业发展状况，剖析行业热点问题，探索行业发展路径。

本报告分以下部分。

第一部分，运行篇。在此部分中，中国服装协会、中华全国商业信息中心、中国纺织品进出口商会和中国缝纫机械协会，分别就2014年中国服装行业运行情况、中国服装市场运行情况、全球服装市场状况和中国缝制机械行业进行深入分析，完成《2014年服装行业经济运行分析》、《2014年我国服装市场运行情况及未来发展趋势展望》、《2014年国际服装市场分析》及《2014年中国缝制机械行业经济运行分析报告》。四篇报告数据翔实，观点鲜明，对2014年中国服装行业、国内外服装市场和设备行业进行了全面、深入的总结和分析。由于各单位统计口径和计算方法略有不同，三篇报告中部分数据略有差异。

第二部分，专题报告篇。本部分汇集了中国服装行业资本市场、电子商务、服装科技、品牌市场、人力资源等方面的分析和报告。由中国服装协会、中国纺织建设规划院、中国科学院软件研究所、CFW中国服装人才网完成、北京欧特欧国际咨询有限公司等机构完成。

第三部分，观点篇。本部分内容是对2015年中国服装论坛专家演讲内容的收录，涉及国家宏观经济走势、世界著名时装设计师谈中国时尚的未来等内容。

第四部分，附录篇。内容收录2014年服装产业经济数据、重要奖项等内容，以备不同人士进行查询。

本报告的编撰得到众多业内外人士、机构和企业的大力支持，中国服装协会及本报告编委会在此向参与研究的各相关单位和个人表示衷心的感谢。

错漏之处，恳请指正。

中国服装大奖

CHINA NATIONAL
GARMENT ASSOCIATION
AWARD

全国十佳
服装制版师大赛

THE NATIONAL TOP TEN
PATTERN MAKER COMPETITION
OF FASHION INDUSTRY

主办单位：中国服装协会
协办单位：全国各省、自治区、直辖市服装行业协(商)会
官　　网：中国服装协会网　www.cnga.org.cn

联系方式：
全国十佳服装制版师大赛组委会办公室
地　　址：北京市东长安街12号441室　　邮　编：100742
联 系 人：刘 静 杨晓东　　电子信箱：fzshijiazhibanshi@126.com
联系电话：010-85229179/85229226　　传　真：010-85229441

“全国十佳服装制版师大赛”是中国服装协会举办的专业赛事，首届始于2013年，每年举办一次，由各省、自治区、直辖市服装行业协(商)会协办。该赛事对于加快服装高技能人才培养，推动全国服装样版制作领域的研究创新和技能型人才队伍的建设发挥了积极作用。初赛由各省分别组织选拔赛，决赛为现场考评，分男装、女装两个门类，考核内容包括：理论考核、工艺技术文件编制、服装制版、样衣制作、立体裁剪五个部分。

2015中国服装关联产业创新项目

为了整合、集成服装产业链的创新要素，为服装行业持续发展提供产业支撑和产业链支持，中国服装协会举办的“中国服装关联产业创新项目”推介活动以发现、挖掘、集合为服装企业生产经营活动提供产品和服务的服装关联产业中具有创新价值的产品、技术及服务为目的，并以贴近行业、贴近用户企业的方式向服装行业推介，进而打造关联产业优秀创新项目与服装业界的交流、沟通及合作平台。

所有为服装企业生产经营活动提供产品和服务的关联产业企业或机构均可自愿报名参加本活动，符合申报要求的创新项目可获得：

专家评估：本活动组织单位邀请服装行业及关联产业有代表性的业界专家，从服装行业发展和需求的角度对每个创新项目进行行业评估。

用户评估：本活动组织单位将申报项目材料统一发放到中国服装协会近800家服装会员企业的采购或相关方面负责人，并统一回收评估问卷；同时，申报项目可通过参加本活动组织的分地区路演评估活动，在中国服装行业有代表性的服装产业集聚地与当地服装企业代表座谈交流，收集服装企业相关主管负责人对项目的一手反馈意见。

《项目评估报告》：本活动组织单位针对每一个申报项目整理出《项目评估报告》，反馈给申报该项目的企业。

《年度创新项目汇编》：所有申报的创新项目将统一入刊《创新项目汇编》，在中国服装协会年度重要活动中发放。

2015“中国服装关联产业创新项目”推介活动更多内容请关注中国服装协会官网www.cnga.org.cn。

地 址：北京市东城区东长安街12号449房间（100742）

电 话：010-85229010，85229449，85229577　　传真：010-85229270

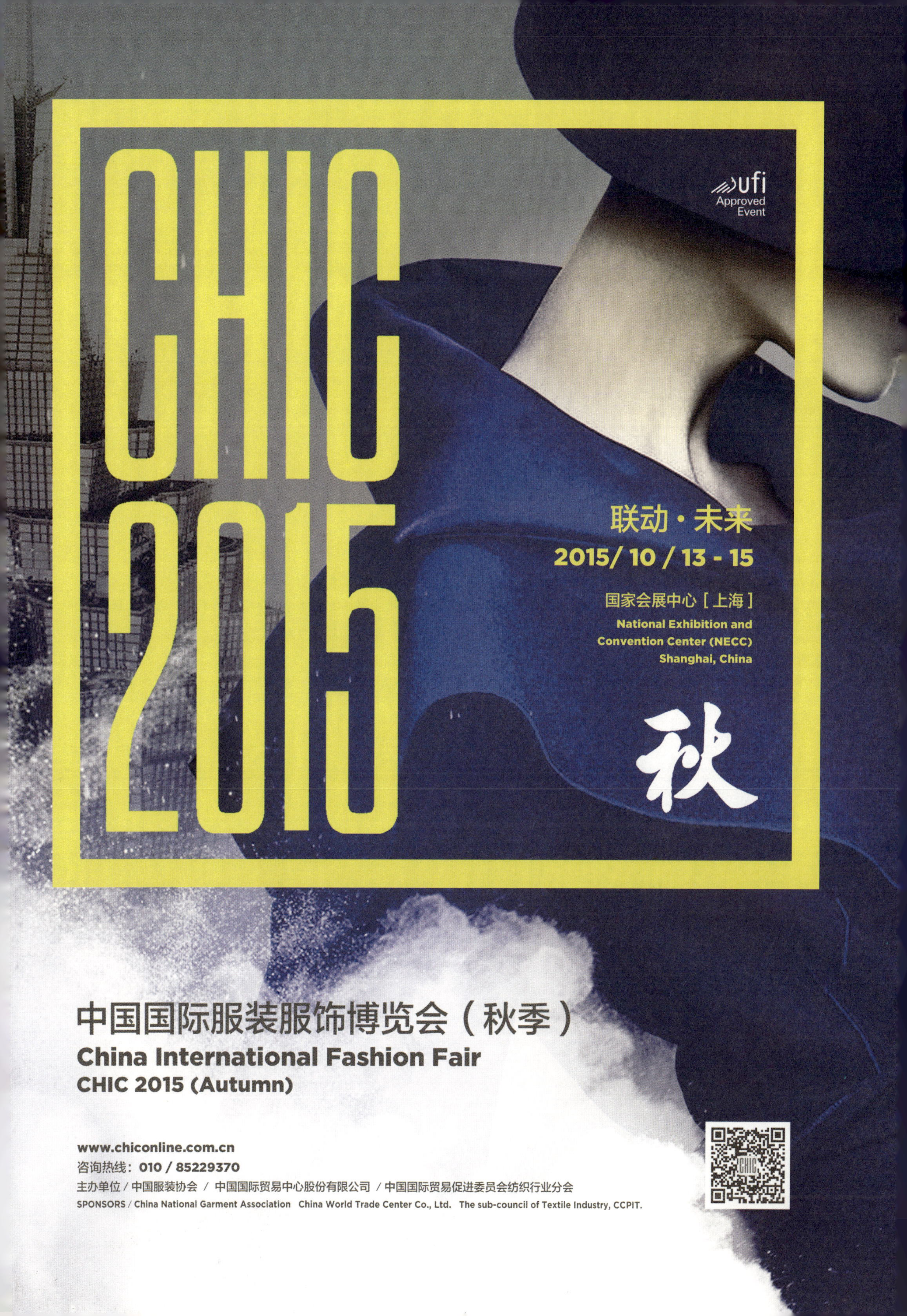
CHIC 2015
ufi Approved Event
联动・未来
2015/ 10 / 13 - 15
国家会展中心［上海］
National Exhibition and Convention Center (NECC) Shanghai, China
秋
中国国际服装服饰博览会（秋季）
China International Fashion Fair
CHIC 2015 (Autumn)
www.chiconline.com.cn
咨询热线：010 / 85229370
主办单位 / 中国服装协会 / 中国国际贸易中心股份有限公司 / 中国国际贸易促进委员会纺织行业分会
SPONSORS / China National Garment Association China World Trade Center Co., Ltd. The sub-council of Textile Industry, CCPIT.